Eunike Grahofer
Die Hechals

ISBN 978-3-99025-277-2
© Freya Verlag GmbH
www.freya.at
Bilder: Fundus des Johann Frühwald
Layout: freya_art, Wolf Ruzicka
Lektorat: Mag. Dorothea Forster
printed in EU

Die Rezepte in diesem Buch stellen trotz sorgfältiger Recherche und eigenen Erfahrungswerten keinesfalls einen Anspruch auf Vollständigkeit und/oder Richtigkeit im schulmedizinischen Verständnis. Bei Beschwerden ist eine Abklärungen mit Arzt/Ärztin empfohlen.

Eunike Grahofer

DIE HECHALS

*Brauchtum, altes Handwerk
und Rezepte aus dem Mostviertel*

freya

Dankesworte von Johann Frühwald

Dankeschön an meine Frau Leopoldine, die Bäuerin, für die vielen gemeinsamen Jahre, die Arbeit für Haus und Hof und auch die Stunden, die wir in Freud und Leid miteinander erleben durften. Danke an unsere Kinder Adelheid, Christa, Johann und Augustin sowie unsere Schwiegertöchter, Schwiegersöhne und Enkelkinder, für alles was sie stets für uns getan haben und was wir mit und an ihnen lernen durften und dürfen.

Großen Dank an meine Eltern, dass sie mir und meiner Schwester Karoline das Leben geschenkt haben und dass sie uns trotz der schwierigen Lebensumstände eine gut behütete Kindheit vermittelt haben. Ein „Vergelt's Gott" an all meine Vorfahren, dass sie den Hof gut durch die Jahrhunderte gebracht, ihn weiter ausgebaut und vergrößert haben, bis wir ihn 1977 übernehmen durften und 2006 an Sohn Augustin und Schwiegertochter Daniela übergaben.

Ein inniger Dank an meine Schwester Karoline für die schöne gemeinsame Kindheit auf unserem elterlichen Hof Höhenberg.

Einen großen Dank an die „Buchagödleute" und an den „Lois Göd", sie haben mich immer beschützt, unterstützt und mir geholfen, solange sie lebten! Ein großes Dankeschön an meine Nachbarn – es ist auch in der heutigen Zeit wichtig, die Werte der Nachbarschaft und des Miteinanders hochzuhalten!

Ein Hoch der Bruderschaft der Mostbarone – Danke für die Aufnahme und das Miteinander! Einen großen Dank an alle, mit denen ich auf der Gemeinde und in den Vereinen zusammenarbeiten durfte, zum Wohle und Fortschritt unserer schönen Heimat, des Mostviertels, und unseres Dorfes!

Dank meinem Schwager August Prüller für seine lebenslange Unterstützung auf unserem Hof. Dank an Erich Leutner – Patenkind, Freund und Helfer ein Leben lang, und ein begnadeter Steinmauernersteller. Dank an unseren Hauszimmermann Josef Frühwald für alle Zimmererarbeiten, welche er auf unserem Hof leistete.

Inhalt

Vorwort ... 9
An die Heimat – Blick übers Land ... 10
Einleitung ... 11

Brauchtum ... 13
Ostern: Die heiligen Eier gegen das Unwetter ... 13
Gründonnerstag ... 15
Karfreitag ... 16
Zweigausstecken und Osterfeuer ... 16
Die Prügelweihe – Karsamstagsfeier ... 17
Das Weichfleisch zum Ostersonntag ... 18
Der Palmbuschen ... 18
Hühner „einhagern" ... 20
Die geweihten Äpfel ... 20
Die Maulgabe ... 21
Frühling: „Was Heuriges, gib es weiter" ... 21
Der Maibaum ... 22
Pfingstblasen ... 24
Sonnenwende: Sonnenwend-Strauben ... 25
Erntezeit: Das Drescherfest ... 26
Ernte-Danke-Spruch ... 31
Adventzeit: Das Samstagsgebet ... 32
Das Herbergsuchen ... 32
Weihnachten: Der Heilige Abend –
Beten, Räuchern und Segnen ... 33
Die Heilignachtkerze ... 34
Jahresende – Jahresanfang: Silvester ... 35
Neujahrsglückwünsche ... 36
Die Heiligen Drei Könige: Forste und dürre Raunächte ... 37
Das Urteil der Perchtmutter ... 37
Die Sampermilch – die Perchtmilch ... 38
Rauckabeten – Räuchern und beten ... 39
Maria Lichtmess: Weihen der Heilignachtkerze ... 40
Der Christbaum bis Maria Lichtmess ... 40
Fastenzeitgebet ... 40
Hochzeit: Der Brautkranz ... 41
Der Brautbaum ... 41

Die Abholung der Braut 42
Die schwarze Tracht der Frau 44
Übers Jahr: Die Besonderheit der Nachbarschaft 45
Das Heimsuchen 46
Begrüßung des neuen Erdenbürgers 47
Der letzte Dienst am Nachbarn 47
Der Weihbrunnkessel 49

Geschichten aus dem Leben 50
Die durchsetzungskräftige Waschelmacherin 50
Die mystische Tannenschachengrub 55
Das vergossene Weihwasser 60
Der listige Hauszimmermann 63
Der Laufer 66
Der Sohn der Dienstmagd 68
Der gestrenge Finanzbeamte 71
Die versteckte Kuh 75
Die alte Göppelhütte 78
Eisblöcke für den Gasthofkeller 79
Die Fragnerleut 83
Der nächtliche Besuch 85
Der Hof voller Schnee 87

Handwerk 89
Waschel und Reiber machen 89
Das Waschelmachen 89
Das Reibermachen 90
Besenbinden 91
Korbflechten 93
Bürstenmachen 96

bildtafeln 97

Der Hof Höhenberg erzählt seine Geschichte 129
Um des Glaubens willen vertrieben 129
Im Leben kommt alles zurück 131
Die Heimkehr der Vertriebenen 133

Schwierige Zeiten 134
Das Fechtermenü für die Armen.. 136
Der Hagelsturm 137
Der weise Rebell 138
Totgeglaubte leben länger... 140
Obstbau wäre sein Leben gewesen...................................... 143
Engelbert... 145
Die Uhren im Hühnerstall 146
Die Frauen im alten Keller 148
Altes Saatgut sichert das Überleben.................................... 151
Die dankbaren „Hamsterer".. 152
Wasserversorgung statt Abgaben 155
Die Herden auf der Kräuterin... 157
Die Kinder vom Hechabergerhof und der Plank Paul 160
Belohnung für das Ochsenaufpassen.................................. 163
Schafwolle für den Musikunterricht 165
Musikanten spielt's, spielt's, spielt's!.................................... 167
Erinnerungen an die Schulzeit 170
Die Glocken kehren zurück 175
Die Technik stellt alles auf den Kopf................................... 177
Das Hausmarterl.. 182
Gedicht an die Mutter... 184

Von Most und Mostbaronen 186
Der Most am Hof Höhenberg... 186
Most als Handelsware 187
Die Fassbinder 189
Der Mostbrunnen für die Wandersleut' 190
Die Mostbarone 191
Der Mostritterschlag zum Mostbaron 194

Natur- und Wetterphänomene...................................... 195
Vom Beobachten der Natur 195
Das gefürchtete „Biesmandl".. 197
Der Kugelblitz 200

Inhalt

HAUSMITTEL
MIT REZEPTUREN 203
Der Landarzt............................ 203
Rindenabsud für Onkel Lois...... 205
Vom Selchen und Kranewitt'n ... 208
Die grüne Nieswurz 209
Äpfel als Süßstoff 209
Lein für Magen und Darm......... 209
„Hechaberger-Vater,
bittschön, komm wenden!"........ 211
Die Verwendung des „Vorlaufs"..213
Arnikasalbe – das Allheilmittel..214
Arnikatinktur............................217
Arnikaöl....................................217
Die Sarnikelsalbe......................218
Dachssalbe................................219
Schwedenkräuterumschlag.........220
Lehm auflegen..........................221
Das Kochlöffelschmalz
gegen Ausschläge......................222
Die Ringelblumensalbe..............222
Das Harzpflaster
des Knochenrichters 223
Krenbeten.................................224
Krenpotschn – Krensocken........225
Langzarglbirne..........................225
Heißes Fußbad bei Grippe 226
Hühnersuppe
zur Körperstärkung...................227
Milch mit Honig und Butter
bei Husten................................227
Zwiebelschmalz bei Halsweh 228
Staubzucker für's Aug................228
Der Lein bei Ohrenproblemen ...229
Das „Heunisldünsten"................229
Mostschatoo – Stärkung
nach der Geburt........................230
Die Piastmilch..........................231
Das Lärchenpech 232
Essigpatscherl...........................233
Durstlöschender Tee..................233

KOCHREZEPTE 234
Von der Einfachheit
der Küche.................................234
Erdäpfelsterz.............................236
Eingehachelte Brandrüben.........237
Mehlschmalzkoch......................238
Das süße Kraut.........................238
Eingebrannte Erdäpfel 239
Schmarrensuppe........................240
Lumpistrudel............................240
Brotsuppe.................................241
Rahmsuppe...............................241
Bauernkrapfen 242
Pikante Krautsuppe 242
Rahmkoch 243
Kletzensuppe............................243
Krenblätter für den Schafkäse....244
Eier zur Kühlung
im Getreidespeicher...................245
Eichelkaffee..............................245
Läuterkoch...............................246
Milchsuppe...............................247
Großmutters Eieromelett...........247
Baunbratl – der Bauernbraten 248
Grießkoch – Samstagskoch.........249
Tante Fannys Germtorte............249
Grießknödel – Fastenspeise 250
Kletzenbrot...............................251
Omas ausgezogener Strudel........251
Mostpudding............................252
Beuschelsuppe –
Rezept von Johanns Mutter.........253
Glühmost..................................254
Hollerblüten gebacken...............254

Schlussworte............................. 255
Autorenbeschreibung............... 256
Literaturempfehlungen............ 256

Vorwort

Das vorliegende Buch weckt schon vor dem Lesen jede Menge Assoziationen. In einer Welt, wo man in Echtzeit Datenabläufe rund um den Globus bestimmen oder jeder für sich via Handy die Welt ins Wohnzimmer holen kann, sind die folgenden Seiten Garant für ein ganz anderes Sein. Es geht um Wirklichkeit, Echtheit, Vertrautheit. Es geht um Bodenständiges, Anständiges und Handwerkliches.

Es ist eine Antwort und ein Impuls für ein anderes Leben. Werte, Tradition, Ursprung und Nachhaltigkeit sind bestimmende Elemente in diesem Buch, Kontrast zu unserer schnelllebigen Zeit. Sehnsucht nach altem und anderem Sein macht sich breit, denn es geht hier um Überliefertes und es ist großartig, dass man dieses so schön und kompakt bewahrt.

Das Buch ist ein echtes Sammelwerk an Geschichten, Anekdoten und Rezepten. Ein Wegweiser durch ein Jahr voller Bräuche und eine Zeitreise durch das menschliche Handwerk.

Man hat etwas gemacht aus dem Hof, hat nicht weltfremd alles belassen, wie es war, sondern Bestehendes mit Modernem verknüpft. Die „Hechals" sind eine Mostviertler Marke, die man mit Familie, Natur und natürlichen Produkten verbindet. Ein Hof als Vorzeigemodell, vorbildhaft für viele bäuerlich strukturierte Betriebe, der dank der Innovationen für den Ort und die Region etwas Besonderes darstellt.

Das ist nicht selbstverständlich, sondern beispielgebend für den Tourismus, die Bauernschaft und die Wirtschaft. Gesundheit, Friede und Freude mögen am Hof bleiben und dieses Buch soll ebenso ein Wegweiser für das Miteinander der Generationen sein wie eine erquickliche Quelle für alle Leserinnen und Leser.

Martin Lammerhuber

An die Heimat – Blick übers Land

Wir blicken von hier weit über das Land,
vom Steinbach bis über den Donaustrand.
Bis ins Waldviertel hinauf man schaut,
wo man Hanf und Mohn anbaut.

Und schweift unser Blick über Berg und Tal,
viel Schönheit sieht man überall.
Auch in der Welt ist's schon bekannt,
die blühenden Bäume im Mostviertler Land!

Es grüßt das Dorf, die Burg hinauf
und schauen dann zum Himmel auf.
Danken dem Herrgott dieser Welt,
dass er uns hat hineingestellt.

Viel Eisenkunst kann man hier erleben,
denn ohne Vergangenheit wird es keine Zukunft geben.
Es liegt der Hof zur linken Hand,
Jahrhunderte hat er Bestand.

War die Arbeit hart und schwere Zeiten,
die Hoffnung wird uns stets begleiten.
Gott mag es jedem Bauern geben,
das Erbe in jüngere Hände kann er legen.

Wenn dann sein Leib im Grabe kühlt,
den Auftrag hat er wohl erfüllt,
weil es nichts Schöneres kann geben,
als für Familie, Hof und Heimat leben.

In dankbarer Gesinnung
„Da Hechaberger"
Johann Frühwald, Ostersonntag 2002

Einleitung

Ein leichter Windhauch saust durch die Haare während des Aufstieges vom Dorf Reinsberg in Richtung des Höhenberghofes, des *„Hofes zu Höchst am Berg"*, wo die *„Hechals"* (Hech = Hoch, Höhe) wohnen. Der Weg führt stets bergauf, an einem im Spätherbst in allen Farbschattierungen schimmernden Wald vorbei. Wie Goldglitter blinken die Sonnenstrahlen zwischen den alten Buchen am Wegesrand. Es sind mächtige Baumstämme, die schon vielen Wanderern gegen Hitze und Unwetter Schutz boten, Baumstämme, die Generationen von Almbewohner aufwachsen sahen, ihre Geschichten und ihre Schicksale miterlebten, die stumme Zeugen der Vergangenheit darstellen und für die Zukunft vielleicht so manch wertvollen Rat für uns hätten.

Dem Berg hinauf weiter folgend, an Wiesen, Weideflächen vorbei, in denen dunkelbraune eingetrocknete *„Häufchen"* mit der einen oder anderen vereinzelten Fliege noch von der warmen Jahreszeit zeugen, auf welchen die Kühe und Rinder spazierten und zufrieden ihre Kälber durch die Landschaft führten. Ehe sich nach der nächsten, etwas nach rechts geneigten Wegbiegung ein lang gezogener großer Hof zeigt, mit den verschiedensten Obstbäumen rundherum.

Gut drei Meter hoch ist das schwere, hölzerne Tor, welches, leicht geöffnet, einen kleinen Einblick in die Geheimnisse der Werkstätte eines leidenschaftlichen Korbflechters erhaschen lässt. Ein gusseiserner Rabe, der ein von Künstlerhand gefertigtes Ebenbild des einstigen Hausraben Ferdinand darstellt, und jede Menge blühender Blumen weisen einem den Weg zum Hauseingang.

Die Lage des Hofes ermöglicht den Bewohnern, ihre Gäste bereits von Weitem den Bergweg heraufkommen zu sehen. So öffnet sich die Haustür auch wie von selbst. Eine ältere Dame mit einem liebevollen Lächeln bis weit über beide Wangenknochen hinauf strahlt dem Besucher entgegen. Sie hat die dunkelbraunen langen Haare am Hinterkopf zu einer Art *„Schopf"* zusammengebunden, so sind diese bei der Arbeit nicht im Weg.

Dahinter ein groß gewachsener, grauhaariger Mann mit liebevollem Gesichtsausdruck, leuchtenden Augen, als würde der Spitzbub, der einst als Junge den Hof mit Leben erfüllte, noch vor einem stehen. Er stützt sich möglichst unauffällig auf seinen Gehstock, der Gelenksapparat tut halt nicht mehr so ganz mit, wie er möchte, während er versucht, tapfer jeglichen Schmerz vor den Gästen zu verbergen.

Nach einem langen, schmalen Gang führt der Weg in ein Zimmer, das die Seele der Landschaft, die Liebe der Bewohner und ihre Geschichte in sich trägt. Riesengroße Glasflächen geben den Blick auf die Vergangenheit und die Gegenwart frei, auf die alten Obstbäume, die noch von den Vorfahren gepflanzt wurden, ihre Liebe in sich tragen und von der jetzigen Generation erhalten, gepflegt und vermehrt werden. Die Glasflächen zeigen die Straße, die seit noch gar nicht so langer Zeit die Zufahrt erleichtert, den Brunnen, der erst vor Kurzem das Wasserproblem löste, das friedlich unter ein paar Nebelschwaden liegende Dorf und einen kleinen Hügel, der den Nebelschwaden zu entsteigen scheint. Darüber thront die Burgruine Reinsberg, einst ein mächtiger Herrschaftssitz. Man sieht auch eine Böschung hinter dem Hof, von lilafarbenen Herbstzeitlosen übersät, dahinter ein mächtiger Kirschenbaum, vor dem ein Reh ganz unerschrocken grast. Erst als es den Blick in die Richtung dieses *„Wintergartens"* wendet und eine unbewusst ausgeführte Handbewegung der Bäuerin wahrnimmt, die der Freude über den Anblick des Tieres Ausdruck verleihen sollte, tritt es sicherheitshalber den Rückzug an.

Im Inneren des Raumes zeigen sich jede Menge Bücher, ein Schreibtisch, an dem der einstige Bauer bereits viele schwerwiegende Entscheidungen zu treffen hatte, ein bequemer Stuhl, in dem er seine unzähligen tiefsinnigen Gedichte schreibt, und ein lang gezogener, massiver Holztisch mit vielen Sesseln rundherum, an welchem die beiden Hausleute, Leopoldine und Johann Frühwald, im Dorf liebevoll die Hechals genannt, aus ihrem Leben, aus ihrem Wissen und von ihrem Brauchtum erzählen. Ihre Gäste gedanklich auf eine Reise in eine interessante, längst vergangene Zeit mitnehmen. Eine Zeit der Abenteuer, der Ungewissheit, des gelebten Brauchtums, des alten Handwerks und der Verwendung ursprünglicher Rezepte.

BRAUCHTUM

Ostern:
Die heiligen Eier gegen das Unwetter

Als an jenem trüben Morgen im Spätfrühling die ersten Hagelkörner in Randegg wie aus dem Nichts lautstark auf die Fensterbank herniederkrachten, lief der kleine Junge in der dunkelblauen Latzhose, so schnell ihn seine kurzen Kinderfüße tragen konnten, zum Telefon. Gekonnt rückte er sich den hölzernen Kinderstuhl zurecht und stieg darauf, um mit Müh und Not das Telefon zu erklimmen und darauf jene Kurzwahltaste drücken zu können, mit der er seine geliebte Großmutter Leopoldine Frühwald anrufen konnte.

Es läutete ein Mal, ein zweites Mal, ein drittes Mal und noch ein weiteres langes Mal, für den kleinen Matthias schien währenddessen eine Ewigkeit zu vergehen! Er wartete ganz nervös, wann denn seine Oma endlich abheben würde, war seine Botschaft doch so dringend!

Als die liebenswerte Frau mit den dunklen, hochgesteckten Haaren endlich den Hörer abhob, schienen sich die besorgten Worte des kleinen Jungen durch den Telefonhörer vor lauter Aufregung, Sorge und Eile fast zu überschlagen: *„Oma, Oma – leg schnell die heiligen Eier hinaus, bei uns hagelt es schon!"*

Die heiligen Eier, die haben im sanft hügeligen Mostviertel, dort wo die Hechals leben – die Leute vom Höhenberg, weil der alte Hof zuhöchst am Berg oben liegt, die eigentlich richtigerweise Familie Frühwald heißen – eine besondere Bedeutung! Am Karfreitag in den frühen Mittagsstunden wartete Matthias, der Junge im Kindergartenalter, voller Freude, mit seinem handgeflochtenen Kinderkörbchen in der Hand, vor dem Hühnerstall auf seine naturverbundene Großmutter.

Ganz leise, ohne ein Wort zu sprechen, um die Hühnerschar nicht unnötig zu verschrecken, betreten die beiden den Stall. Vorsichtig, um ja keines zu zerbrechen, holen sie die frischen Eier heraus. Die ersten drei Eier, die Leopoldine, die Großmutter, findet, legt sie sorgfältig, als wären sie zerbrechlich wie dünnes Glas, in Matthias' Korb, während alle anderen in ihrem eigenen Korb landen.

„Pass mir ja gut auf, dass die Eier nicht kaputtgehen", weist sie den kleinen Jungen an, handelt es sich dabei doch um die *„heiligen Eier"*. In der Küche angekommen, kocht die Großmutter mit Matthias die Eier im Salzwasser hart – die drei heiligen in einem gesonderten Topf, um sie mit den anderen ja nicht zu verwechseln. Während die Eier auskühlen, richtet Leopoldine Frühwald rote Farbe zum Färben zurecht, bindet ihrem fleißigen Enkelsohn für seine Lieblingsbeschäftigung eine Schürze um den Bauch und färbt mit ihm, sobald alle Eier ausgekühlt sind, diese mit knallroter Farbe ein. Kurz vor der Ostersonntagsmesse in der Kirche dekorieren die beiden die Eier, ein Brot, ein paar Krapfen und ein Selchfleisch, das der Großvater selbst selchte, mit einer grünen Serviette in Großmutters Korb, während die drei *„heiligen Eier"* in Matthias' Korb zurückgelegt werden.

Im feierlichen Sonntagsfestgewand, Matthias in seiner Lederhose mit grün kariertem Hemd und die Großmutter im dunklen Festtagsdirndl, besuchen sie stolz Hand in Hand die Messe in der Kirche, wo der Pfarrer alle Gaben mit dem kirchlichen Segen versieht. Nach Hause zurückgekehrt, geht Matthias mit seinem Körbchen und den heiligen Eiern mit der Großmutter durch das Anwesen. Gemeinsam verteilten die beiden die drei besonderen Eier in Haus und Hof. Dort sollten diese nun über das Jahr den Hof vor jeglichem Unheil bewahren. Alle anderen geweihten Karfreitagseier werden für das familiäre ostersonntägliche Mittagsmahl aufgehoben.

Zogen früher Unwetter und sogar Hagel über das Land hinweg, betrachteten die Leute jene Naturgewalt als Strafe des Himmelvaters. Die drei Eier dieses heiligen Fasttages, des Tages, an dem der Kreuzigung, des Todes Jesu, gedacht wird, waren rot gefärbt, rot gleich dem Blut Jesu Christi, das die Schuld der Menschen tilgte. Drohte nun ein schweres Gewitter über den Hof zu ziehen, legte die Bäuerin schnell eines der roten Eier vor das Haus, um den Herrgott daran zu erinnern, dass jegliche Schuld bereits durch den einstigen Opfertod beglichen wurde, dass keine Strafe, kein Unheil mehr notwendig sei.

Vom Hof Höhenberg aus gesehen, dort wo die Hechals seit vielen Generationen leben, kommen schwere Gewitter überwiegend aus westlicher Richtung. In diese Himmelrichtung ist die Heidi, die Tochter des Hauses, vor Kurzem mit ihrem Mann und dem kleinen

Matthias, ihrem Sohn, übersiedelt. Mit Matthias, der bisher viel Zeit mit seiner geliebten Oma verbrachte, voller Spannung ihren und den Geschichten seines Großvaters Johann Frühwald lauschte und das seit Generationen bewahrte Brauchtum am Hof von Geburt an tagtäglich miterlebte. Der ihr immer half, bei drohendem Unwetter die „heiligen Eier" vor das Haus zu legen. Er war nun plötzlich nicht mehr bei ihr, konnte ihr nicht mehr helfen, als es galt, rasch zum Schutz vor dem drohenden Hagel die „heiligen Eier" vor das Haus zu legen.

Gründonnerstag

Für den „Hechal-Altbauern" Johann Frühwald war der Gründonnerstag immer ein besonderer Anlass. In seiner Kindheit baute er in der Schule im Werkunterricht über Wochen hinweg eine schöne, große „Ratschen". Am Gründonnerstag, erzählt die Kirchenlegende, fliegen die Kirchenglocken nach Rom und die Dorfjugend informiert die Bevölkerung mehrmals am Tag mit einer Ratsche aus Holz über die aktuelle Uhrzeit. Johann Frühwald wurde meist mit dem ersten Hahnenschrei voller Aufregung munter, erledigte seine Morgenarbeit am Hof, zog sich ein „besseres" Gewand über und holte seine „Ratschen" von der nussbaumfarbenen Kommode in seinem Zimmer.

Ganz vorsichtig trug er sie zum Wegkreuz hinunter, wo das steile Stück Richtung elterlicher Hof begann. Mit jedem bestaunenden Wort über seine künstlerische, selbst gefertigte Ratsche, das die Mädchen der Gruppe bewundernd von sich gaben, schien Johann an körperlicher Größe und Ausstrahlung zu wachsen. Zurück zu Hause angekommen, erwartete den geschickten, emsigen jungen Mann am großen Küchentisch ein Mittagessen, dem gestrengen Fasttag entsprechend eine Brennnessel- oder Bärlauchsuppe, Spinat und Brot dazu. (Die genauen Rezepte finden Sie im Kapitel Kochrezepte.)

Karfreitag

Für die Erwachsenen gab es am „*Sterbetag Christi*" lediglich ein Mittagsmahl, das traditionell aus der „*Stosuppe*" – der Milchsuppe, sowie Grießknödeln und Sauerkraut bestand, und am späteren Nachmittag einen Weihapfel (siehe Kapitel *Die geweihten Äpfel*). Nur für die Kinder gab es in der Früh des strengen Fasttages ein sättigendes, nährstoffreiches Glas frische, kuhwarme Milch zu trinken. Die Rezepte hierzu finden sie im Kapitel *Kochrezepte*.

Zweigausstecken und Osterfeuer

Am Karfreitag nimmt der Bauer den Palmbuschen, der am vorhergegangenen Sonntag, dem Palmsonntag, feierlich in der Kirche vom Pfarrer geweiht wurde, und zerlegt ihn zur Gänze in seine Einzelzweige. Von Haselnusszweigen bis Stechpalme, alles was in den Palmbuschen eingearbeitet wurde, wickelt er nun liebevoll und vorsichtig wieder auseinander. Nimmt sie gesammelt in seine Hand, schreitet damit durch Haus, Hof und auf seine Felder und steckt in bedachter Haltung überall etwas von den geweihten Zweigen aus. In den Stallungen, in den Wohnräumen, selbst in der Werkstatt und was ganz wichtig war, in den Brunnen, der das Wasser lieferte, kommt ebenfalls ein solcher geweihter Zweig hinein. Mit der gedanklichen Bitte an den Herrgott, dass der Hof, die Stallungen, die Felder, die Weiden sowie Mensch und Tier vor Schaden und Unheil geschützt seien, das Land fruchtbar bleiben solle und im Sommer eine gute Ernte eingebracht werde.

Jeder Teil des Palmbuschens fand seine Verwendung, selbst die alten Zweige aus dem Vorjahr. Schritt der Bauer nun so andächtig durch seinen Besitz, hob er akribisch genau die alten Zweige des Vorjahres, welche ihm noch unterkamen, auf und sammelte sie nebenbei ein. In den frühen Abendstunden legte er sie am Rande des Anwesens aufeinander und zündete das aufgrund der günstigen Berglage weithin sichtbare Osterfeuer an.

Die Prügelweihe – Karsamstagsfeier

Für den Karsamstag bereitet Sepp Auer (Mesner, Taglöhner und hauptberuflich Korbflechter) einen schönen großen Holzstoß vor der Kirche für die Prügelweihe vor. In den frühen Morgenstunden, kurz nach der Morgendämmerung, schreitet der Herr Pfarrer nach dem Gottesdienst vor die Kirche, auf den Holzstoß zu. Jeder Hausbesitzer hat einen 5 bis 6 cm starken und 40 cm langen Holzprügel mit. An dem einen Ende ist ein Loch gebohrt, wo eine Schnur durchgebunden ist, und der Länge nach sind in das Holz der Hofname und die Jahreszahl vermerkt.

Johann Frühwald legt seinen traditionellen Haselnussprügel, wie alle anderen Hausbesitzer auch, an den Rand des Feuerstoßes, ehe der Pfarrer diesen feierlich mit der Energie der Vergebung, die dem Osterfest immanent ist, entzündet und seine heilige Weihezeremonie vollzieht. Die Holzstücke werden gekonnt so platziert, dass sie nur anbrennen und nicht verbrennen.

Nach der Feuerweihe, wie dieser Brauch richtigerweise genannt wird, nimmt jeder Bauer wieder seinen gesegneten *„Weihfeuerprügel"* – sein im Feuer geweihtes Stück Holz – mit nach Hause. Nur der Bauer vom Höhenberg, der Johann Frühwald, nahm zwei solche heilige Prügel mit. Weil sein Großvater vor mehr als 100 Jahren den Tannenschachengrub-Hof dazugekauft hat, braucht er zwei Prügel – für jeden seiner Höfe einen.

Ziehen während des Jahres dunkle Wolken auf, droht ein Gewitter oder eine andere Naturgewalt über den Hof hereinzubrechen, dann holt der Bauer wortlos den geweihten Holzprügel des Karsamstags hervor und steckt diesen in den offenen Herd. Die Vergebungsenergie des Osterfestes und die Energie des Weihens sollen nun das Unheil vom Hof fernhalten. Heute findet die Prügelweihe vor dem Auferstehungsgottesdienst in den Abendstunden statt.

Das Weichfleisch zum Ostersonntag

Die Fastenzeit der früheren Zeit war geprägt von einer einfachen, kargen Ernährung. Fleisch landete kaum auf den Speisetellern. Es war speziell in der Nachkriegszeit viel zu kostbar. Bei den wenigen Tieren, die am Hofe lebten, war es für die Leute wichtiger, die Eier und die Milch als tägliche, konstante Nahrungsquelle zu erhalten, als eine einmalige Portion Fleisch durch das Schlachten des Tieres, was nur für ein bis zwei Mahlzeiten das Auslangen gebracht hätte.

War es irgendwie möglich, dann stand als Ostersonntagsmittagsmahl sehr wohl Fleisch am Speiseplan. Erhalten wir Menschen etwas sehr selten, neigen wir dazu, es, sobald wir es dann endlich bekommen, in größerem, unbedachtem Maß zu uns nehmen zu wollen. Um den Körper vor dem Überessen mit Fleisch zu schützen, bereitete die Bäuerin eine heilige Vorspeise zu. Sie holte die geweihten Karfreitagseier, das gesegnete Geselchte, das Brot und die Krapfen, schnitt alles in kleine Häppchen, in eine Größe, die mit einem Bissen in den Mund gesteckt werden konnte, und verteilte diese auf einem lang gezogenen Teller. Befanden sich alle am Hof lebenden Leute rund um den schweren Speisetisch, sprach der Bauer mit seiner tiefen Stimme das Sonntagsgebet und die Bäuerin stellte den Vorspeisenteller mit den Eiern und dem Geselchten auf den Tisch. Der erste Hunger wurde nun durch das gesegnete Weihefleisch gestillt und vom schwerer verdaulichen Braten konnte nicht mehr so viel gegessen werden.

„Das war der Sinn, dass dir, weil du das heilige Essen in dir hast, das Folgemahl nicht übel bekommt", erzählt Leopoldine weiter. Die geweihten Speisen sollten vor allem aber auch den Männern am Hof Gesundheit und Arbeitskraft erhalten.

Der Palmbuschen

Das Binden des Palmbuschens ist im Mostviertel eine traditionelle Tätigkeit des Bauern. Nur die Äpfel und die bunten Bänder werden von der Bäuerin am Schluss, als i-Tüpfelchen sozusagen, dazugefügt.

Am Höhenbergerhof ließ sich der Bruder von Johann Frühwalds Vater, der Onkel Lois, diese Arbeit nicht nehmen. Durch eine Krankheit entwickelte er eine ausgeprägte, tiefe Verbundenheit und Wertschätzung der Natur und ihren Gaben an die Menschen gegenüber. Mit herzlicher Freude und Leidenschaft widmete er sich jedes Jahr bis in sein hohes Alter hinein dem Binden des Palmbuschens. Er war es schließlich auch, der diese Kunst, das Wissen um die Reihenfolge der Bestandteile und die wertschätzende innere Haltung an Johann Frühwald weitergab.

Die Zutaten sollen traditionell immer eine ungerade Zahl ergeben, entweder 3, 7 oder 9 Stück. Die erste Vorbereitung ist bereits im Februar zu treffen. Die Palmkätzchen im Palmbuschen sollen zu Ostern die richtige Größe haben und noch nicht voll aufgeblüht sein, sonst würden sie beim Tragen während der Prozession abfallen.

Daher stapft Johann Frühwald bereits im Februar, wenn die Natur langsam aus ihrem Winterschlaf erwacht, durch den Schnee zum Palmkätzchenbaum hinaus und holt sich die Zweige mit den ganz kleinen Palmkätzchen darauf. Diese lagert er im Erdkeller über den Mostfässern. Dort liegen sie schön gerade, sodass sie sich nicht verbiegen und der Buschen nachher nicht schief oder krumm ist. Es ist kühl genug, dass die Kätzchen nicht weiter austreiben und schön klein bleiben.

Am Palmsamstag wird der Palmbuschen gebunden, zu den Weidenzweigen mit den Palmkätzchen kommen nun Zweige vom Segenbaum, dem Zederngras, dem *„Schradl"*– das sind Zweige der Stechpalme, und Haselruten. Früher gab es keinen Buchsbaum. In Johann Frühwalds Heimat werden noch weitere Pflanzen, je nach Familientradition, für den Palmbuschen verwendet: Seidelbast, Eibe, Zypresse, Wacholder, Thuja, Eiche, Heidekraut, Pappel, Efeu, Kirschlorbeer, Strauch Veronika. Wegen seines kräftigen und schönen Grüns wird manchmal auch der Buchsbaum mit eingebunden. Die Äpfel steckt die Bäuerin auf einen Zweig im Buschen. Zum Schluss ergänzt sie noch bunte Bänder, wobei die Farbe Violett als kirchliche Farbe der Wandlung dabei sein muss. Der große Palmbuschen ist der *„Hauspalmbuschen"*, er wird bei der Weihe vom Bauern oder dem Jungbauern getragen. Für die Kinder wurde in späteren Jahren begonnen, kleinere Palmbuschen zu binden, damit auch sie etwas zu tragen hatten. Beim Umzug selbst gingen früher zuerst die Männer und dahinter die Frauen, heute geht die ganze Familie nebeneinander.

Hühner „*einhagern*"

Der Bauer oder der Jungbauer, je nachdem wer den Palmbuschen bei der Palmsonntags-Prozession trug, hat im Anschluss zu Hause noch eine wichtige Aufgabe zu erfüllen, ehe er sich zum Essen an den Tisch setzen darf.

Sobald er von der Palmbuschenweihe nach Hause kommt, noch die frische Kraft dieses Segnungsaktes sowohl in den Buschen als auch in dessen Träger ruht, geht er damit „*Hühner einhagern*". Dabei schreitet er drei Mal um das Haus herum und hüllt das Gebäude sozusagen mit dem heiligen Segen ein. Dadurch sollen die Hühner vor dem Fuchs geschützt sein und der Geier sich keine Tiere vom Hof holen. Sein letzter Weg führt in die Küche, wo als Dank für das „*Einhagern*" bereits eine saftige Eierspeise wartet.

Die geweihten Äpfel

Leopoldine Frühwalds letzte Arbeit am Palmbuschen ist das Hinaufstecken der Äpfel. Im Erdkeller sucht sie die schönsten, die mit der großflächigsten roten Farbe auf der Schale heraus. Traditionell nimmt sie entweder 3, 6 oder 9 Stück Äpfel.

„*Meistens waren es 9 Stück*", lächelt sie, während ihre Schultern für einen kurzen Augenblick nach oben wandern. Mit der Schürze oder einem Tuch wurde die Schale noch schön aufpoliert. Wenn der Palmbuschen dann bei der Prozession am Palmsonntag in der Höhe getragen wird, glänzen die roten, polierten Äpfel schön in der Sonne.

Fast eine Woche später, am Karfreitag, werden diese geweihten Äpfel als Jause am späteren Nachmittag in die Küche geholt und von allen am Hof lebenden Personen gemeinsam in Dankbarkeit für das Geschenk des Lebens verzehrt. Der Apfel als Symbol für das ewige Leben sollte dem Esser für das kommende Jahr Gesundheit schenken.

Die Maulgabe

Im Stall sind die Tiere vor Wind, Wetter, Blitzschlag und sonstigen Gefahren geschützt. Ende April, bevor die Tiere vom Winterquartier auf die Weide hinausgetrieben werden, erhalten sie als Schutz vor Krankheit und Unheil eine sogenannte *„Maulgabe"*.
    Leopoldine Frühwald schneidet ein Schwarzbrot in Scheiben und danach in Stücke. Dann holt sie einen Palmbuschen, der zu Ostern speziell für diesen Tag gebunden und in der Kirche geweiht wurde. Zuerst nimmt sie für jedes Brotstück ein *„Palmkatzerl"* herunter, danach für jedes etwas vom Zederngras und legt beides zusammen auf die Brotstücke. Damit begibt sie sich zur Eingangstür, zum Weihbrunnenkessel, der über das ganze Jahr mit Weihwasser der örtlichen Kirche gefüllt ist. Von diesem *„heiligen Wasser"* entnimmt die Leopoldine ein paar Tropfen und besprengt damit jedes Brot.
    Mit dieser besonderen Gabe im Stall angekommen, stellt sich die traditionsbewusste Bäuerin nun vor jedes ihrer Tiere, schließlich kennt sie jedes mit Namen und hat jedes einzelne in ihr mütterliches Herz geschlossen. Während sie das Tier beim Namen nennt, den Herrgott um dessen Segen und Schutz bittet, gibt sie ihm ein Brotstück oder zumindest einen Bissen von dieser *„Maulgabe"* zu fressen. Erst dann kommt der *„Gustl"*, der Sohn der Bäuerin, und treibt die Tiere auf ihre Weiden, wo sie den ganzen Sommer über bleiben.

Frühling:
„Was Heuriges, gib es weiter"

Auf das erste *„Grün"*, die ersten frischen Gaben aus dem Garten freuten sich die Kinder am Höhenbergerhof stets ganz besonders. Wobei sich hier die Frage stellt, ob die Freude eher dem Essen oder mehr dem damit einhergehenden Ritual galt!
    Die Onkel, die am Hof mithalfen, waren durch das Leben und den langen Krieg gezeichnet und verstanden den Spaß, den die aufgeweckten Hof-Kinder trieben, nicht immer so recht. Niemals hätte sich auch nur eines der Kinder im Traum daran zu denken getraut, einen ihrer

Onkel auch nur am Ohr zu ziehen – doch es gab einen kurzen Moment im Jahr, wo ihnen dies selbst bei den gestrengen Herren gestattet war. Im Winter fanden die Leute kaum Frisches zu essen. Sehnsüchtig erwarteten alle Hausbewohner den ersten knackigen, bissfesten Salat und die erste grüne Suppe. Vor lauter Freude über das wohlschmeckende Mahl, dass es endlich wieder frisches Essen am Tisch gab, und auch um das Bewusstsein darüber zu heben, entwickelte sich einst, vor langer, langer Zeit, ein für die Kinder spaßiges Ritual.

Alle am Hof lebenden Personen setzten sich zu Mittag rund um den großen hölzernen Küchentisch. Die Bäuerin wartete geduldig, bis auch die letzte Person Platz genommen hatte, ehe sie das gartenfrische, verführerisch duftende Essen dekorativ mittig auf den Tisch stellte. Jeder gab sich in freudiger Erwartung mit dem Suppenschöpfer etwas davon in seinen Teller. Als endlich alle Teller gefüllt waren, zappelten die Kinderfüße bereits nervös vor Freude unter dem Tisch hin und her.

Der Vater, der Bauer, beobachtete mit gestrengem Blick seinen Nachwuchs, ehe sich seine Gesichtszüge zu einem schelmischen Lächeln verzogen und er die Person rechts neben sich anschielte, zügig am linken Ohr zog und währenddessen spontan sprach: *„Was Heuriges, gib es weiter."* Diese Person verfuhr nun mit der rechts neben ihr sitzenden Person ebenso. Die Kinder platzierten sich bereits vorab taktisch so geschickt, dass sie bei diesem Frühlingsbrauch ihre etwas mürrisch veranlagten Onkel an den Ohren ziehen durften, während auch sie aufgeregt sprachen: *„Was Heuriges, gib es weiter!"* Erst als die ganze Tischrunde die frische Speise begrüßt hatte, begann man mit dem Essen, um das Bewusstsein gestärkt, dass nun auch wirklich frisches Essen vorhanden, der gemütliche Wintertrott vorbei war und das Arbeitsjahr voll gestartet hatte.

Der Maibaum

Der Maibaum ist traditionell die Spende eines Bauern des Dorfes. Die edlen Spender wechseln sich jährlich ab, mal ist es der eine Bauer, das nächste Mal ein anderer. Es versammeln sich die Männer, begutachten den Baum, wie hoch er ist, wie schön sein Wipfel ist und wie gerade gewachsen er sich zeigt. Je schöner der gespendete Baum wirkt, desto stolzer präsentiert sich der Spender.

Das Schlägern eines Maibaumes ist eine kunstvolle Sache. Der Wipfel muss unbeschädigt sein, der darf nicht abbrechen! Oft müssen zwei bis drei Bäume gefällt werden, damit das Ergebnis herzeigbar ist. Die Kunst dabei ist, den Baum so zu fällen, dass er langsam entlang eines anderen Baumes hinunterrutscht, dann bleiben die Baumspitze und der Wipfel auch schön ganz. In der Folge wird der Maibaum von der Rinde schön gereinigt und mit Bändern in allen Landesfarben behängt. Ebenso kunstvoll werden der Anhänger und der Oldtimertraktor geschmückt, mit dem der Transport zum Aufstellungsort bewerkstelligt wird. Ehrenvoll geleitet ihn die Menschenmenge hinter dem langsam fahrenden antiken Traktor in das Dorf auf den Dorfplatz.

Das Aufstellen des Maibaumes erfolgt heute aus Sicherheitsgründen maschinell, weil der Dorfplatz nicht so freiräumig ist und beim Aufstellen des mächtigen Baumes die Dorfleute rundherum stehen. Das wäre zu gefährlich. Während des Aufstellens spielt die Musikkapelle Reinsberg, danach erklärt der Herr Pfarrer die Bedeutung des Maibaumes. Nach der langen Winterzeit, in der früher die Leute mit dem wenigen durchkommen mussten, das sie einlagern konnten, symbolisiert der Maibaum den Frühling. Es gibt wieder genug zu essen, es gibt wieder Frisches, Vitaminreiches. Die Felder und Äcker gehören wieder bestellt, das Erntejahr hat neuerlich angefangen, die Natur ist wieder fruchtbar. Nach dem Pfarrer betritt die Volkstanzgruppe den Festplatz und beginnt im Takt der einsetzenden Musik zu tanzen.

Der Abend klingt für fast alle Besucher gemütlich aus, nur die Burschen, die als Aufpasser bestellt wurden, haben noch eine harte Nacht vor sich. Der Maibaum stand immer schon für die Fruchtbarkeit des Dorfes und des Landes. Im Schutz der Dunkelheit versuchten die Burschen der Nachbardörfer die Maibäume der anderen umzuschneiden, symbolisch deren Stärke zu schwächen, zu untergraben. Die Bewacher haben ob oder trotz ihrer jungen Jahre dem Alkohol oftmals sehr zugesprochen, saßen im Wirtshaus und stellten einen möglichst nüchternen Mann ab, der auf den Maibaum achten und sie im Notfalle zwecks Verteidigung verständigen sollte. Sobald nicht zuordenbare Geräusche oder die Schatten der Nachbarsburschen auf den Hausmauern vorbeieilten, schrie der Aufpasser „*Alarm, Alarm*" und die Kollegen stürmten wie ein Ameisenhaufen aus dem Wirtshaus, um den eigenen Maibaum unter vollstem Körpereinsatz zu verteidigen. Wehe, die anderen waren taktisch geschickter, schafften es, den Maibaum umzuschneiden, und wurden dabei erwischt. Sowohl die Missetäter als auch der unachtsame Aufpasser mussten dann für alle sich im Wirtshaus und auf dem Festplatz befindlichen Personen und alle an den Vorgängen rund um den Maibaum beteiligten Leute Jause und Getränke bezahlen. Zur damaligen Zeit bei den Einkommensverhältnissen ein kostspieliges Unterfangen. Eigentlich gab es in jedem Falle nur einen sicheren Gewinner, den Wirt!

Ende Mai hatte dann der Baum seine traditionelle Funktion erfüllt und wurde im Zuge einer Festveranstaltung umgeschnitten oder umgelegt und versteigert. 400 bis 500 Euro kommen bei dieser lustigen Versteigerung zusammen, die dann einem karitativen Zweck zugeführt werden. Somit war allen gedient, der Wirt und die Vereine machten gute Geschäfte, die Besucher hatten Vergnügen und Freude am Fest und so machem Mitmenschen konnte überdies noch geholfen werden.

Pfingstblasen

Die Blasmusik in Reinsberg entstand durch das Engagement des Wundarztes Dr. Stöckl. Ein Arzt, der den Menschen zwar mit rauer Methodik, jedoch großem Erfolg diente. Er gründete einst die Blasmusikkapelle. Sein größter Wunsch war, wie er es auszudrücken pflegte: „*Nicht unter den ‚Rindviechern' im Dorfe begraben zu werden.*" Womit er ironischerweise die Bauern, die Landwirte meinte.

So trug es sich zu, dass er sich ein Grundstück abseits des Dorfes kaufte und dort eine Gruft errichtete, in der er dann auch begraben wurde. Das Fazit an der Geschichte: Dieses Grundstück ist heutzutage schönste, üppigste Weidefläche. Somit liegt seine Gruft nun erst inmitten der glücklichsten „*Rindviechern*", nur diesmal sind es echte! Als Erinnerung an seine Leistungen und als Dank, dass die Musikkapelle durch seinen unermüdlichen Einsatz entstand, versammelt sich an Pfingsten, um 5 Uhr in den Morgenstunden, die gesamte Kapelle auf einer Erhebung nahe des Hofes Haubenberg, wo die Blasmusik der Überlieferung nach einst zum Pfingstblasen entstand, und lässt ihre Musik bis in das Tal erschallen.

Sonnenwende:
Sonnenwend-Strauben

Nicht nur dass die Nächte wieder länger werden, kündigt die Sommersonnenwende an, sondern auch den baldigen Schnitt des Getreides auf den Feldern. Die Ernte, so hoffte man, sollte eine gute werden. Die Bäuerin bereitete zur Sommersonnenwende ein besonderes Festessen vor. Abseits der einfachen täglichen Küche standen hier gebackene Hollerblüten und gebackene Semmelstücke mit grünem Salat, dem sogenannten *„Schuchfetzensalat"*, auf dem Tisch.

Der Salat wurde entweder mit kalter Marinade gemacht oder mit warmer Marinade übergossen, und da die Blätter bei der warmen Marinade nicht mehr knackig sind, sondern etwas zäh, erhielt er den Namen *„Schuchfetzensalat"*. Schuchfetzen waren einst Tücher, die statt Socken um die Füße gebunden wurden.

Brot war täglich zum Essen vorhanden. Es wurde auf den Höfen selbst gebacken, nur Semmeln standen kaum am Speiseplan, das war Luxusessen. Ehe mit dem Essen begonnen wurde, dankte der Bauer mit wenigen Worten der Natur für die reichen Gaben und im Voraus, dass die bevorstehende Erntezeit einen reichen Ertrag bringen möge. Dass die Speise zum Essen freigegeben war, erkannten alle Personen um den Küchentisch daran, dass der Bauer zu essen begann.

Als Nachspeise tischte die Bäuerin zu den übrig gebliebenen gebackenen Hollerblüten und Semmelschnitten noch ein Kompott auf. Wenn keines zur Verfügung stand, dann gab es ein wenig Zucker. Sobald es dunkel wurde, gingen die Kinder über die Anhöhe und blickten über das Tal, wo bei den anderen Höfen bereits das Sonnwendfeuer brannte. Jeder Hof hatte sein eigenes Feuer, wobei Musik gespielt, gesungen und manchmal auch getanzt wurde. Auf der Anhöhe trafen sich die Geräusche von den verschiedensten Höfen her, was ein wunderschönes Ambiente ergab, ehe das eigene Sonnwendfeuer am Hof den Nachthimmel erleuchtete.

Erntezeit:
Das Drescherfest

Das nachbarschaftliche Scheunendreschen war Arbeit und Fest zugleich. Gegen den Herbst hin sind der Johann Frühwald und seine Schwester Karoline zum *„Angelsöd"*-Hof marschiert und haben durch das Holzgatter gespäht, wie groß die *„Dreschersau"* schon gewachsen sei und ob sie schon groß genug sei, dass das geliebte Drescherfest bald beginnen könne.

Manchmal ging Johann mit seiner Mutter vorbei und die *„Angelsöd-Bäuerin"* stand draußen. Dann schaute man auch gemeinsam nach der Dreschersau. Johanns Mutter meinte laut: „Die ist schon schön, die tut es schon bald!" Die Bäuerin entgegnete: *„Nein, nein, die braucht noch ein wenig, der müssen wir noch ein wenig füttern, damit sie für alle reicht!"*

Das Drescherfest war das große Erntefest des Getreides. Früher hat man das Getreide auf die Tenne gebracht und ließ dann die Rinder hinein, damit es ausgetreten wurde. Dann putzte man alles zusammen und schlug die restlichen Getreideähren mit dem *„Drischl"*, einem Schlagholz, an dem vorne ein Gelenk mit einem sehr beweglichen weiteren Holzteil angebracht war, aus. Für diese Arbeit waren viele helfende Hände notwendig. Die Jugend hatte ansonsten wenig Gelegenheit, sich untereinander kennenzulernen, waren sie doch das ganze Jahr über am elterlichen Hof eingesetzt.

Dieses Drescherfest bot ihnen endlich Gelegenheit dazu. Die Getreidegarben wurden mit dem *„Drischel"* ausgeschlagen. Stünden jedoch viele kräftige, stramme, den Mädchen imponieren wollende Burschen nebeneinander und schlügen mit einem solchen Schlagholz auf Körner, die auf einer kleinen Fläche eng nebeneinanderliegen, hätte das voraussichtlich in einem unbeherrschbaren Durcheinander geendet. Daher sangen alle im Takt das gleiche Lied und jeder wusste, bei welchem Satz er zum Schlagen dranwar.

Jenes Drescherlied kann Johann Frühwald heute leider nicht mehr singen, doch an das Lied, das gesungen wurde, wenn mehrere Männer mit ihrem schweren Hammer auf ein dickes Holzstück einzuschlagen hatten, erinnert er sich noch genau. Das folgende Lied war für fünf Männer, jeder hatte eine Zeile, bei der er mit seinem Schlag an der Reihe war:

„Hoch auf,
und noch einen drauf,
er muss hinein,
durch Sand und Stein,
durch Stein und Sand
für unser liebes Vaterland."

Im Lauf der Zeit wurde auch diese schwere Arbeit leichter. Schritt für Schritt und in allen bäuerlichen Arbeitsbereichen hielt die Technisierung ihren Einzug. Manche Bauern kauften sich Stiftendreschmaschinen und in weiterer Folge auch Breitdreschmaschinen gemeinsam mit angebauter Putzerei.

So mancher gut situierte Bauernhof leistete sich eine komplette Dreschanlage alleine, mit Dampfmaschinen oder großem Stationär-Motor sowie Strohpresse, und war dann im Lohnverfahren von Bauernhof zu Bauernhof unterwegs. Diese großen Dreschanlagen wurden von zwei erfahrenen Männern begleitet und bedient. Sie bewerkstelligten auch den Auf- und Abbau und die Übersiedlung zum nächsten Einsatzort.

Ein solcher Dreschvorgang lief wie folgt ab: Vom Lagerplatz des Getreides (Roggen, Hafer, Gerste, Weizen), dem sogenannten Speicher, wurde das Getreide von drei bis vier starken Männern, die mit langen Galen bestückt waren, auf die Dreschmaschine befördert. Dort wurde das Getreide von drei bis vier Mädchen in Empfang genommen und zu einem gleichmäßigen Getreidestrom aufbereitet. Kontrolliert von einem Maschinisten, wurde dieser dem Dreschzylinder zugeführt. Eine nicht ungefährliche Arbeit, bei der so manche unschöne Unfälle passierten. In der Nachbarortschaft trug es sich zu, dass eine fleißige Helferin beide Beine verlor, als sie unbedachterweise in den laufenden Dreschzylinder rutschte.

Die Maschinisten hatten bei der Drescherei einen Sonderstatus und wurden von dem weiblichen Geschlecht ob ihres technischen Wissens und Könnens bewundert. Bei jedem Drescherfest waren es daher auch speziell die Maschinisten, die den Mädchen und Frauen besonders imponierten. Das ausgedroschene Stroh wurde wieder im Speicher gelagert und diente als Futter und Einstreu für die Tiere im Winter. Die Abfälle aus der Putzerei, die kleinen Strohstücke und die Spelzen, auch genannt „*Gsod oder Ohm*", musste von den „*Gsodträgern*" in die Streuhütte gebracht werden. Dies diente dann als Einstreu im Hühnerstall. Die Hühner holten sich noch die allerletzten Getreidekörner heraus. Das fertige, saubere, geputzte Getreide wurde im Getreidekasten gelagert und aufgeschüttet, um nachzutrocknen bis zur weiteren Verwendung.

Der Angelsöd-Bauer fütterte übers das Jahr eigens für dieses Getreideerntefest jene besagte „*Dreschersau*". Während der Sommermonate gab es bis auf Speck oder Geselchtes keinerlei Fleisch von größeren Tieren, wie Rindern oder Schweinen. Ohne Gefriertruhe oder Kühlschrank wäre das Fleisch durch die Hitze viel schneller schlecht geworden, als es die Hausleute zu essen geschafft hätten.

Bei dem Drescherfest half die ganze Nachbarschaft, die Nachbarn der Nachbarn und Freunde und wer sonst noch Zeit hatte. Jede helfende Hand war willkommen. Durch ein Pfeifgeräusch kündigte die Bäuerin die Essenszeit an, wie auf Kommando ließen alle ihre Arbeit liegen und eilten zum Essenstisch. Seit Ostern hatte es kein Schweinefleisch mehr zu essen gegeben. Umso größer fiel die Vorfreude auf das Essen beim Drescherfest aus. Das Ferkel, das für diese Tage daran glauben musste, wog an die 160 bis 170 kg und wurde über die drei Tage hinweg ratzeputz zur Gänze verspeist.

„*Die Leute haben gegessen, als wenn es das letzte Essen gewesen wäre. Es hätten ja gar nicht so viele Leute der Arbeit wegen sein müssen, aber lustig war es allemal und die Sau hat fertig gegessen werden müssen, das Fleisch wäre sonst durch die Hitze verdorben"*, erzählt Johann Frühwald weiter.

Zu Mittag gab es eine dicke Einmachsuppe mit dem Fleisch des Schweinekopfs, danach eine gekochte Stelze mit frischem Brot und frisch gegrabenem Kren. Zu den Hauptmahlzeiten waren Braten, Schnitzel und geselchtes Fleisch am Speiseplan. Zur Nachspeise gab es ein kühles Grießkoch, allerdings sehr flüssig zubereitet und gestreckt, damit es für alle hungrigen Mäuler reichte.

Auf das Abendessen freuten sich alle. Dann wurde ein Mehlschmalzkoch mit Rosinen und viel gebräunter Butter darüber aufgetischt (Rezepte im Kapitel *Rezepte*). Da waren meist auch ein paar unerzogene, egoistische Burschen darunter, die ihren Esslöffel in der großen Pfanne, aus der gemeinsam gegessen wurde, in das Koch drückten, wodurch die zerlassene Butter auf ihre Löffel floss. Sie warteten, bis diese mit der Butter voll waren, und aßen sie. Die anderen Esser warfen ihre bösesten Blicke in deren Richtung, weil sie ja auch ein wenig von der Butter abbekommen wollten.

Beim Drescherfest war es von der Jahreszeit gnadenlos heiß, es hat fast atemberaubend gestaubt. Doch die geselligen Abende entschädigten für all dies! Das Schönste für die Jugend war, wenn sie abends unter sich sein konnten und endlich Zeit hatten, sich in Ruhe näher kennenzulernen. Die Burschen holten die Mädels, welche ihnen während des Tages besonders ins Auge gefallen waren, zum Dreschertanz. Es wurde gesungen, es wurde gelacht, für einige Stunden waren die Sorgen und Pflichten des Alltages vergessen. Einer der Burschen spielte mit der Ziehharmonika und alle anderen tanzten durch die Spätsommernacht. Zwischendurch wurden immer wieder verschiedenste einfache Spiele gespielt.

Zu späterer Stunde kamen Frauen und Männer, deren Gesichter und Körper mit Kopftüchern oder Stoffresten verkleidet waren, die sogenannten *„Maskera"* (Maskierten), zur geselligen Runde. Manche Personen waren schnell erkannt, bei anderen rätselten die Jugendlichen lange, bis sie errieten, wer sich hinter der Maskierung versteckte. Viel zu schnell verging jene Zeit, über drei Tage zog sich das Getreideerntefest – nicht weil die Arbeit nicht auch in zwei Tagen erledigt werden hätte können – nein! Sondern weil die Dreschersau zur Gänze verspeist werden musste und, wenn das Drescherfest an seinem letzten Abend angekommen war, sich der Alt-Bauer vom Angelsöd-Hof zu den Leuten stellte, stolz durch die Runde blickte, mit dem Kopf nickte und sprach: *„Wenn man drei Tage dreschen tut, mein Lieber, da müssen ja auch dieses Jahr eine Menge Körndl (Getreidekörner) im Getreidekasten sein!"*

Ernte-Danke-Spruch

Der Erntesegen krönt das Jahr
und fruchtbar ist das Land gewesen.
Wir haben das goldene Korn geschnitten
und vielen süßen Wein gelesen.

Viel Äpfeln und Birnen sind auf den Bäumen oben,
den heurigen Most, den wird man loben!
Auch die Früchte in der Erde, sie waren gut,
sich Speicher und Keller füllen tut.

Das Gras, es stand dicht, Halm an Halm,
die Tiere kehrten gesund heim von der hohen Alm.
Unsere Arbeit auf allen Wegen
stand unter deinem großen Segen!

Drum bringen wir, Herr, wie jedes Jahr,
dankbar die Erntegaben zum Altar.
Tu sie segnen ohnegleichen,
für alle Menschen sollen sie reichen.

Es geschehe nach deinem Willen,
wir bitten dich den Hunger aller Menschen
auf der Welt zu stillen.
Gott, drum schenke uns auch deine Speise,
für unsere letzte Himmelsreise.

Du hältst schützend deine Hand
über unser schönes Mostviertler Land.
Wir sagen Dank für immerdar
und bitten um gute Ernte auch im nächsten Jahr!

Johann Frühwald

Adventzeit:
Das Samstagsgebet

Das samstägliche Gebet ab der Adventzeit, das war für alle Hofbewohner, ob jung oder alt, unausweichliche Pflicht. Jeden Samstagabend nach der Stallarbeit und dem Abendessen setzte sich die Familie um den Küchentisch zusammen. Es wurde das Räuchergefäß aufgestellt, eine Kohle oder ein kleines Stück glühendes Holz aus dem Ofen genommen und Weihrauch daraufgelegt, dann betete man gemeinsam den Glorreichen Rosenkranz.

Das Herbergsuchen

„Für das Herbergsuchen, da schaut die Bäuerin schon immer, dass sie das Kletzenbrot fertig hat", erzählt Leopoldine Frühwald. (Das Rezept dafür ist im Rezeptteil des Buches.) Es ist reine Frauensache. Die Bäuerin des Nachbarhofes bringt die große hölzerne Herberge mit Josef, Maria und dem Jesuskind drinnen, welche sich hinter Glas befinden, mit folgendem Spruch auf den Höhenberghof:

> *„Ich bring die heilige Gottesmutter!*
> *Schenk ihr ein paar Tage Herberge."*

Diese Reinsberger Herberge wurde vor langer Zeit von böhmischen Künstlern gefertigt. Einstweilen bereitet Leopoldine die Jause vor und schmückt den Platz, wo die Herberge dann abgestellt wird, mit einem schönen weißen Tischtuch und einer weißen Kerze. Sobald die Nachbarsbäuerin eintrifft, bekommt die Herberge ihren festlich vorbereiteten Platz und es wird gemeinsam mit den Kindern eine Andacht abgehalten. Der Herberge liegt ein kleines Büchlein bei, welches den Ablauf der Andacht vorgibt und auch die Gebete und Texte, die gelesen werden, enthält.

Die Bäuerin des Hofes hat die Andacht zu leiten und das *„Vorbeten"* zu übernehmen. An der letzten Station treffen sich alle Bäuerinnen und vereinbaren den Weg der Herberge für das kommende Jahr, an welchem Tag die Herberge an welchen Hof kommt, bei welchem Hof begonnen wird und welcher die letzte Station sein wird. Nach der Andacht wird gemeinsam zur vorbereiteten Jause in die Küche gegangen. Zuerst gibt es ein Kletzenbrot mit einer weiteren Mehlspeise, danach entweder Würstel oder Bratwürstel oder eine kalte Platte aus verschiedensten Wurstarten und geselchtem Fleisch.

Weihnachten:
Der Heilige Abend – Beten, Räuchern und Segnen

Am Weihnachts-Fasttag, so nennt man im Mostviertel den Heiligen Abend, hat es als Mittagsmahl Grießknödel mit Sauerkraut oder eine *„Stosuppe"*, eine Milchsuppe, gegeben. Der Heilige Abend wird damit begonnen, dass sich alle festlich anziehen, die Bäuerin das uralte schwarze Räuchergefäß holt, etwas Glut vom Holzofen hineingibt und darauf Weihrauch streut. Dann holt sie ein Häferl, ein großes Trinkgefäß, aus der Küche, hier kommt Weihwasser aus der Kirche hinein. Nun nimmt der Bauer das Räuchergefäß und schreitet voran in Richtung der Stallungen. Die Bäuerin nimmt das Gefäß mit Weihwasser und dazu ein *„Büschel"*, einen Tannenzweig.

Der Bauer geht langsam durch die Stallungen, der Rauch verteilt sich in den Räumen, die Bäuerin besprengt ihm folgend mit dem Tannenzweig die Tiere und das Gebäude mit dem Weihwasser. Das Räuchern soll alles Böse vertreiben und das Segnen mit dem Weihwasser Tier, Mensch und Gebäude vor Unheil und Krankheit schützen. Erst dahinter gehen alle weiteren am Hof lebenden Personen.

Nach den Stallungen schreitet der Bauer mit dem Räuchergefäß das Wohnhaus ab, die Bäuerin segnet weiter mit dem Weihwasser. Nun wird das Räuchergefäß am Boden abgestellt, die Leute versammeln sich rund um das Gefäß und beten von jedem Rosenkranzgeheimnis eines. Dann wird in die Küche gewechselt, alle setzen sich um den Küchentisch, die Bäuerin zündet die geweihte *„Heilignachtkerze"* mit dem Friedenslicht aus Bethlehem an und es wird wieder ein Rosenkranz gebetet.

Erst danach wünscht man sich frohe Weihnachten und geht gemeinsam zum Christbaum, wo auch die Geschenke verteilt werden.

Nach der Bescherung gibt es das Essen. Das abendliche Festmahl bestand früher aus Kletzenbrot, Butter, Honig, Schnaps und in späteren Jahren aus Fisch, etwa Dosenfische in Tomatensoße, oder Leberkäse.

Die Heilignachtkerze

Eine große, dicke weiße Kerze steht auf einem schwarzen, gusseisernen Kerzenständer mit einem Tragegriff auf der schönen, alten, leicht wurmstichigen Kommode im lang gezogenen Gang in Richtung des Wintergartens mit Ausblick über das ganze Dorf. Ein zentraler Ort, wo die Kerze jederzeit leicht erreichbar ist.

Die Heilignachtkerze wurde bereits Anfang des Jahres zu Maria Lichtmess geweiht. Doch erst zu Weihnachten, in der *„Heiligen Nacht"*, zündet Leopoldine Frühwald die Kerze an, noch ehe alle Feierlichkeiten beginnen. In der dunkelsten Zeit des Jahres soll diese Kerze das Licht, das Leben in die Räume zurückbringen.

„Ich achte immer genau darauf, dass mir keines von den Kindern und Enkelkindern die Kerze ausbläst, das würde ein Unglück über den Hof bringen."

Bis zum Stephanitag soll die Kerze durchbrennen. Erlischt sie entweder durch einen ungewollten Luftzug, die Nachhilfe der Kinder oder aus einem anderen Grund, dann sah man dies als Omen für einen Todesfall in der Familie. Nach dem Stephanitag wird die Kerze zu den heiligen Festen oder bei Gefahr in Verzug angezündet, wie etwa bei Unwetter.

Jahresende – Jahresanfang: Silvester

Zu Silvester bereitet die Bäuerin das Festessen vor, ehe sich die ganze Familie und alle im Haus lebenden Personen versammeln, um den Abend mit dem „*Rauckabeten*" – dem Räuchern und Beten – zu beginnen. Es wurde das Räuchergefäß auf den Gebetsplatz gestellt, ein glühendes Stück Holz aus dem Ofen genommen und Weihrauch daraufgelegt, dann betete man den Rosenkranz. Erst danach gab es das Silvesteressen.

Je nachdem an welchen Tag Silvester fiel, setzte sich das Essen zusammen. War der Silvestertag ein Freitag, dann hob die Fasttags-Regel das Festessen etwas auf. Es war keinerlei Fleisch erlaubt und der festliche Jahresabschluss bestand aus Brot, Butter, Honig, Sardinen in Öl und als Nachspeise gab es ein Koch, wie z. B. Grießkoch.

Fiel Silvester auf einen anderen Tag, dann sagte die Mutter bereits am frühen Nachmittag zu den Kindern, sie sollen eine Krenwurzel (Meerrettichwurzel) ausgraben gehen. Diese wurde in dünne, feine Stücke zerkleinert und am Abend mit gekochtem Geselchten und einem Brot verspeist. Als Nachspeise gab es ein Koch, zumeist ein Grießkoch oder in späteren Jahren einen Krapfen.

Nach dem Essen gab es den sogenannten „*Tröpferlmost*", eine einfache Version des Sektes. Beim Mostpressen tritt irgendwann der Zustand ein, wo die Flüssigkeit des Obstes nicht mehr aus der Presse rinnt, sondern der letzte Rest langsam tropft, ganz dünn fließt. Dieser wurde in eine Flasche aus dickem Glas gefüllt und im Keller, umhüllt von nassem Sand, gelagert. Es entstand in der Flasche ein Gärungsprozess, welchen der nasse Sand etwas dämpfen sollte. Beim Öffnen der Flasche zu Silvester sprudelte der Inhalt wie Sekt und schmeckte herrlich vollmundig!

Neujahrsglückwünsche

So zwischen vier und halb fünf in der Früh kamen zwei Männer namens „Florian" an den Hof und überbrachten die Neujahrsglückwünsche mit folgenden Worten:

Der Halter vom Ötscher tritt in das Haus,
wie bringen wir ihn wieder hinaus,
geben wir ihm ein paar Reisten Haar (Büsche des Flachs)
und ein paar Pfund Speck,
dann bringen wir den Ötscher-Halter vom Haus weg ...

Der sogenannte „Halter" war im Sommer mit den Tieren auf der Alm und kümmerte sich um deren Wohlergehen, er hatte eine sehr wichtige Aufgabe inne. Als Dank und damit die Viehherden unter der Obhut des Halters auch den kommenden Sommer unbeschadet überstehen mögen, gab der Vater von Johann den beiden Männern etwas Geld. Sie starteten bereits um Mitternacht und besuchten die Höfe und Häuser, um die Neujahrswünsche zu überbringen.

Sobald die Kinder munter waren, gehörte es zur guten Erziehung, dass sie von sich aus und unaufgefordert die Initiative ergriffen und allen Personen, die älter als sie selbst waren, zum neuen Jahr gratulierten. In der Früh liefen die Kinder auch zu den umliegenden Nachbarhäusern und wünschten ein gutes neues Jahr, manchmal erhielten sie ein wenig Geld dafür. Glücksbringer waren zu Johanns und Leopoldines Kindheit noch nicht üblich, die Eltern waren froh, wenn sie wenigstens zum Weihnachtsfest für alle Kinder Geschenke hatten.

Frau Holle mit ihren Kinderseelen. Erst in der Früh, wenn alle munter sind, wird neugierig geschaut, welche Weissagungen die Frau Holle hinterlassen hat.

Jung und Alt sind zu den „*Heiligen Drei Königen*" ganz aufgeregt, was die Löffel in der „*Sampermilch*" für das nächste Jahr voraussagen. Sind alle munter, wartet die Bäuerin vor der Küchentür, bis alle Kinder und Erwachsenen eingetroffen sind. Zumeist drängen die Kinder die Großen, im Speziellen die Männer, vor lauter Neugier, sich doch zur Küche zu beeilen. Alle setzen sich in der gleichen Reihenfolge wie beim Nachtmahl um den Küchentisch, damit jeder die Botschaft seines eigenen Löffels sieht. Ist der Löffel voll mit Rahm von der Milch, dann bedeutet dies Reichtum für das kommende Jahr. Klebt ein Stück des Weißbrots auf einem Löffel, wird dessen Besitzer eine große Erbschaft erhalten. Am Hof lebten männliche und weibliche Dienstleute. Kam es wegen des Windhauchs durch das undichte Mauerwerk dazu, dass zwei Löffel merklich einander näherrückten und sie sich in der Früh direkt nebeneinander befinden, dann stand eine Hochzeit an. War der Löffel allerdings umgefallen, dann bedeutete das einen schweren Schicksalsschlag, eine gravierende Veränderung oder das mögliche Ableben.

Rauckabeten – Räuchern und beten

Früher ist jeden Samstag ab dem ersten Adventsamstag bis Ostern, also die ganze Faschings- und Fastenzeit hindurch, ein Rosenkranz gebetet worden. Nach der Stallarbeit und dem Nachtmahlessen setzte sich die Familie Samstagabend zusammen. Es wurde das Räuchergefäß auf den Gebetsplatz gestellt, eine Kohle oder ein kleines Stück glühendes Holz aus dem Ofen genommen und Weihrauch daraufgelegt, dann betete man gemeinsam. Keiner durfte aufstehen, ehe der Rosenkranz fertig war. Bis die Arbeit getan worden war, war es meist schon spät am Abend, sodass, wenn das Gebet anfing, die Uhr etwa 21:30 Uhr schlug. Die Kinder hatten bei dem monotonen Gebet meist mehr mit dem Einschlafen zu kämpfen als mit dem Text der Gebete.

Maria Lichtmess:
Weihen der Heilignachtkerze

Zu Maria Lichtmess, dem Fest, an dem die Tage wieder merklich länger werden, wird die Kerze für die dunkelste Zeit im Jahr geweiht, die Kerze, die an diesen Tagen das Licht in die Räume zurückbringen soll. Eine große, breite, weiße oder beige Kerze wird in der Messe vom Pfarrer gesegnet und dann bis zum Weihnachtsfest zu Hause aufbewahrt. (Verwendung siehe Kapitel *Die Heilignachtkerze*.)

Der Christbaum bis Maria Lichtmess

Der Christbaum blieb früher bis Maria Lichtmess stehen, heute fallen wegen der Zentralheizungen die Nadeln viel zu schnell ab. Bis Heilige Drei Könige muss er aber auf jeden Fall stehen bleiben.

Fastenzeitgebet

In der gesamten Fastenzeit setzte sich die Familie am Abend, wenn alle Arbeit, auch das Füttern und Melken der Tiere, erledigt war, zusammen und betete gemeinsam den *„Schmerzhaften Rosenkranz"*. Soll doch die Fastenzeit nicht nur an den Opfertod Jesu erinnern, sondern auch jeden Menschen durch bewusstes Einschränken des Essens am eigenen Leib spüren lassen, wie es Menschen geht, wenn sie nicht genug zu essen haben.

Dies soll uns helfen, uns auf das Lebensnotwendige zu besinnen, und uns immer wieder an unsere Mitmenschlichkeit erinnern, daran dass es eine Geste des Miteinanders ist, den Armen zu helfen und nicht nur auf sich selbst zu schauen.

Hochzeit:
Der Brautkranz

"Meine Mutter hat gesagt, den Türkranz, den binden wir uns selber, das mach' ich ja sehr gerne", erzählt Leopoldine Frühwald über die Vorbereitungen zu ihrer eigenen Hochzeit.

Der Türkranz wurde aus echtem Tannenreisig oder später aus Buchsbaum mit vielen weißen Rosen drinnen geflochten. Im Winter wurden statt der echten Rosen Blumen aus Krepppapier gefertigt. Die Rosen stehen für die Jungfräulichkeit der Braut.

Während Leopoldine in Rückerinnerung an ihre eigene Hochzeit erzählt, meint Johann, ihr Mann, ganz spontan in lachendem Tonfall: *"Das mit den weißen Rosen, mit der Jungfräulichkeit, stimmt ja heute nicht mehr so ganz."*

Der Blick, die Art, wie Leopoldine ihm mit den Augen vermittelt, dass er sie gerade ihren schönen Erinnerungen entrissen hat, spricht Bände. Die beiden heirateten mitten im Winter, am 18. Jänner 1969, da bestand der riesige Kranz, der über die gesamte Haustür reichen musste, aus Tannenreisig. Diese wurde nun auch der Platz der Verabschiedung zwischen den Eltern und ihrer Tochter, ehe sie auf einen anderen Hof zog. Ganz oben stand geschrieben: *"Ein Hoch dem Brautpaar!"*

Der Brautbaum

In Reinsberg selber hatte man den traditionellen Türkranz bei einer Hochzeit. Ein bisschen weiter in das Mostviertel, Richtung Amstetten, fand sich der Brauch des Brautbaumes. Wenn eine Tochter von einem Hof oder einem Haus wegheiratete, stellten die Nachbarn ihr als letzten Abschiedsgruß einen Brautbaum auf. Dieser war vorher gemeinsam ausgesucht worden, ein möglichst großer sollte es sein, etwa 15 bis 20 Meter hoch. Er wurde dann auch gemeinsam geschmückt. Auf den Baum wurden kleine Zettel mit jeder Menge Abschiedswünschen, Sprüchen, Gedichten und Wünschen für die Zukunft gehängt.

Nach dem Aufstellen des Brautbaumes trug der sogenannte „Bassführer", jener Mann, der das Fällen, Schmücken und Aufstellen des Brautbaumes für die Braut als letzten Abschiedsgruß und als Dank für die schöne Zeit, die man nachbarschaftlich verbringen durfte, organisiert hatte, ein Gedicht vor. Es war in Mostviertler Mundart geschrieben und vorab von allen gemeinsam, Männern wie Frauen, in Erinnerungen an die gemeinsamen Erlebnisse verfasst worden.

Im Anschluss an die Rede, um die Bedeutung der Worte noch zu verdeutlichen, wurde der Zettel mit dem Gedicht vom Bassführer an den Brautbaum genagelt. Jeder Wandersmann, jeder Besucher des elterlichen Hofes, konnte nun beim Vorbeigehen das auf den Baum genagelte Gedicht lesen. Dies waren zumeist tränenreiche Momente für die Braut und ihre Eltern, ehe die Nachbarschaft von ihnen zum Umtrunk geladen wurde.

Die Abholung der Braut

Das Verlassen des Elternhauses bedeutete für die blutjungen Mädchen zumeist einen neuen Weg in das Ungewisse. Die Partner waren ja meistens durch Kuppelei ausgewählt worden – die Eltern der Braut und die Eltern des Bräutigams verhandelten vorab über die Höhe der Mitgift für die Braut und so entschied sich über die finanziellen oder natürlich verfügbaren elterlichen Mittel die Zukunft des Mädchens.

Manchmal brauchte ein Hof dringend eine junge Bäuerin, weil entweder durch Todesfall oder Krankheit die „alte Bäuerin" ihre Arbeiten nicht mehr verrichten konnte, dann fiel die Mitgift niedriger aus. Andere Male wollte man die Braut „gut abgesichert" wissen und versuchte, sie auf einem großen Hof unterzubringen. In diesem Fall war auch eine höhere Mitgift fällig. Der taktischen Gründe für die Heirat gab es viele verschiedene.

Während die Braut sich für diesen einmaligen Tag noch besonders hübsch zurechtmachte, sammelten sich die Gäste bereits alle vor dem elterlichen Hof und erhielten als Frühstück schon Schweinebraten oder sogar Schnitzel. Es kam vor allem auf die Finanzkraft der Brautleute an. Noch früher bestand ein derartiges Frühstück aus einer Beuschelsuppe und einem frischen Brot oder einer dicken Einmachsuppe mit Fleischstücken darin. Manchmal erhielten die Gäste auch Mehlspeisen für zwischendurch.

Unter dem schönen Türrahmen, dem zuvor gefertigten Türkranz aus Tannenzweigen und weißen Rosen, traten zuerst die Brauteltern in Erscheinung. Der Hochzeitsmann, auch Brautführer genannt, ging in das Haus und holte die ganz in Weiß gekleidete Braut aus ihrem Gemach. Vorher durfte sie keiner sehen, das hätte Unglück gebracht. Im Inneren, gleich neben der Haustür, war der Weihbrunnkessel angebracht. Der Heiratsführer ging mit der Braut zu deren Eltern und wies die Hochzeitsgäste an, vor der Haustüre Aufstellung zu nehmen. In diesem Moment sahen die Gäste die Braut zum ersten Mal und jede einzelne wirkte auf ihre eigene Weise wunderschön.

Die Musikanten setzten mit einem Lied ein, das zur Situation passte. Handelte es sich um einen Bergbauernhof, dann spielten sie „*Die Sonne neigt sich*" oder „*Von meinen Bergen muss ich scheiden*", ehe der Brautführer die Eltern um den Segen für ihre Tochter bat. Unter zahllosen Tränen erfolgte die Verabschiedung der geliebten Tochter von Haus und Hof. Liebevoll segneten sie das junge Mädchen ein letztes Mal mit dem Weihwasser, indem sie ihren Daumen hierzu kurz in dem Wasser tränkten und damit der Braut zärtlich drei Mal das Kreuzzeichen auf die Stirn zeichneten. Im Namen des Vaters, des Sohnes und des Heiligen Geistes – damit sie für ihren weiteren Lebensweg durch Gottes Hand geschützt sei. Die Eltern konnten sie von nun an nicht mehr beschützen, so legten sie mit diesem symbolischen Akt jene Aufgabe zur Gänze in Gottes Hand. Wie eine Art Krone, welche über alle, Braut, die Eltern und den Heiratsmann, ragte, wirkte der Türkranz während dieser emotional tief gehenden Verabschiedung. Die Braut wusste zwar, wer ihr Partner werden würde, doch das neue Lebensumfeld, was sie am neuen Hof erwarten würde, war ihr fremd.

Nun trat der Brautführer, der Heiratsmann, erneut in Erscheinung, ging auf die Eltern zu und erbat sich, die Braut zur Übergabe an den Bräutigam zur Kirche geleiten zu dürfen. Der Heiratsmann hatte alle seine Bitten in Versen, in Gedichtform vorzutragen. Als die Braut nun den Heiratsmann auf ihrem weiteren Weg begleitete, wusste sie nicht, wer am neuen Hof das Sagen hatte, wie sie aufgenommen werden würde, ob ihr die Schwiegermutter einen Platz in der Familie einräumte. Nicht jedes Mädchen hatte dabei das goldene Los gezogen und trotzdem war die Scheidungsrate nicht sehr hoch. Es blieb ihnen nichts anderes übrig, als diesen Lebensabschnitt hindurchzuschreiten. Sie hatten keine Alternativen.

Heute sind die Frauen selbstständig, verdienen ihr eigenes Geld, da ist eine Scheidung möglich. Früher war die Frau finanziell vom Mann abhängig. Wenn sich die beiden Brautleute nach dem erfolgreichen Verkuppeln der Eltern nicht so sehr leiden konnten, dann sagte man einfach *„Das wird mit der Zeit schon werden"!*

Jede Träne, welche die Braut in diesem Augenblick vergoss, sollte ihr für das künftige Leben Glück bringen.

Die schwarze Tracht der Frau

Die schwarze Tracht war das Sonntagsgewand der älteren Frau beim Kirchgang oder zu Festlichkeiten. Wenn Frauen verheiratet waren, trugen sie zum Zeichen dessen beim Kirchgang oder bei Festen ein schwarzes Kopftuch, sie waren unter der *„Haube"*. Ledige Mädchen hatten keines.

Übers Jahr:
Die Besonderheit der Nachbarschaft

„Als ich geheiratet hab, bin ich zu den Nachbarn gegangen, hab ihnen meine Nachbarschaft angeboten und sie um die Nachbarschaft gebeten, dann haben wir sie per Handschlag besiegelt. Von nun an war er nicht mehr der Halmenschlager Sepp oder der Herr Rudolf Mayer, sondern der Herr Nachbar!" Der Gruß, sobald sie sich trafen, lautete von nun an *„Nachbar, grüß dich"* und beim Verabschieden *„Nachbar, pfiat dich"*. Mit der Heirat wechselte die Rolle vom Jungbauern zum Bauern, zum Herrn des Hofes, das war dann in der Wertigkeit, in der Verantwortung eine andere Position.

„Wir Nachbarn haben immer zusammengehalten und uns gegenseitig geholfen, sind füreinander dagewesen, von der Geburt bis in den Tod. Heute stellen sich die Leute bei den Nachbarn nicht einmal mehr vor, wenn sie im Haus oder in der Wohnung nebenan einziehen, kennen sich gar nicht mehr …", erzählt Johann Frühwald weiter. Was ihn ganz besonders freut, ist, dass die Nachbarschaft hier in Reinsberg und in der Gegend gut funktioniert und ein fester Bestandteil des Zusammenlebens ist, in traurigen, aber auch in frohen Stunden. Das Unangenehmste, was passieren kann und was natürlich ob der verschiedenen Charaktere und Meinungen auch vorkommt, ist ein Nachbarschaftsstreit. Dann sind es die anderen Nachbarn, die zusammenhelfen, diesen wieder zu kitten, ein Fremder oder Beamter hätte in der Rolle des Vermittlers kaum eine Chance.

Diese enge Verbindung der Nachbarschaftlichkeit, des Zusammenhelfens und Füreinanderdaseins in Reinsberg gründete sicher auch in den schwierigen Ausgansbedingungen der einstigen Besiedlung jener bergigen Gegenden. Bei landwirtschaftlichen Tätigkeiten halfen alle Nachbarn zusammen, sonst hätten die unwegigen Flächen nicht bewirtschaftet werden, nicht urbar gemacht werden können. Als es noch keine Maschinen gab, holten alle Nachbarn im Herbst ihre Sensen heraus und marschierten mit Sonnenaufgang auf die Bergweiden, die vom Alderfarn, von Sträuchern und Pflanzen zugewachsen waren.

Dort entwickelte sich beim Mähen zwischen den älteren, erfahrenen Männern und den sich beweisen wollenden jungen ein richtiger

Wettstreit, wer mehr Kondition und mehr taktisches Geschick beim Mähen hätte. So waren selbst große Flächen schnell farnfrei. Diesen brachte man zum Hof und verwendete ihn als Einstreu für die Tiere im Stall. Der Adlerfarn ist zwar für die Tiere beim Fressen giftig, doch als Einstreu wirkt er desinfizierend und luftreinigend.

Nicht nur beim Arbeiten half man sich gegenseitig, es wurden Feste gemeinsam gefeiert, Sorgen und Freuden miteinander besprochen, neue Erdenbürger begrüßt. Wenn jemand krank war, sorgten sie sich um ihn bis hin zum Tod, auch hier erwiesen sich die Nachbarn die letzte Ehre. Geld durfte keines genommen werden. Es gab ein gutes Essen und dann ein „Gute Nacht" oder ein „Schönen Dank" oder ein „Vergelts' Gott".

Das Heimsuchen

In einer Zeit, wo sich die Nachbarn noch untereinander kannten und gegenseitig füreinander da waren, sorgte man sich auch in schlechten Tagen umeinander. Ist jemand in der Nachbarschaft erkrankt oder musste er gar in das Krankenhaus und kam dann wieder nach Hause, war es eine Selbstverständlichkeit, dass zumindest die Bäuerin – manchmal begleitete sie auch der Bauer, wenn es sich bei dem Erkrankten um einen Mann handelte – heimsuchen ging. In einen handgeflochtenen Korb füllte man liebevoll Würfelzucker, Kaffee, Semmeln, Wein, Tee, Kochschokolade und Biskotten – alles besondere, nicht alltägliche Güter, welche dem Kranken eine große Freude bereiten sollten.

Mit dem Korb und dem köstlichen Inhalt machte sich die Bäuerin nachmittags oder gegen Abend, sobald die tägliche Arbeit größtenteils erledigt war, auf den Weg. Die Bäuerinnen sprachen sich dabei nicht ab, sondern den einen Nachmittag kam die eine auf Besuch und den nächsten Nachmittag die nächste.

So hatte der Kranke immer Abwechslung und Aufmunterung, wurde von seinen Beschwerden abgelenkt, hatte jemanden zum Sprechen, zum Ausreden, der ihm mit einem offenen Ohr und guten Ratschlägen zuhörte.

Begrüßung des neuen Erdenbürgers

„Für mich war es eigentlich leichter, ein Kind zu bekommen, als hintennach die viele Arbeit, wenn alle heimsuchen kamen, trotzdem war es schön", erzählt Leopoldine Frühwald.

Heute wird ein Storch aus Holz aufgestellt, dann werden alle, die sich daran beteiligen, auf einmal eingeladen und die frisch gebackenen Eltern sind aus der Pflicht. Früher konnte sich das über mehrere Wochen hinwegziehen. Die gesamte Verwandtschaft, die gesamte Nachbarschaft und die gesamte Bekanntschaft besuchten vereinzelt den kleinen Erdenbürger. Hießen ihm mit einem Gewand oder Bettzeug willkommen.

Die junge Mutter, eigentlich noch müde und ruhebedürftig von der Geburt, offerierte den Besuchern als Zeichen des Dankes nicht nur eine kalte Jause, sondern zumeist ein Schnitzel oder einen Braten und eine Mehlspeise – ein richtiges Festessen! Die Gäste und die Hausleute saßen rund um den Tisch.

Nach dem Essen musste jeder Besucher den neuen Erdenbürger halten, einer nach dem anderen. Dem Aberglauben nach sollte dadurch das Kind schneller wachsen, weil es den Segen und die Kraft von jeder Person erhielt. Und dann sollte der Geruch des Neugeborenen bei den jungen Frauen den Wunsch nach weiterem, eigenem Nachwuchs fördern.

Der letzte Dienst am Nachbarn

So wie die Nachbarn einen neuen Erdenbürger herzlich willkommen heißen und ihm mit ihrem Begrüßungsbesuch versprechen, immer für ihn da zu sein, so begleiten sie ihn auch auf das Liebevollste bis zu seiner letzten Ruhestätte. Im Todesfall ist der Leichnam vorerst am Hof geblieben und von dort aus weiter in die Kirche und auf den Friedhof zur Beerdigung gebracht worden.

Die Angehörigen selbst waren zumeist in einem Ausnahmezustand, mussten den Verlust einmal verkraften. Es war deshalb ganz selbstverständlich, dass die Nachbarn dem Verstorbenen den *„letzten Dienst"*, die *„letzte Ehre"* erwiesen.

Verstarb ein Mann, dann kamen männliche Nachbarn, wuschen den Leichnam, zogen ihm ein letztes Mal sein Sonntagsgewand über und betteten ihn auf einem rohen Brett, das über die Bettköpfe gelegt wurde. So ein Aufbahrungsbrett war einfach zusammengenagelt und von der Größe so gestaltet, dass es auf ein normales Bett gelegt werden konnte.

Starb eine Frau, dann kamen weibliche Nachbarn, zogen ihr das schönste Gewand über, das sie im Kasten fanden, und legten ihr ihren Lieblingsschmuck an.

Der Ablauf des Begräbnisses ist auch heute noch sehr ähnlich, noch sehr traditionell gehalten, nur dass die Heimaufbahrung heute nicht mehr erlaubt ist. Da kommt der Leichnam in die Aufbahrungshalle und wird am Begräbnistag zum Hof überstellt. Im bäuerlichen Bereich gehört es sich, dass der Verstorbene von seinem Hof aus seinen letzten Weg antritt.

Bereits um 9 oder 10 Uhr am Begräbnistag treffen alle Nachbarn, Verwandten, Freunde und Bekannte am Hof zum gemeinsamen Frühstück ein. Die Nachbarn sind es, die den Sarg aus dem Haus tragen, an der Haustürschwelle wird der Sarg drei Mal abgesenkt und stellvertretend für den lieben Verstorbenen spricht der Vorbeter:

Vergelt's Gott,
pfürt Euch Gott
und auf Wiedersehen in der Ewigkeit.

Die Sargträger holen den Leichnam auf dem Brett aus dem Haus. Früher trugen sie ihn bis zur Grundgrenze, dort blieben sie stehen und alle Trauerbegleiter beteten ein *„Vater unser",* darauf folgte eine Gedenkminute in Schweigen, der Verstorbene sollte sich ein letztes Mal von Grund und Boden verabschieden können. Dann führte der Weg in langsamem Schritt weiter zur Kirche, wo der Pfarrer die Verabschiedung vornahm und der Kirchenchor sang. Schließlich ging es zum Friedhof zur Bestattung. So zwischen 15 und 16 Uhr fand das eigentliche Totenmahl statt.

Heute wird der Leichnam mit dem Auto des Bestattungsunternehmens gefahren. Vom Hof weg fährt zuerst der Leichenwagen und hinter ihm im Konvoi die Autos mit den Begräbnisteilnehmern. An der Grundgrenze hält der Leichenwagen an, alle Autos hinter ihm ebenso, jeder spricht das „*Vater unser*", es wird die Gedenkminute zum Verabschieden des Verstorbenen eingehalten, erst dann fährt der Trauerkonvoi weiter zur Kirche und zum Friedhof.

Johann Frühwald erzählt, dass seine Schwiegertochter den Chor beim Trauergottesdienst leitet und hier wird auf das Leben des Verstorbenen in liebevoller und ehrwürdiger Weise eingegangen. Verstirbt zum Beispiel ein Forstarbeiter (Holzknecht), dann spielt man ein passendes Abschiedslied, das sind immer sehr berührende Momente. Es wird eingegangen auf sein Leben und seine Leistungen und was er vollbracht und gemacht hat, dann folgt ein letztes Dankeschön.

Der Weihbrunnkessel

Gleich neben dem Eingangstor des Hofes befindet sich der „*Weihbrunnkessel*". Dies ist ein kleiner Behälter, in dem etwas Weihwasser aus der Kirche ist. Der Bauer entnahm jeweils zum Segnen der Tiere, der Menschen, der Felder oder des Hofes etwas daraus, speziell zu den Feiertagen. Es gehörte auch zum guten Benehmen eines Gastes, wenn er das Haus betrat, als Zeichen, dass er mit ehrlichen Absichten kam, den Daumen in das Weihwasser zu tauchen und am eigenen Körper das Kreuzzeichen zu machen. Ging das Weihwasser zur Neige, holten die Kinder in einer kleinen Kanne frisches aus der Kirche.

Geschichten aus dem Leben

Die durchsetzungskräftige Waschelmacherin

„Sie war in meiner Jugend eine bereits an Jahren fortgeschrittene Frau, die Hedwig Muttenthaler. Bei uns haben alle im Ort einfach die Waschelfrau zu ihr gesagt." Leute, die von Haus zu Haus zogen, stufte man generell als Bettler ein. Doch darunter fiel Frau Muttenthaler ganz sicher nicht. Wenngleich sie schon ihre *„Mucken"*, ihre durchsetzungskräftige Wesensart, zu behaupten wusste, brachte sie sich sehr bescheiden und arbeitsam durch das Leben.

Johann Frühwald erinnert sich an jene einprägsame, zierliche Frauengestalt, als hätte sie erst gestern an die schwere Holztür des elterlichen Hofes geklopft und gefragt, ob in dem Haus *„Waschel"* gebraucht würden. In ihrer von den schweren körperlichen Arbeiten gezeichneten Hand hielt sie einen Reif mit 50 bis 60 Stück dieser einzelnen *„Waschel"* darauf, von deren Verkauf sie lebte und welche oft auch ihr Zahlungsmittel waren.

In Zeiten des Geschirrspülers braucht man solche Küchenhilfsmittel ja eher selten. Zuvor hatte man sogenannte *„Drahtwaschel"* zum Reinigen von verschmutztem Küchengeschirr und zum Abwaschen verwendet. Und noch früher wurden diese wertvollen Küchenhelfer mit Naturmaterialien aus der Waldrebe gefertigt. Antwortete die Mutter der Waschelfrau, dass sie Nachschub brauchen könnte, war die erste Reaktion der Frau: *„Aber dann müssen Sie mich über die Nacht behalten, mir etwas zu essen geben und ich will es auch warm haben!"* Der Mutter blieb nichts anderes übrig als einzuwilligen, wollte sie diese praktischen Helfer für den Küchenabwasch erhalten.

Die *„Waschelmacherin"* war nicht wählerisch, sie schlief sogar im Stroh. Beim Mittagstisch, das aus einfachen Gerichten bestand, durfte sie in der Küchenstube mit den Hausleuten essen. Diese erfuhren von der Wandersfrau die Neuigkeiten der anderen Höfe und die handwerklich geschickte, redselige Frau genoss die Unterhaltung. Unmittelbar bei ihrer Abreise, bevor sie zum nächsten *„Kunden"* weiterzog, überlegte die Waschelmacherin kurz, wie es ihr am Bauernhof ergangen war, wie sie behandelt worden war, welches Essen man ihr zuteilwerden ließ und welche Schlafstätte ihr zugewiesen worden war. Je nach ihrem Ermessen, der Dauer ihres Verbleibens und der Menge Waschel, die sie noch zur Verfügung hatte, bezahlte sie die Hausfrau mit der dementsprechenden Anzahl an Waldreben-Wascheln.

Auf Johann Frühwald, seine Schwester und den Paul wirkte diese freiheitsliebende Frau so geheimnisvoll, so faszinierend, dass sie ihr oft heimlich nachschlichen.

Die Waldrebe hat nur einmal im Jahr den optimalen Zustand, dass daraus Waschel gefertigt werden konnten. In dieser Zeit musste die Frau genügend davon schaffen, sonst wäre es im darauffolgenden Jahr schlimm um sie bestellt gewesen. (Wie man Waldrebenwaschel selber fertigt, finden Sie im Kapitel *Handwerk* beschrieben.)

Im Sommer saß die Frau tagaus, tagein im Wald und bearbeitete geduldig die Waldreben. Sie zog die Rinde herunter, setzte sich auf einen Baumstumpf und fertigte daraus handgerechte Putzwaschel. Manchmal schmissen die Kinder kleine Zapfen, Aststücke oder Eicheln über ihre Schulter. Die Frau, vertieft in ihre Arbeit, zuckte erschrocken zusammen, ließ den Waschel in ihren Schoß fallen, sprang auf und versuchte die Übeltäter schimpfenderweise ausfindig zu machen.

Geduldig verrichtete sie ansonsten den Wetterbedingungen trotzend ihr Handwerk, bis sie genügend Waschel gemacht hatte, um das ganze Jahr über davon leben zu können. Das Los des Wandersmannes oder der Wandersfrau besteht darin, keine feste Bleibe zu haben, die Habseligkeiten auf das Minimalste beschränken und diese stets bei sich tragen zu müssen. Ohne feste Bleibe war für die Waschelmacherin die Lagerung ihrer gewaltigen benötigten Menge schwierig. Der Wald, ihr Lieblingsort, der ihr die Waldreben und die Ruhe schenkte, wurde schließlich ihr Lagerraum. Mal lag ein markanter Stein in der Baumlandschaft, ein anderes Mal zeigte sich eine Bachbiegung als Wiedererkennungsmerkmal. So suchte die naturkundige Frau einprägsame Orte und versteckte dort ihre Vorräte an Waldrebenwascheln. Fein säuberlich bedeckte sie diese mit Nadelzweigen und sobald die Waschel, die sie mitnahm, zur Neige gingen, holte sie welche aus einem ihrer vielen verteilten Verstecke.

Eines frühsommerlichen Tages sind Johann, seine Schwester und der Paul ihr wieder einmal heimlich nachgeschlichen. Entlang der Felder warteten sie, bis sie die entschwindende Frau gerade noch sehen konnten, dann liefen sie ihr vorsichtig ein Stück bis zum nächsten Feld, nächsten Baum nach, was ihnen halt gerade Schutz bieten konnte. Als die Frau den Wald betrat, galt für die Kinder besondere Vorsicht, wehe, ein unbedachter Schritt auf einen knarrenden Ast oder gar ein Stolpern über eine Wurzel hätte die drei verraten. Die selbstbewusste, herrische Frau wusste sich so lautstark zu behaupten, dass selbst die Erwachsenen höchsten Respektabstand vor ihren Launen hielten, und erst dann die Kinder.

„Ihr hat an uns Kinder nichts gepasst! Sie hat immer an uns genörgelt! Wir sollten braver sein, wir sollten mehr arbeiten, damit es uns einmal gut geht und so weiter ..."

Doch die Neugier, der Entdeckungsdrang nach dem scheinbar Undurchschaubaren lässt manchmal alle Vorsicht, alle Ängste so unbedeutend erscheinen, dass jegliche möglichen Folgen in Kauf genommen werden.

Als sich die drei Kinder einmal hinter einem dichten Jungwald versteckten, beobachteten sie auf sicherer Entfernung die vom Leben körperlich gezeichnete Frau, wie sie sich neben einem Stein bückte, ein paar Nadelzweige zur Seite hob und unvermittelt gegen den Stein trat. Sie begann für die Kinder aus einem völlig unbegreiflichen Anlass plötzlich derart zu schimpfen und zu fluchen, und dies noch in einer herrischen, ohrenbetäubenden Tonlage, dass den Kindern angst und bange wurde. Sie verschwendeten keinen Gedanken mehr daran, dass die Frau sie hören oder sehen könnte, sondern liefen einfach nur mehr so schnell sie konnten aus dem Wald. Irgendeine unehrliche Person hatte das getarnte Versteck der Frau gefunden und ihren gesamten dort versteckten Waschelvorrat gestohlen.

Heute als Erwachsener kann Johann die Reaktion der Frau verstehen. Dies bedeutete für die arme Frau, dass sie zusehen musste, wie sie mit den Wascheln in den anderen Verstecken über das Jahr kommen würde. Ohne diese bekam sie keine warme Unterkunft, kein Essen, ihr Überleben war in Gefahr.

„Wenn Sie böse war, wenn ihr etwas nicht gepasst hat, mein Lieber, da hat sie drauflosgeschimpft, dass es für die Betroffenen ganz aus und geschehen schien. Sogar der Vater hielt größten Respektsabstand zu ihr", schwelgte Johann in Erinnerung.

In der Grube, dieser für die Dorfleute etwas unheimlichen Tannenschachengrub, hatte die Familie Frühwald eine Weidefläche. Der Besitz liegt direkt auf dem gut frequentierten Fußweg zwischen Reinsberg und Gresten. In den Zeiten, als alle Wegstrecken zu Fuß zurückgelegt wurden, nutzten die Leute die kürzest möglichen Wege, die umgangssprachlich genannten *„Abschneider"*. So verließen sie manchmal den vorgegebenen Weg und kürzten diesen mit dem Marsch durch Viehweiden einfach ab.

So trug es sich auch auf den Weideflächen in der Tannenschachengrube zu. Die Weideflächen waren eingezäunt, damit die Tiere sich nicht selbstständig auf Reise begeben konnten, sondern in einem abgegrenzten Gebiet für die Besitzer jederzeit auffindbar waren. Die Fußgeher öffneten das hölzerne Tor der Umzäunung und schritten neben, manchmal auch zwischen den Tierherden über die Weidefläche, um am anderen Ende das nächste Tor zu öffnen und ihren Weg fortzusetzen. An und für sich wäre dies ja nichts Besonderes gewesen. Jedoch wie es halt im Leben so spielt, hielten es manche verantwortungslosen Fußgänger nicht für notwendig, beim Verlassen der Weidefläche das Tor auch wieder zu schließen.

Tiere sind bekanntlich ja sehr intelligente Wesen, ihrem Freiheitsdrang folgend, suchten sie auch die Grasflächen jenseits jeglicher Weidefläche auf. Den Bauern und seine Knechte erwartete anschließend eine Suchaktion nach den ausgebüchsten, den entlaufenen Tieren. Mit stetig zunehmender Fußgängerzahl gestaltete sich diese Unart als sehr arbeitsintensiv und mühsam für Johanns Familie. Mit handwerklichem Geschick zimmerte sein Vater ein Tor, das schräg angehängt gewesen war. *„Ging hier jemand hindurch, musste er dieses Tor aufmachen und wenn er es ausgelassen hat, ist es sofort wieder zugefallen."* Zu guter Letzt rastete ein Riegel ein und das Tor war wie von selbst verschlossen.

An jenem besagten Tag hatten Johanns Vater, der Onkel Florian und der junge Johann just auf dieser Weidefläche das Heu für den Wintervorrat gemacht. Sie arbeiteten ganz am oberen Ende der Grube, von wo sich ein schöner Ausblick über die Landschaft bot. Die kleine, zierliche, gebückte Frauengestalt war bereits von Weitem auszumachen. Johann hatte ja von seinen Erkundungen mit seiner Schwester und dem Paul genug Übung darin, ihren Gang und ihre Gestalt aus größerer Entfernung zu erkennen.

Hie und da sahen die Männer von ihrer Arbeit auf und beobachteten die langsam entlang des Weges marschierende, mit Wascheln und vielen Taschen beladene Frau. Ihr Gang war generell ein eher gemütlicher. Kurz bevor sie das neue, selbst schließende Tor erreichte, sah der Vater noch einmal auf und murmelte so vor sich dahin: *„Hoffentlich passiert ihr nichts mit dem, was sie alles mitschleppt, wenn sie da durch das Tor muss!"* Die Männer sahen sich kurz an, schienen diese warnenden Gedanken der möglichen Hilfe in ihren Köpfen den bisher in Verbindung mit der Frau gemachten Erfahrungen bei angebotenen Hilfsaktionen gegenüberzustellen und prompt wieder zu verwerfen. Sie arbeiteten unbeirrt weiter.

Die Eigenheit des neuen Selbstschließ-Tores nicht einmal erahnend, öffnete die mit Binkel (Rucksack), einem beachtlichen Waschelvorrat und schweren Taschen überladene Frau das Tor. Sie zog das Tor ganz auf und nahm, nicht auf die rasche Rückwärtsbewegung des Tores achtend, langsam die Taschen in eine Hand zusammen. Erst als sie bereits das Tor auf sich zukommen sah, versuchte sie noch irgendwie schnell durchzukommen. Doch das Gepäck schränkte ihre Beweglichkeit derart ein, dass sie die dafür notwendige Geschwindigkeit nicht mehr aufzubringen vermochte.

Johann und die Männer vom Hügel beobachteten das unumgängliche Geschehnis. Und das Schicksal nahm seinen schonungslosen Lauf. Die hilflose Frau fiel aufgrund ihrer Überforderung zu Boden, und dies just so unglücklich, dass ihr das Tor über den Rücken rutschte, wodurch sie regelrecht zu Boden gepresst wurde. Jeglicher Versuch ihrerseits, sich aus dieser misslichen Lage zu befreien, scheiterte. Während die Waschelfrau nun hilflos am Boden lag und nach Leibeskräften schrie und schimpfte, wobei es für die Männer schwer zu unterscheiden war, ob das Schimpfen und Fluchen nicht viel eindringlicher war als die zwischenzeitlichen kurzen Hilferufe, hoben die Männer ihre Köpfe und sahen sich gegenseitig fragend an. Selbst solche „*gestandenen*" Männer, solche kräftigen Naturburschen hatten Angst vor dieser Frau. Noch dazu waren ja gerade sie es gewesen, die dieses Tor montiert hatten, welches der Frau nun zum Verhängnis geworden war. Schließlich blieb ihnen nichts anderes übrig, als ihr zu helfen. „*Dann haben wir sie herausgeholt und wieder auf ihre Beine gestellt.*" So weit, dass sie die Verunglückte nach etwaigen Verletzungen fragen konnten, kamen sie nicht. Kaum spürte sie den Erdboden unter ihren Füßen wieder, schrie sie die Männer ob ihrer hinterhältigen Machenschaften nieder und drohte ihnen an, ihren Hof nie wieder mit Wascheln zu versorgen.

„*Nichts wird so heiß gegessen, wie es gekocht wird! Sie kam wieder auf unseren Hof*", lacht Johann.

Die mystische Tannenschachengrub

Jede Stadt, jedes Dorf hat seine Orte, wo sich besondere Geschichten zutrugen. Oft sind das Stätten, vor denen die heimischen Leute großen Respekt haben. In Reinsberg ist die „*Tannenschachengrub*" so ein geschichtsträchtiger Platz.

Wo dieses besagte Gemäuer steht, waren einst ein kleiner Tannenwald und eine Vertiefung in der Landschaft. Kleine Waldstücke werden im Mostviertel umgangssprachlich als „*Schacher*" bezeichnet. Und weil auf diesem kleinen Waldstück vorwiegend Tannen wuchsen, benannte man es Tannenschacher. Gelegen ist dieses Waldstück etwas in einer Grube – daher die Bezeichnung des Volksmunds: „*Tannen-Schachen-Grub*". Weil die Grube aufgrund der Geologie kaum bewirtschaftbar war, nutzten die früheren Bewohner sie als Baufläche für ihr Bauernhaus.

Wanderer, die heute von Reinsberg nach Gresten gehen, kommen an einer alten Scheune und Überresten jenes Hauses vorbei. Aber man muss schon genau hinsehen, um diese noch zu erkennen, die Natur hat sich mittlerweile viel davon zurückgeholt. Dort wo sich einst die eigenartigsten Geschichten zutrugen, ragen heute mächtige Baumriesen aus der Erde. Die Mauerreste sind wild verwachsen, so wild, dass es fast schon wieder sonderbar anmutet. Nur das Kellergewölbe, das ist noch vollständig erhalten!

Vor langer Zeit wurde Reinsberg von einer schweren ansteckenden Krankheit heimgesucht, die viele Einwohner dahinraffte. Das alte Bauernhaus in der „Tannenschachengrub" eignete sich aufgrund der abgelegenen Lage perfekt als Quarantänestation für Menschen aller Altersklassen. Die kranken Leute gingen jedoch nicht freiwillig dorthin, sondern sobald sich bei jemandem die ersten Krankheitszeichen zeigten, wurde er ohne große Abschiedsmöglichkeit gepackt und in diese sogenannte „*Siech-Anstalt*" gebracht. Wohlwissend, dass er diesen Ort niemals wieder lebendig verlassen würde können.

Nicht einmal als Toter entkam er diesem Platz – vor lauter Angst vor weiter Ansteckungen begrub man die Verstorben ohne jeglichen Abschied vor Ort. Jedes einzelne Menschenleben, das dort unter der Erde seine letzte Ruhestätte fand, könnte sein eigenes berührendes Schicksal erzählen.

Seit damals wollte niemand mehr auf dem Gelände wohnen, es stand lange Zeit leer. Rückten feindliche Heere an, brach ein Krieg über die Gegend herein, überwanden die Leute alle Ängste vor dem mysteriösen Anwesen und nutzten die entlegenen Gemäuer, um die Frauen und Kinder vor den Feinden zu verstecken. Doch wohnen wollte dort niemand.

Als im Jahre 1875 wieder einmal kurzfristige Besitzer die Tannenschachengrub verließen, weil sie sich nicht mehr zu bleiben getrauten, reichte es Johanns Urgroßvater und er kaufte kurzerhand das unweit seines Hofes gelegene Anwesen. Er stellte es in späteren Jahren verschiedenen Familien zur Verfügung, die sonst kein „*unter-kuma*" – keine Unterkunft – hatten. Obwohl sie kostenlos dort wohnen konnten, damit es wenigstens bewirtschaftet wurde, wollten selbst sie nicht lange bleiben.

Es war ein ständiges Kommen und Gehen. Die Bewohner berichteten allesamt von seltsamen Geräuschen, von eigenartigen Erscheinungen, die ihnen solche Ängste einjagten, dass sie sich kaum zu schlafen getrauten. Wenngleich an dieser Stelle der Richtigkeit halber angemerkt werden muss, dass von der Tannenschachengrube kein einziges sogenanntes „*Verbrechen*" überliefert ist.

Die letzte Familie, die jenen geisterhaften Ort bewohnte, war die ehrbare und gottgläubige Familie Karner mit ihren zwei arbeitsamen Kindern. Der Sohn der Familie war zur damaligen Zeit an die 10 Jahre alt, er hat noch alle Vorkommnisse selbst miterlebt. Als Erwachsener kam er in das Tagwerk auf Johanns elterlichen Hof. Bisher hatte Johann vor den Erzählungen von seinem Großvater und den Dorfleuten über die Tannenschachengrube zwar immer eine gehörige Portion Respekt gehabt, doch ein wenig Zweifel an dem Wahrheitsgehalt konnte er auch nicht leugnen. Zu dem mittlerweile an Alter fortgeschrittenen Sohn der Familie Karner hatte er ein besonderes Verhältnis. Seinen Berichten glaubte Johann, hatte es dieser Mann doch einst selbst erlebt und konnte es selbst bezeugen. Mit jedem Wort seiner persönlichen Erinnerungen bestätigten sich die Erzählungen der Dorfleute über die sonderbaren Vorkommnisse jenes Ortes.

Das Gehöft wäre von der Größe sehr ansehnlich gewesen, es hatte den beiden Kindern getrennte Schlafgemache ermöglicht, worauf diese nach bereits wenigen Tagen freiwillig verzichteten und die Eltern fragten, ob sie nicht mit ihnen in der Küchenstube schlafen könnten.

Jede Nacht, danach konnte man sich die Uhr stellen, kurz vor Mitternacht, ging der „*Spuk*" los. Selbst die Reihenfolge der Abläufe wiederholte sich Nacht für Nacht detailgetreu und zeitgleich. Die Haustür wurde abends, wie es sich gehört, verriegelt. Zu jener nächtlichen Stunde ertönte ein Knarren, ehe sich die verschlossene Haustür öffnete und scheinbar von selbst auch wieder schloss.

Die ersten Male sahen die Bewohner nach, was denn los sei, doch keine menschliche oder anderwärtige Gestalt war mit freiem Auge auszunehmen. Kurz darauf hörten die erschrockenen Leute am Boden, oberhalb der Zimmerdecke, Geräusche, die schweren, lauten Schritten glichen. Ein schwerer Schritt nach dem andern, spätestens jetzt verschwanden die Kinder zur Gänze unter ihrer Bettdecke und wünschten sich, wer immer da war, die Bettdecke möge ihnen so viel Schutz verleihen, dass dieser „*Jemand*" sie nicht finden möge.

Damit nicht genug, ertönte kurz darauf ein schweres, rollendes Geräusch, als würde dort oben jemand mit einer Kugel wie beim Kegelspielen am Boden hin- und herrollen. Das war zu viel, die Bewohner wollten dieser Situation nur mehr entfliehen, nichts mehr davon hören und wahrnehmen, einfach nur, der späten Stunde folgend, friedlich und in Ruhe schlafen können. Kurzerhand hielten sie sich mit den Fingern die Ohren zu.

Doch das war noch gar nichts! Tagsüber trug sich noch viel Schlimmeres zu. Egal wann, zu welcher Uhrzeit die Hausleute beim Mittagstisch saßen. Ehe die Mutter den großen Essenstopf auf den Tisch stellte, versperrten die Bauersleute schnell die Haustür, um dem täglichen Geschehen ein Ende zu bereiten. Obwohl die Haustür verriegelt und draußen ein durchwegs windstiller Tag war, kam in Sekundenschnelle ein Windstoß auf, der die Türe mühelos öffnete. Ein großes, kugelrundes schwarzes *"Etwas"* rollte in das Bauernhaus herein, begann sich zu drehen, mit vorerst langsamen Drehbewegungen, die immer schneller wurden.

Die vor Schaudern erstarrten Leute saßen um den Mittagstisch und beobachteten wie versteinert das ganze Spektakel. Mutig und in Gott vertrauend, begann der Vater mit bebender Stimme laut zu beten, stimmte ein Vaterunser an. Reflexartig folgten die Kinder und die Mutter, während der Vater mit der Hand in den Weihwasserkessel griff, um das kugelartige Etwas mit Weihwasser zu besprengen. Jener Wind, der die Haustür geöffnet hatte, blies während des ganzen Schauspiels unaufhörlich. Mit dem Weihwasser verlangsamten sich die Drehbewegungen des Eindringlings und verlagerte sich die Bewegungsrichtung zur Haustüre. Hinter ihm schloss sich diese durch den Wind und augenblicklich erlosch jeglicher Lufthauch.

Am darauffolgenden Tag streifte eine pechschwarze Katze um das Haus. Zum Schrecken aller fanden sie im Stall, ja selbst im Futtertrog der Tiere jede Menge *"Heppina"*, das Wort *"Hepp"* kommt von *"hüpfen"*, so benannte man umgangssprachlich die Erdkröten. Es galt bei den Leuten als sehr schlechtes Omen, wenn Erdkröten in größerer Menge vorkamen, sie sollten unerlöste Seelen anzeigen.

Die Familie Karner versuchte des bösen Omens dadurch Herr zu werden, dass sie die Erdkröten mit einem Kübel zusammensammelten und zu einem kleinen Tümpel brachten. Umzubringen getrauten sie sich diese berufenen Tiere, diese unerlösten Seelen niemals! Erdkröten lieben feuchte Böden und in einer Grube wie der Tannenschachengrub ist es nun einmal vom Boden her ausreichend feucht. Eine liebgewonnene Behausung gibt man nicht so schnell auf, die Erdkröten waren im Handumdrehen zurück in ihrem Stall in der Tannenschachengrub, was die Hausleute noch mehr beängstigte.

Das einzige kleine Erfolgserlebnis brachte einst das Weihwasser! Hiervon ermutigt, holte die Familie Karner den dörflichen Herrn Pfarrer auf den Hof, er möge doch das Haus und am besten gleich das ganze Grundstück mit Weihwasser und Weihrauch reinigen. Die Geister und Seelen sollten durch das gemeinsame Beten ihre Erlösung finden. Die Wirkung war von kurzer Dauer! Da alle noch so intensiven Bemühungen, des Spukes Herr zu werden, erfolglos blieben, beschloss auch diese Familie, sich geschlagen zu geben und das Weite zu suchen.

"Eine Geschichte in der Tannenschachengrub werde ich nie vergessen, die hab ich selbst erlebt!"
Johann Frühwald, sein bester Freund Paul und seine geliebte Schwester Lini wollten Verstecken spielen. Alleine trauten sie sich ja um nichts in der Welt das Areal der Tannenschachengrub zu betreten, doch zu dritt ist man ja um einiges mutiger. So hatte Paul den etwas sehr unüberlegten Vorschlag ausgesprochen, doch bei der Tannenschachengrub gemeinsam Verstecken zu spielen. Ohne sich ihren Widerwillen auch nur im Geringsten anmerken zu lassen, willigten Johann und seine Schwester mehr ehrenhalber als mutig ein.

Im Stallgebäude des besagten Ortes befanden sich noch einiges Heu und Stroh und alte Gerätschaften, die für die händische Feldarbeit gebraucht wurden, sowie ein Leiterwagen. Beim Anblick des Heubodens schien alle Scheu wie verblasen! Die Kinder hüpften sorgenfrei herum und lachten aus vollstem Herzen. Als die Kinder gerade in ihrem vollsten Element waren und überschwänglich ihrer Energie freien Lauf ließen, flog unter gewaltigem Rauschen ein schwarzes, gewaltig großes Etwas über ihren Köpfen hinweg. Gerade Paul, der diesen Ort zum Spielen vorgeschlagen hatte, schrie im Reflex aus Leibeskräften: *"Der Geist is do! Hilfe!"* Sämtliche bisher gehörte Geschichten dieses Ortes schienen sich plötzlich alle wie ein Film in den Kinderköpfen abzuspielen. Die Fliehkraft des Hüpfens wandelten die Kinder in ihrem Schreck ohne Energieverlust in eine abwärtskugelnde Drehbewegung Richtung Tor um. Mit vollem Schwung sprangen sie auf ihre Füße und rannten um ihr Leben auf den Höhenberg-Hof zurück. Der unerschrockene Vater ging später zur Tannenschachengrub-Hütte zurück, um nach dem Rechten zu sehen, gehörte sie doch zu seinem Anwesen. Lauthals lachend stellte er fest, dass sich wegen der außergewöhnlichen Ruhe der letzten Jahre ein Uhu in dem Stall eingenistet hatte und gerade seine Jungen aufzog. Die drei Kinder sah der Vogel als Bedrohung an und verjagte sie, seinem Instinkt folgend, auf sehr erfolgreiche Weise ...

Die Tannenschachengrub verwendete die Familie Frühwald später als Unterstand für ihre Tiere. Ging Johann, nunmehr als Jugendlicher oder Erwachsener zu nächtlicher Stunde an jenen Ort seine Tiere füttern, dann betete er aus Respekt vor dem Platz ein bedächtiges Vaterunser, eher er die Stallungen betrat. Sich an seine einprägsame, kindliche Erfahrung mit dem Uhu erinnernd, ist er der Meinung, dass solche unglaublichen Geschichten über besondere Örtlichkeiten ihren wahren Kern besitzen. Dieser kann von uns heute halt schwer erforscht, schwer rekonstruiert werden.

Das vergossene Weihwasser

Im bereits gebirgigeren Teil des Mostviertels, einige beachtliche Höhenmeter über Johann Frühwalds elterlichem Hof, liegt das Anwesen Hochschlag. Gut eine Stunde Gehzeit braucht ein geübter, ortskundiger Wandersmann, um vom Höhenberghof auf das *„Hochschlag"* zu gelangen. Diesen Marsch nahmen die Dorfleute gerne auf sich, um die *„Hochschlag-Mutter"*, wie alle liebevoll die Bäuerin dort oben nannten, zu besuchen. Sie war ein Herzstück von einer gutmütigen, gastfreundlichen Frau, die für jeden, ob jung oder alt, stets ein offenes Ohr und einen gedeckten Tisch hatte. Die Leute liebten die Frau und ihren Hof so sehr, dass sich folgende Geschichte zutrug:

1921 brannte der Hof durch einen Blitzschlag bis auf ein paar Mauerreste ab. Als die Schicksalsnachricht ihre Runde machte, kamen so viele Leute auf den Hof zum Helfen, dass der Zimmermeister sogar einige heimschicken musste. Sie wären sich gegenseitig im Weg gestanden. Die „Hochschlag-Mutter" wollte niemanden beleidigen, so sagte sie diplomatisch: „Geh, kommt nächste Woche oder eine Woche später wieder, dann brauchen wie euch dringender." In kürzester Zeit war der Hof wieder aufgebaut. Niemand konnte der Frau einen Wunsch abschlagen.

Es war zum Osterfest des Jahres 1953. Jeder Bauernhof im Mostviertel hat im Haus, gleich neben der Eingangstür, einen kleinen „Weihbrunnkessel", in dem immer Weihwasser drinnen sein musste. Es gehörte zum guten Benehmen jedes Gastes, dass, wenn er ein Bauernhaus betrat, er den Daumen in das Weihwasser eintauchte und damit am eigenen Körper ein Kreuzzeichen machte. Zu Ostern, wenn die dicken Schneeschichten wieder geschmolzen und der Weg hoch oben vom Berg in das Dorf zur Kirche leichter zu bewältigen war, musste der Weihwasserbehälter aufgefüllt werden.

Johann Frühwald, seine Schwester und der Plank Paul waren einerseits brave Ministranten in der örtlichen Kirche, andererseits verbrachten sie aber auch viel Zeit bei der „Hochschlag-Mutter" oben. Kurz vor jenem Osterfest bat die gute Frau die drei aufgeweckten, gut erzogenen Kinder, ihr doch nach der Messe, nach dem Ministrieren eine 3-Liter-Kanne voll Weihwasser auf den Hof heraufzubringen. Stolz über diese ehrenvolle Aufgabe halfen die drei besten Freunde nach der Kirche fleißig zusammen und schöpften aus dem großen Weihwasserkessel in der Kirche so viel von dem wertvollen Inhalt in die Kanne, wie nur irgendwie Platz fand. Flink kam der Deckel drauf. Johanns Schwester trug die Kanne das erste Drittel des Weges, danach sollten die Burschen die ehrenvolle Aufgabe übernehmen.

So weit ging ja auch noch alles gut, doch als der erste Wechsel des Kannentragens anstand, schaukelte diese anregend hin und her, dass die Burschen auf eine fatale Idee kamen. Jene besagte Kanne mit dem „heiligen" Inhalt hatte einen dünnen Henkel aus Metall. Dieser wiederum war am obersten Ende von einem runden Holzstück umgeben, damit die Kanne besser in der Hand gehalten werden konnte. Weiters hatte sie zwar einen Deckel oben, doch dieser eignete sich wohl eher dafür, Insekten von dem Inhalt fernzuhalten, als den Inhalt in der

Kanne vor dem Auslaufen zu bewahren. Die Burschen entwickelten die bildliche Vorstellung, dass, wenn sie die Kanne schnell genug drehen würden, die darauf einwirkende Fliehkraft dafür sorgen müsste, dass die Flüssigkeit in der Kanne blieb.

Doch irgendwie erreichten der Johann und der Plank Paul die dazu benötigte Drehgeschwindigkeit nicht so ganz und dann ist es halt passiert. Das wertvolle Weihwasser für die „Hochschlag-Mutter" schoss, eher der Erdanziehung folgend als der Fliehkraft, in hohem Bogen aus der Kanne, als Johann diese in vollem Schwung drehte. Sowohl sein Pullover als auch die ganze Wiese rund um ihn hatten den überreichen kirchlichen Segen in einem Guss abbekommen.

Die Kinder sahen sich gegenseitig mit schockierten, großen Augen an, ehe Paul einen vorsichtigen Blick in die Kanne wagte, ob denn vielleicht doch noch genügend Weihwasser zurückgeblieben sei. Ein bisschen mehr als bodenverdeckt zeigte sich der behaltene Rest des Weihwassers den traurigen Kinderaugen. Sie beratschlagten, was sie denn nun tun könnten. Den weiten Weg zur Dorfkirche wollten sie nicht noch einmal zurücklegen, dazu war es schon zu spät. Zum Hinauftragen auf den „Hochschlager-Hof" war viel zu wenig Weihwasser in der Kanne geblieben. Während sie so hin und her überlegten und sich gegenseitig ratlos und mutlos anblickten, fiel Johann der Tannenschachengraben-Bach auf, der fast überhörbar leise im Hintergrund dahinplätscherte. Unter den ärgsten Gewissensbissen füllte Johann die Kanne mit etwas zittriger Hand mit dem Quellwasser auf. Noch immer unsicher, ob dieses Malheur für sie Folgen haben würde, blickten sie ratlos in die nun mit Bachwasser aufgefüllte Kanne. Zur Sicherheit schworen sich die drei bei ihrem Leben und allem, was ihnen heilig ist, nie ein Sterbenswort über diese Untat zu verlieren. Keiner Menschenseele etwas davon zu erzählen. Zum Schluss meinte Johanns Schwester noch beruhigend, dass ja noch ein wenig Weihwasser in der Kanne war, es wäre jetzt ja nur etwas verdünnt worden. Auch wenngleich die Kinder mehr als das 10-Fache an frischestem Schmelzwasser aus dem Gebirge draufgefüllt hatten.

Den Kopf gesenkt und mit keinerlei Lust auf weitere Pannen marschierten die drei wortlos zum „Hochschlager-Hof". Die Bäuerin freute sich überschwänglich über ihr vermeintliches Weihwasser. Mit hochroten Wangen und einem schlechten Gewissen, das sie den herzlichen Blicken der Frau ausweichen ließ, übergaben sie der Bäuerin die weitgereiste Kanne. In ihrer ahnungslosen Dankbarkeit über diese großzügige Hilfe der drei Kinder bot die Frau ihnen einen Platz am Esstisch an und bereitete ihnen eine köstliche Jause zu – eine Semmel mit Butter galt zu dieser Zeit als etwas ganz Besonderes. Gab es sonst ja immer nur Brot! Für die lange Wegstrecke hätten die Kinder in den Augen der Bäuerin viel mehr Hunger haben müssen, doch konnte sie ja nicht ahnen, dass den Dreien ihr schlechtes Gewissen das Schlucken erschwerte und sie daher so wenig aßen.

Als Erwachsene drückte sie ihr schlechtes Gewissen über ihre Tat noch so sehr, dass Paul der Frau die Wahrheit erzählte. Zu seiner Erleichterung reagierte die *„Hochschlag-Mutter"* mit einem verständnisvollen Lächeln.

Der listige Hauszimmermann

Die Handwerker hatten für ihre nicht so arbeitswilligen Kameraden die eine oder andere Schelmerei auf Lager.

Am Ufer der Erlauf, am sogenannten Wieser-Graben im Gemeindegebiet Gresten, wuchs in einem kleinen Häuschen der Josef Frühwald auf. Ein Groß-Cousin von Johann und gleichzeitig auch einer seiner besten Freunde. Josefs Eltern vermittelten dem Jungen, dass es im Leben besonders wichtig sei stets brav zu arbeiten und mit allen Menschen gut auszukommen.

Liebend gerne hielt sich Josef im Wald auf, der Rohstoff Holz hatte für ihn eine besondere, einzigartige Faszination und sein größter Wunsch war es, in späteren Jahren einmal *„Zimmerer"* zu werden. Aus wenigen Brettern ein Gerüst zu erschaffen, welches Generationen überdauern, dem Wetter trotzen, bei jedem Haus eine spezielle Herausforderung darstellen würde und jedes in sich ein Kunstwerk ergab, dieses Handwerk wollte er unbedingt erlernen.

Es verging die Schulzeit und es folgten die Kriegsjahre, bis es endlich so weit war. Er durfte in der Zimmerei Halbartsschlager in Gresten das edle Zimmererhandwerk erlernen. Bald erkannte auch sein Lehrherr das Talent des Jungen und betraute ihn rasch mit immer größeren Aufgaben. Er war für die komplette Abwicklung, den ganzen Ablauf der Dachstuhlarbeiten verantwortlich und ihm unterstanden schlussendlich bis zu 20 Personen. *„Alle Zimmermannstätigkeiten am Hofe Höhenberg machte Josef mit so einer Liebe und Genauigkeit, dass es keinen besseren Mann dafür gegeben hätte! Er fertigte alle seine Arbeiten mit so einer Leidenschaft an, als wäre jeder Dachstuhl etwas ganz Besonderes. Nur eines konnte er gar nicht leiden"*, so Johann Frühwald über seinen Groß-Cousin.

Der menschlichen Charaktere gibt es ebenso viele, wie es Menschen auf der Erde gibt. Manche Personen sind gedanklich stark, die wählen dann auch meist einen Beruf, der sie mental fordert. Andere erkennen schon in frühen Jahren ihr Interesse am Handwerk und bei wieder anderen ist die Schulzeit vorbei und sie zeigen immer noch keine Berufsinteressen. Dann liegt es meist in der Hand der Eltern, dass sie in der Umgebung nach einem offenen Stellenangebot oder einer Lehrstelle Ausschau halten, damit ihr Kind einen Beruf ausübt.

So geschah es manchmal, dass ein Lehrbursche zwar eine Lehre antrat, jedoch vom Beruf nicht so wirklich überzeugt war. Er tat zwar seine Arbeit, doch die Freude und der Arbeitseinsatz ließen etwas zu wünschen übrig. Natürlich fand sich auch im Zimmererhandwerk hie und da ein Kollege, der schnell entdeckte, dass es auf den Baustellen zumeist sehr gutes Essen gab und sich die Zeit zwischen den Mahlzeiten schon irgendwie vertreiben ließ. Zum Ärger seiner fleißigen Kollegen wollte jener mit deren Arbeitsleistung nicht Schritt halten. Josef hatte ja als Kind von seinen Eltern gelernt, dass er mit allen Menschen gut auskommen sollte, doch waren ihm in seinem Beruf viele Leute unterstellt und die Arbeiten sollten zügig erledigt werden. Da dachte er sich für solche arbeitsunwilligen Kollegen eine besondere List aus.

Eines Tages gab es auf einer Baustelle, wo der Dachstuhl montiert werden sollte, wieder einmal einen Kollegen darunter, der so gar nicht arbeiten wollte. Diesen rief er zu sich und meinte, er hätte eine besonders wichtige, eine sehr verantwortungsvolle Aufgabe für ihn. Er möge doch bitte in die Firma gehen und den *„Firsthobel mit den dazugehöri-*

gen Gewichten" holen. Die Mannschaft würde diesen dringend für das Aufstellen des Dachstuhles brauchen. Froh darüber, dem Stress und der körperlich schweren Arbeit entronnen zu sein, machte sich dieser Mann auf den einstündigen Fußweg zurück in die Firma. Auto gab es zu jener Zeit noch nicht. In seinen Gedanken freute er sich. Eine Stunde Fußweg in die Firma, die benötigten Sachen nehmen und eine Stunden Fußweg zurück zur Baustelle, da würde er gerade zum Mittagessen zurechtkommen. Er schöpft nicht im Geringesten auch nur den kleinsten Verdacht an dem Auftrag. In Josefs Firma waren alle in die *„Schelmerei"* eingeweiht.

Sie händigten jenem Kollegen einen Holzbalken aus, an welchem sie sowohl am vorderen als auch am hinteren Ende einen Stein als Gewicht daraufbanden und trugen ihm auf, diesen im Eiltempo zur Baustelle zu bringen. Er solle auf das Werkzeug gut aufpassen, die Steine dürften sich ja nicht vom Balken lösen, sonst wäre das Werkzeug nicht mehr zum Einrichten des Dachfirstes zu gebrauchen.

Der eher kulinarisch veranlagte Kollege begab sich sogleich auf den Rückweg, das erste Stück der Strecke verlief noch schwungvoll und in freudiger Erwartung des Mittagessens, doch je länger die Wegstrecke dauerte, desto schwerer schien die zu tragende Last zu werden. Balken und Steine schienen an Gewicht zuzulegen. Schwitzend und schnaufend mobilisierte er für die letzten Meter alle seine verfügbaren Kräfte, damit er ja die Essenszeit nicht versäumen würde. Er keuchte, als er endlich am Einsatzort eintraf. Seine fleißig arbeitenden Kollegen versammelten sich vor ihm und fingen lauthals und schadenfroh zu lachen an. Erst jetzt begriff der Lastenträger, dass er listig ausgetrickst worden ist. Der Vorfall half ihm, den Unterschied zwischen seiner Arbeitseinstellung und der seiner fleißigen Kollegen zu verstehen, und er wurde ein gewissenhafter und verlässlicher Zimmermann.

Johann Frühwald blickt, seinen Kopf etwas nach linke geneigt, aus dem großen Fenster zu dem Stall hinaus: *„Ich habe mit Josef viele fröhliche Momente erleben dürfen und bin dankbar für seine Hilfe bei uns am Hof! Gerne sitzen wir bei einem oder mehreren Gläsern Most zusammen und lassen jene besonderen Momente des Lebens Revue passieren, die unser beider Herz bewegten und uns zum Lachen brachten, aber auch die Situationen, die wir gemeinsam bewältigten."*

Der Laufer

Wandert man durch das Mostviertel und möchte einem dieser vielen wunderschönen und mächtig anmutenden Höfe einen Besuch abstatten, merkt man bereits bei der Tür, ob Besuch willkommen ist oder die Hausleute ihre Ruhe haben möchten. Ist die Haustüre zugesperrt, dann ist kein Gast erwünscht, lässt sich die Tür öffnen, bedeutet dies ein herzliches Willkommen.

Wer schon einmal in den Genuss der Mostviertler Gastfreundschaft gekommen ist, der weiß, dass so ein Besuch schon seine Zeit dauern kann. Auf den Haustüren findet man schwere gusseiserne Türklopfer. Entlang der Eisenstraße, die durch das Mostviertel führt, lebten ja zahlreiche Schmiede, die die Umgebung mit ihren Kunstwerken, Werkzeugen, Arbeitsgeräten und Alltagsgegenständen versorgten. Darunter waren auch schwere Türklopfer. Diese bestanden aus einer Metallauflage und einem Hammer und waren so gebaut und positioniert, dass sie immer auf die Metallunterlage trafen. Hatte man es eilig oder brauchte man schnell jemanden vom Haus, dann klopfte man heftiger und von drinnen erklang es: *„Nau, nau, nau ... was ist denn da los."* Unter schnellen, energiegeladenen Schritten sahen die Bäuerin oder der Bauer höchstpersönlich nach dem Rechten.

Post oder Pakete werden heute vom Zustelldienst an den Empfänger gebracht. Nachrichten übermittelt nun der Computer oder das Handy – was nicht selten in einer viel zu unüberlegten Rückantwort resultiert.

In Johann Frühwalds Erinnerung ist von diesen technischen Errungenschaften noch lange keine Rede. Derartiges war damals noch gänzlich unvorstellbar. Wurde von der Behörde, der Gemeinde oder der Pfarre eine Nachricht herausgegeben, erfolgte dies in Form eines Rundschreibens. Der Bürgermeister rief dem Gemeindediener im Befehlston zu: *„Laufer ist abzuholen (auszutragen)."* Als Laufer bezeichnete man dieses besagte Rundschreiben. Dann beeilte sich dieser Arbeiter, in doppelter Schrittgeschwindigkeit dieses Schreiben von der jeweiligen Behörde abzuholen und es im flotten Tempo an den nächstgelegenen Hof zu bringen. Der Anfang, ja die ganze Route dieses Rundschreibens, dieses „*Laufers*", war exakt vorgegeben. Der Gemeindearbeiter übergab den Laufer an die erste Liegenschaft, die immer dieselbe war. Dem Hauseigentümer sollte das Schreiben höchstpersönlich und möglichst schnell übergeben werden. Die Methode, den Hammer gegen das Tor schlagen zu lassen, garantierte, dass erstens der Hausbesitzer gleich selbst zum Tor kam und zweitens dies auch im prompten Tempo erfolgte. Um die Folgen dieses etwas drastischen Auf-sich-aufmerksam-Machens zu dämpfen, rief der Überbringer, bereits wenn er die sich nähernden energischen Schritte der Hausleute zu vernehmen glaubte: „*I war mit dem Laufa do!*"

Von diesem Hof musste der „*Laufer*" nun binnen eines Tages an den nächsten Hof weitertransportiert werden. „*Wenn man bedenkt, dass hier viele Menschen gelebt haben, dauert es schon seine Zeit, bis dieses Rundschreiben an jedem Hof war. Meist erreichte die Neuigkeit aus dem Rundschreiben die Leute am sonntäglichen Wirtshaustisch schneller als zuhause*", erzählt Johann Frühwald mit einem schelmischen Strahlen in den Augen.

In solchen Rundschreiben standen ja nicht immer nur sachliche Nachrichten, in einigen Fällen handelte es sich um Zahlungen, die zu leisten, oder Termine, die wahrzunehmen waren. Am Wirtshaustisch vorgewarnt, neigte so ein Laufer irgendwo am Wege seiner Rundreise unauffindbar zu verschwinden. Wenn dann Termine oder Abgaben fällig geworden waren, meinten die schlauen Leute, dass sie hiervon nichts wissen würden und keine Information erhalten hätten. Zu jener Zeit, als Johann Frühwald dann selbst Vizebürgermeister war, ersann er mit dem Bürgermeister eine findige Methode der Nachrichtenübermittlung.

Am Sonntag, wenn die braven Kirchenleute von der Messe aus der Kirche kamen und den Dorfplatz betraten, nahm der Herr Bürgermeister die Lautsprecheranlage in Betrieb. Dies kündigte sich durch ein Gehör quälendes Gequietsche und Geraspel an, ehe er mit seiner vollen Stimmeskraft in das Mikro brüllte und alle Neuigkeiten, Termine und Abgaben verlautbarte. Ob die Leute es hören wollten oder nicht, es war gesagt und somit gültig. Die Bauersleute redeten sich nun darauf aus, dass sie aufgrund der Arbeit leider dem heiligen, sonntäglichen Kirchenbesuch nicht nachkommen hätten können und daher die Verlautbarungen nicht erhalten hätten. Sie meinten zum Bürgermeister: „*I hob leida nix gwisst!*"

Schnell war wieder der „*Laufer*" eingeführt, diesmal jedoch mit einer intelligenten Änderung. Jeder Hofbesitzer, der den Laufer erhalten hatte, musste diesen unterschreiben und dann sofort an den nächsten Hof weiterbringen. Erstmals war nun bei Diskrepanzen anhand der Unterschriften nachvollziehbar, welche Personen die Nachricht erhalten hatten oder wo der „*Laufer*" liegen geblieben war ...

Der Sohn der Dienstmagd

In den 50er-, 60er-Jahren, einer Zeit, wo noch vermehrt Dienstboten, Knechte und Mägde auf den Höfen ihre Arbeit fanden, lebte am Hof Höhenberg eine fleißige, arbeitsame Dienstmagd namens Leopoldine. Dies war auch noch die Zeit der wirklichen, echten bäuerlichen Großfamilien. Leopoldine war einer der letzten Dienstmägde am Hofe der Familie Frühwald. Es setzte sich bereits eine merkliche Landflucht unter der Bevölkerung durch. Viele Arbeiter, die vorher im bäuerlichen Bereich tätig waren, suchten und fanden in Fabriken Anstellungen, die mit dem Anreiz der besseren Bezahlung lockten. Zu Leopoldine entstand eine besonders innige Beziehung, eine einzigartige, tiefgehende Freundschaft, ausgelöst durch einen Umstand, der zuerst sehr schwierig erschien ...

„*Auf vielen Höfen wurden die Mägde im Falle einer Schwangerschaft einfach vertrieben, trotz ihres Zustandes wurden sie praktisch auf die Straße gesetzt! Sie wussten nicht, wo sie schlafen, geschweige denn was sie essen sollten! Dass kann man sich heute nicht mehr vorstellen.*"

Johann Frühwald hält inne, streicht mit seinen Händen über das weiße Blatt Papier, das vor ihm auf dem Tisch liegt, als wolle er Falten geradestreifen, die ja eigentlich gar nicht da sind. Erst als Anna, seine zierliche Enkeltochter mit den pechschwarzen Haaren, den Raum betritt, hebt sich sein Blick in ihre Richtung. Er lächelt ihr zu und deutet ihr mit der rechten Hand, sich auf den Stuhl neben ihn zu setzen. Liebevoll streichelt er über ihren kleinen Kopf, ehe er seine Erzählung fortsetzt.

Auf den Höfen lebten neben der Bauernfamilie viele weitere Menschen. Die Arbeit, die händisch erledigt werden musste, hätte sonst nicht bewältigt werden können. Eigentlich sollte man meinen, dass solche Wohngemeinschaften im Optimalfall eine Chance für besonders zwischenmenschlichen Rückhalt, für ein familiäres Miteinander bieten würden. Ein Rückhalt, der in unserer heutigen Zeit oft fehlt. Wenn schwere Entscheidungen anstanden oder Schicksalsschläge über die Familie hereinbrachen, wenn gesundheitliche Probleme auftraten, hätte sich die Möglichkeit aufgetan, dies gemeinsam zu lösen, gemeinsam durchzustehen und füreinander da zu sein.

Leider wurde die Chance des Miteinanders nur auf wenigen Höfen wirklich ergriffen. Die Praxis sah im Alltag ganz anders aus, insbesondere in den Jahren vor dem Zweiten Weltkrieg spielten sich traurige zwischenmenschliche Geschichten ab. Wurde eine Dienstmagd schwanger, war nicht selten der Bauer selbst der Vater. Die Bäuerin ahnte zwar von der mehr oder weniger freiwilligen Situation der Dienstmagd, packte jedoch im Falle einer Schwangerschaft die sich bietende Gelegenheit beim Schopfe, sie loszuwerden, und jagte die Frau rücksichtslos vom Hof.

Manchmal wurde die schwangere Dienstmagd auch weggeschickt, weil sie gegen Ende der Schwangerschaft und die ersten Wochen nach der Geburt nicht einsatzfähig war. Auch dass ohnehin wenig Speise vorhanden war und ein Kind die ersten Jahre einiges an Nahrung braucht, war ein Grund. Man wollte keinen zusätzlichen *„Esser"* am Hof haben, der nicht auch seine Arbeitsleistung erbrachte.

„Weißt", erzählt Johann Frühwald weiter, *„war der Bauer nicht der Vater, sah die Situation für die Magd auch nicht unbedingt besser aus. Dann galt das Kind als ‚Bongat', als uneheliches, vaterloses Kind. Das durfte schon gar nicht sein! Was würden denn da die Leute sagen! Auch in diesem Fall wurde die verzweifelte Magd oftmals verjagt."*

Sich dieser Vorgangsweisen bewusst, bemerkte die Dienstmagd von Johann Frühwalds elterlichem Hof zu ihrer Erschütterung, dass sie von einer unbedeutenden, flüchtigen männlichen Bekanntschaft, einem kurz am Hofe verweilenden Gelegenheitsarbeiter, schwanger geworden war. Der Umgang am Höhenbergerhof war stets respektvoll und familiär. Trotzdem verbrachte die fleißige junge Frau zahlreiche schlaflose Nächte in Sorge um die Zukunft. Einerseits plagte sie die Angst, was aus ihr und dem Kind nun werden würde, wenn sie vielleicht nicht bleiben durfte, andererseits wusste sie nicht so recht, wie sie der Bäuerin die Schwangerschaft gestehen sollte. Irgendwann packte Leopoldine dann ihren Mut zusammen, drängte alle negativen Gedanken zur Seite und beichtete Johanns Mutter während der Küchenarbeit ihre Sorgen. *„Meine Mutter reagierte sehr herzlich! Sie sagte, dass sie den kleinen Erdenbürger schon irgendwie gemeinsam großbekommen würden. Sie könnten auf jeden Fall beide am Hof bleiben. Ich war damals ein junger Bub, ich hab das selbst miterlebt."*

Die Magd gebar einen Sohn, den Erich. Am Hof lebten damals an die zehn Personen, jeder hatte den kleinen *„Kneifel"* (kleinen Bub) ins Herz geschlossen, ihn hatten wirklich alle gern. Sogar eine eigene Kammer durfte Erich bewohnen, was ein besonderer Status war. *„Für mich war er wie ein Bruder, so eine enge Bindung entstand zwischen uns beiden. Schließlich wurde ich sogar sein Firmgöd!"*

Noch in Erichs Vorschulalter heiratete die Magd Leopoldine und gründete mit ihrem Mann im Pockau-Graben einen eigenen Hausstand. *„Der Erich ist zwar mit seiner Mama und dem neuen Vater Bert mitgezogen, doch unsere Freundschaft und die enge Verbindung zu allen am Hof trieben ihn immer wieder zu uns auf den Berg herauf."* Die Verbindung ist nie abgerissen. Jede freie Minute besuchte er den Hof Höhenberg, die Ferien verbrachte er zur Gänze dort.

Wie ein Schock traf es uns alle, als die ehemalige Magd eines Tages sorgenerfüllt zu uns auf den Berg kam und berichtete, dass der Erich in letzter Zeit immer blau anlief. Die Untersuchung, die der Arzt umgehend veranlasste, zeigte bei dem damals erst 9-Jährigen einen schweren Herzfehler. Die Herzscheidewand hatte ein Loch und sein Herz erbrachte bereits merkbar zu wenig Leistung. Der Arzt riet zu einer sofortigen Operation – zur damaligen Zeit auf Leben und Tod! Doch ohne eine solche hätte er auch keine lange Lebensdauer mehr gehabt. *„Zu allem Übel hatten wir in der Familie gerade mit dieser Erkrankung eine sehr schmerzliche Erfahrung hinter uns. Vier Jahre zuvor habe ich meinen Schwager verloren, er hatte den gleichen Herzfehler!"* Der Schwager überlebte zwar die Operation sehr geschwächt, doch ein Versagen der Herz-Lungenmaschine kostete ihm schlussendlich das Leben.

Dieses Geschehnis erhöhte den Schock der Diagnose des Herzfehlers des kleinen Erich enorm. Die Verbindung zur ehemaligen Magd war so eng, dass alle Bewohner des Höhenbergerhofes mit ihr um das Leben des kleinen Erich bangten. Alle dankten dem Herrgott aus tiefstem Herzen, als die Ärzte mitteilten, die Operation wäre gut verlaufen und der Bursche würde wieder ganz gesund werden.

Schließlich ist aus ihm ein kräftiger, stattlicher Mann geworden, der jede freie Minute am Hof verbrachte. Später lernte er nach der Schulzeit in Lackenhof die Künste des Kochens und begab sich auf *„Wanderschaft"*, auf die damals im Anschluss an die Lehre üblichen *„Wanderjahre"*, um möglichst viel an Wissen und Erfahrungen zu erhalten. Er wollte andere Regionen und Kulturen erleben, von verschiedensten Leuten lernen und daraus das *„Beste"* mitnehmen. Während dieser Zeit verloren sich die beiden Burschen etwas aus den Augen. Wieder zurück in der Heimat, lernte Erich seine Frau Gertraud kennen und errichtete mit ihr ein wunderschönes, schmuckes Einfamilienhaus in seinem Heimatdorf Reinsberg, am Fuße des Höhenberghofes.

Die tiefe Freundschaft zwischen Johann und Erich hat auch die Wanderjahre überdauert, als wären sie nie getrennt gewesen. *„Bis auf den heutigen Tag haben wir uns jederzeit gegenseitig geholfen. Erich unterstützte mich stets selbstlos bei den Arbeiten am Hof, und von denen gab es ja immer genug. Wir sind wie Brüder durch schöne, arbeitsreiche und schwere Stunden gegangen ..."*

Der gestrenge Finanzbeamte

„Der hat uns so einiges anschauen lassen!" Eigentlich stammte der gestrenge Finanzbeamte aus dem Tirolerischen. In seiner Heimat war er im Zollschutz tätig gewesen. Nach dem Krieg boomte der Alkohol- und Zigarettenschmuggel von Italien über die Berge nach Tirol. Dieser besagte Herr war in jenem unwegsamen Gelände als *„Grenzer"*, als leidenschaftlicher Zollbeamter unterwegs. Leider hatte er einen folgenschweren Einsatzunfall, er wurde von einem Schmuggler

durch einen Schuss schwer verletzt. Als Langzeitfolge blieb seine Bewegungsfähigkeit derart eingeschränkt, dass er seinen geliebten Beruf nicht mehr ausüben konnte und in das Mostviertel als Finanzbeamter, als *„Kontrolleur des Schnapsbrennens"*, versetzt wurde. Als dieser machte er nun, emotional aus Frust über sein Schicksal verhärtet, den Bauern das Leben, besser gesagt die Schnapsbrennerei schwer.

Die Steuer für das Schnapsbrennen war früher für *„Normalsterbliche"* unerschwinglich hoch. Wie es so bei jedem Gesetz ja auch heute noch der Fall ist, gab es auch damals eine Ausnahmeregelung – den Hausbrand. Für diesen musste lediglich eine minimale Überwachungsabgabe an den Staat, der das Schnapsbrennmonopol hat, abgeführt werden. Der Nachteil des Hausbrandes bestand darin, dass die ganze Maische in einem – Tag und Nacht – durchgebrannt werden musste. Da durfte es nur einen Anfang, einen durchgängigen Arbeitsverlauf und ein Ende geben.

„Einmal haben wir 5 Tage und 4 Nächte durchgebrannt", erzählt Johann Frühwald. In ertragreichen, guten Obstjahren konnte viel Schnaps gebrannt werden, und dies brauchte eben seine Zeit. Beim Brennvorgang hatte immer eine Person vor Ort zu sein, welche sich auf die Arbeit konzentrierte, das Resultat wurde vom Prüfer streng kontrolliert. Während dieser 4 bis 5 Tage fanden die Männer und Frauen des Hofes fast keinen Schlaf, abgesehen von der stark alkoholhaltigen Luft, der sie im Arbeitsraum ausgesetzt waren. Wenn dann die Nerven in dieser körperlichen Übermüdungszeit ohnehin bereits nicht mehr am belastbarsten waren, kam just auch noch der Finanzbeamte, natürlich unangemeldet, und suchte penibel nach fadenscheinigen Gründen für etwaige zu verhängende Geldstrafen. Er begutachtete akribisch die Maische, die Rohmasse, den Startzeitpunkt, den Brennvorgang und den Endzeitpunkt des Brennens. War der Brennvorgang fertig, kam er erneut auf den Hof und begutachtete mit seinen Gerätschaften, ob der fertige Schnaps auch ja nicht mehr als 50 Volumenprozent hatte. *„Ein richtiger Schnaps zeigt seine 60 bis 70 Volumprozent!"* Wehe dieser war auch nur ein halbes Prozent darüber, da blickte er gestreng über seinen Brillenrand und konfiszierte ohne irgendeine emotionale Regung den ganzen wertvollen Schnaps.

Zusätzlich verteilte dieser Beamte, der seine beruflichen Vorgaben anscheinend zu 150 % erfüllte, teilweise härtere Strafen, als die gestrenge Judikatur selbst vorsah. Er notierte alles auch noch im Brennbogen. Bei zwei oder mehr Einträgen musste man neben einer Geldstrafe für eine gewisse Zeit auf das Brennen verzichten. Er sperrte in seinem Lebensfrust oder seinem Übereifer, das kann heute nicht mehr so genau gesagt werden, das Brennen gleich einmal für fünf Jahre. Die Brenneranlage wurde sofort von ihm plombiert. Zu damaligen Zeit eine ungemein harte Strafe! Und wehe, er erwischte jene gesperrten Leute beim Schwarzbrennen, die hatten zusätzliche saftige Geldstrafen zu zahlen! Hätten die Landwirte im Moment der Strafsituation ihrer nervlichen Anspannung freien Lauf gelassen, wäre es für sie nur noch schlimmer geworden. Sie wandelten den Ärger schlau in trickreiche Kreativität um.

Johanns Familie und auch andere hoben sich zum Beispiel in einem Jahr, wo die Volumenprozente exakt gepasst hatten, einige 5-Liter-Gebinde der wertvollen Flüssigkeit auf. Jedes Jahr, wenn der Finanzprüfer den fertigen Schnaps kontrollierte, brachte Johanns Familie mit einem innerlichen siegessicheren Lächeln den alten, bereits kontrollierten Schnaps zur Begutachtung. Der schönste Sieg ist doch immer der *„klug taktische"*, der erstens keinen verletzt und den zweitens der „Feind" gar nicht registriert! Nach der Freigabe füllte man den begutachteten Schnaps in andere Gebinde um, damit der Finanzbeamte im nächsten Jahr auf keinen Fall Verdacht schöpfen konnte.

„Das hat tadellos funktioniert!", lacht Johann Frühwald. Die aufgestauten Emotionen verbanden die Dorfleute derart, dass sie sich gegenseitig halfen.

Die Hauptbrennzeit rund um Reinsberg war vor allem im Fasching. Da ruhte die Feldarbeit noch, die Maische – die Masse mit dem zum Brennen eingelegten Obst – war gerade richtig und die Bauersleute hatten Ruhe für diese zeitintensive Arbeit. Landauf, landab brannte man hier fast in jedem Haus. Dies wusste der gefürchtete Prüfer und ging einfach auf gut Glück von einem zum anderen. Da hagelte es Strafen, dass die Leute gar nicht so schnell schauen konnten. Selber hatten sie vom sonntäglichen Frühschoppen natürlich genau gewusst, wer gerade brannte.

Beendete der Prüfer in einem Haus seine routinierte Tätigkeit, fragte er neugierig nach, wo gerade noch gebrannt werde. Dann schickten ihn die Hausleute auf den Bauernhof, der mindestens am zweithöchsten Berg in der Umgebung lag, obwohl klar war, dass dort sicher nicht gebrannt wurde. Sie wussten auch, dass der Herr ein Manko mit dem Gehen hatte und alle Wegstrecken zu Fuß zurücklegen musste, speziell im Winter. Im Sommer war er mit der Stangl-Puch unterwegs.

Eines Tages wurde am Hechaberger-Hof und am etwas entfernter gelegenen Bucha-Hof gleichzeitig Schnaps gebrannt. Zuerst suchte der Prüfer den Hechaberger-Hof auf und begutachtete alles bis in das kleinste Detail. Ein paar unwichtige Kleinigkeiten zählte er als Ergebnis seiner Arbeit auf und erwähnte nebenbei, dass er es eilig hätte, er müsse am gleichen Tag noch in die Bucha. Johann Frühwalds Vater entschuldigte sich unauffällig für einen Moment, eilte zu einem seiner Knechte und wies ihn an, ganz schnell in die Bucha zum dortigen Bauernhof zu laufen und die zu warnen, dass der Prüfer sich gleich auf den Weg zu ihnen machte. Der Bursche tat sofort, wie ihm aufgetragen wurde. Der Bauer kehrte in den Brennraum zurück, sprach mit dem Finanzprüfer noch ein paar belanglose Worte, um etwas Zeit für seinen Nachbarn herauszuholen, bis dieser sich dann doch verabschiedete und seines Weges zog.

Als der Knecht heimging, kam ein gewaltiger Schneesturm auf, der einem fast die Luft zum Atmen raubte. Im Anschluss daran sind die ganze Nacht über beachtliche Schneemengen auf der Erde gelandet.

So wie jeden Tag ging Johann Gassner, der Angelsöd-Nachbar auch am darauffolgenden Morgen um 6 Uhr in der Früh mit den Milchkannen in Richtung des Dorfes Reinsberg. Dort befand sich eine Milchsammelstelle, von wo die Mich abgeholt und weitertransportiert wurde. Der Weg dorthin führt an einem dichten, lang gezogenen Buchenwald mit jeder Menge Unterholz vorbei.

Wie der Nachbar nun so schwer beladen entlang des Waldes zog, glaubte er, jemanden aus dem Dickicht husten zu hören. Kurz darauf vernahm er das Geräusch erneut. Er beschleunigte seinen Schritt und eilte möglichst schnell an dieser Stelle vorbei. Die Bauersleute am Bucha-Hof wunderten sich, wo der Finanzbeamte bliebe, sollte er laut dem Knecht doch gestern schon eingetroffen sein. Kurz nach 8 Uhr, als das Tageslicht die Dunkelheit für wenige Stunden ablöste, klopfte es an der Tür. Vor den Hofleuten stand ein völlig durchnässter, halb erfrorener, nervlich fix und fertiger, in dem Moment sogar vor Freundlichkeit streichelweicher Staatsdiener. Auf der warmen Ofenbank berichtete er kleinlaut von seinem nächtlichen Malheur.

In der Kälte des Schneesturms, des Weges unkundig, war er zu tief in den Wald hineingeraten. Die halbe Nacht irrte er durch das Unterholz, ohne den Weg wieder zu finden. Irgendwann unterwarf sich sein Dickkopf der misslichen Lage und er blieb vor Erschöpfung kraftlos zwischen dem Gestrüpp im Schnee sitzen. Die Bauersleute hörten sich sein Klagen ruhig an, doch im Innersten vergönnten sie ihm das Erlebte.

Die versteckte Kuh

Militärische Truppen müssen versorgt werden, brauchen einiges an Verpflegung und die Grundlagen hierzu liefert die Landwirtschaft. Die Menge der landwirtschaftlichen Abgaben an den Grundherrn war belastend, doch im Vorhinein bekannt, sie konnte kalkuliert werden. Anders verhielt es sich mit plötzlich einfallenden kriegerischen Truppen. Diese nahmen den Leuten Hab und Gut und setzten oft noch als Draufgabe den Hof in Brand. Folgende Geschichte erlebte Johann Frühwald nicht selber, jedoch wurde sie in seiner Familie in den kalten Wintermonaten beim Herdfeuer weitererzählt.

Anfang des 19. Jahrhunderts zogen plündernde französische Horden durch das Mostviertel, genauer durch das Erlauftal. Jahrelanges Fernsein der Heimat, täglich der Kriegssituation ausgesetzt, lässt Menschen gefühlsmäßig abstumpfen. Nicht selten mit Hilfe des Alkohols einen Abstand zu den Kriegsgeschehnissen suchend, entartete in der daraus resultierenden Abgestumpftheit und Betrunkenheit der Umgang mit dem normalen Bürger leider oft in das Brutalste. Wahllos nahmen sich diese plündernden Truppen von den Bauern alles, was ihnen Brauchbares unterkam. Befolgte der Bauer ihre Anweisungen nicht, setzten sie kurzerhand seinen Hof in Brand oder vergriffen sich auf das Übelste an den Bewohnern. Im Dorfgasthof von Reinsberg eilten bereits die ausführlichsten Berichte über ihre ausschweifenden Raubzüge den französischen Truppen voraus, und dass sie es besonders auf die Tiere wegen des Fleisches abgesehen hätten. Vom Wirtshaustisch verbreitete sich die Nachricht im Eiltempo im ganzen Dorf und erreichte schließlich auch den Hof der Familie Frühwald am Höhenberg, der zu jener Zeit nur eine Kuh besaß, die für den Hof überlebenswichtig war.

Not macht bekanntlich erfinderisch. So hatte der Bauer eine riskante Idee. Etwas abseits des Bauernhauses stand eine Scheune mit einer Tenne, einem gestampften Boden. Darunter war ein alter Gewölbekeller von ansehnlicher Größe. Auf der Tenne lagerte man das Heu für die Wintermonate. Als die Dunkelheit über das Land zog, suchte der schlaue Bauer breite Holzbretter und wies die arbeitsamen Knechte an, ihm schnell zur Hilfe zu kommen. Einer der Knechte sollte die Kuh holen und ihm ohne Zeitverschwendung zur Tenne folgen. Die Abstiegsluke zum Gewölbekeller unter der Tenne war mit Holzbrettern abgedeckt. Die Knechte öffneten die Luke und der Bauer positionierte die breiten Holzbretter von der Luke in den Keller hinunter, sodass sie als Abstiegsrampe genutzt werden konnten. Anfangs sträubte sich die Kuh ein wenig, ihre Hufe auf diese wackeligen Bretter zu setzen und in die dunkle Tiefe hinabzusteigen. Unter nachdrücklichem „Zureden" der versammelten Mannschaft wagte sie erste zaghafte Schritte, wobei ein kräftiger Schups auf ihr Hinterteil ihre gesamte Körpermasse in Schwung brachte, sie auf dem Brett in die Tiefe glitt und erst am Kellerboden zum Stillstand kam. Die Männer deckten die Luke flink mit den Brettern und dem Heu so ab, dass noch genügend Frischluft und etwas Licht durchdringen konnte. Vorerst schien die Kuh in Sicherheit, doch es war ein riskantes Unternehmen. Hätten die Franzosen dieses Versteck gefunden, wäre nicht nur die Kuh von ihnen verspeist worden, sondern sie hätten auch den Hausleuten übel mitgespielt.

Die tägliche Ration Milch sicherte den Menschen das Überleben. Wenn auch sonst kaum Essen vorhanden war, wurden mit der Milch schnell nahrhafte Speisen für die hungrigen, schwer arbeitenden Leute zubereitet. Es war tagtäglich eine gesicherte Nahrungsquelle vorhanden. Hätten sie die Kuh geschlachtet, hätte das Fleisch lediglich ein paar beschränkte Mahlzeiten ergeben. Daher achteten die Hofleute besonders auf das Überleben der Kuh. Gleiches galt für die Hühner, die Eier waren als Nahrungsgrundlage überlebenswichtiger als das Fleisch! Und wirklich, als die Franzosen eintrafen, durchsuchten sie das Bauernhaus, doch der abseitsstehenden Scheune, die beim ersten Blick lediglich Lagerort für Stroh und Heu darstellte, schenkten sie keinerlei Bedeutung. Und die Kuh verhielt sich Gottseidank ganz ruhig, gab keine verräterischen Laute von sich. Wenn keine Gefahr drohte, fütterte und molk die Bäuerin oder die Dienstmagd die Kuh. So konnte in dieser schweren Zeit wenigstens etwas auf den Mittagstisch gestellt werden.

Nach diesen wilden Zeiten sann der Bauer darüber nach, wie er die Kuh nun wieder aus dem tiefen Gewölbekeller heraufbekommen könnte. Hinunter folgte sie nach dem Schups der Erdanziehung, doch hinauf funktionierte dieser Trick nicht. Wieder legten die Männer die breiten Bretter als Aufstiegshilfe in die Kellerluke und versuchten, die Kuh hinaufzuschieben. Doch die Kuh war mittlerweile älter geworden, hatte ordentlich an Gewicht zugelegt und dieses wackelige Brett war ihr auch jetzt noch suspekt. So sehr sich die Männer auch um dieses weibliche Wesen bemühten, alle Versuche, die Kuh hinaufzubringen, scheiterten. Als letzte Möglichkeit holte der Bauer zwei Ochsen, die er für die Feldarbeit besaß. Die Kuh verband er über Seile mit den Ochsen, zwei Knechte spornten die Ochsen gehörig an, sich nach vorne zu bewegen, und der Bauer und die anderen helfenden Männer schoben bei der Kuh an und halfen ihr, sich auf dem Brett fortzubewegen. Als sie es endlich geschafft hatten, war schwer feststellbar, wer jetzt müder war, die Kuh oder die Männer samt den beiden Ochsen. Fest stand jedoch, diese ausdauernde Kuh war die einzige überlebende Kuh im ganzen Dorf Reinsberg.

Die Familiengeschichte besagt hierzu auch, dass es ein paar der Franzosen im Dorf so brutal getrieben hätten, dass sich ein paar Bauern zusammentaten, die Männer im Schlafe überfielen und erschlugen. Noch in derselben Nacht vergruben sie die Leichenteile im Tannenschachengraben.

„Als Kinder haben wir dort liebend gerne gespielt", fährt Johann Frühwald fort. *„Wir sind auf den Felsen herumgeklettert. Beim Graben in der Erde haben wir wirklich Skelettteile gefunden. Also glaube ich die alten Geschichten!"*

Die alte Göppelhütte

Vor der alten Göppelhütte stand ein großer Scheibel-Birnbaum. Von dieser Birne gab man immer einen Kübel davon beim Mostpressen dazu, das war ein Garant dafür, dass der Most schön klar wurde. Diese Birne ist sehr gerbstoffreich, sie hat dadurch die im Most herumschwirrenden toten Bestandteile, die Fruchtteilchen, gebunden und auf den Boden gezogen.

Johann Frühwald blickt über den lang gezogenen Tisch: *„Ja, unsere alte Göppel-Hütte. Was ein Göppel für uns war?"* Auf jeden Fall ein großer technischer Fortschritt, als er erfunden wurde. Naja, die Ägypter hatten diese Technik schon lange praktiziert, doch es brauchte einige Zeit, bis sie nach Europa kam, und dann noch länger, bis sie den Leuten im Mostviertel die Arbeit erleichterte. Bisher waren gewaltige menschliche Anstrengungen notwendig gewesen, um das Obst zum ersehnten Most zu pressen. Nun hatte man ein Göppelrad und eine Zugstange, welche von im Kreis gehenden Ochsen betrieben wurde. Holzräder, sogenannte *„Übersetzungen"*, in verschiedenen Größen sorgten für die optimale Geschwindigkeit. Nicht nur das Mostpressen wurde durch diese Methode erheblich erleichtert, sie wurde ebenso für die Futtermaschine und die Schrotmaschine eingesetzt.

Die Göppelhütte war klein. Damit die Tiere sich im Kreis bewegen konnten, sich der Dreh-Radius ausgegangen ist, musste extra ein Zubau gemacht werden. Dieser fiel nur so groß aus wie unbedingt notwendig, sodass gerade mal die Zugochsen durchpassten. Die Küche in diesem Haus war auch etwas klein geraten. Um nicht zu sagen, der Erbauer war ein Künstler in Sachen optimalster Platzausnutzung gewesen. Auf der einen Seite stand der alte Holzofen, links und rechts davon war eine Tür. Wenn die Mutter den Backofen bedienen wollte, dann musste das Backrohr erst durch Umbauarbeiten zugänglich gemacht werden.

Zuerst wurden ein paar Bretter aus dem Küchenboden herausgenommen, dann stieg die Mutter in das 80 x 80 cm geöffnete Loch am Boden, um tief genug und vor allem aufrecht stehen und das Backrohr öffnen zu können. Die Kinder standen in Reih und Glied, um der Mutter die Brotlaibe zu geben. Der Platz reichte trotzdem gerade einmal dafür aus, dass die Mutter das Brot in den Backofen hineinschieben konnte. Zum Bücken war der Raum zu schmal.

Und dann gab es da noch die Wagenhütte. Die Leiterwägen waren so kostbare Gefährte, dass sie jeden Tag, auch bei schönstem Sommerwetter, in die Hütte gebracht werden mussten. Nicht einmal der Morgentau durfte auf den Leiterwägen sein, da hätten sie wurmig und kaputt werden können! Auch diese Hütte war sehr klein geraten. Die sechs bis sieben Leiterwägen brachte man irgendwie in der Hütte unter, doch dass sich auch noch das Tor schließen ließ, dazu gehörte schon ein beachtliches Schlichttalent. Waren die Leiterwägen am Feld im Einsatz und ein Schlechtwetter zog auf, dann halfen alle Leute zusammen, um die wertvollen Gefährte in Sicherheit zu bringen.

In späteren Jahren wurde genau unter diese kleine Wagenhütte der Göpel hineingebaut.

Eisblöcke für den Gasthofkeller

Neben dem Gasthof, wo Johann Frühwalds Mutter neun Jahre als Dienstmagd arbeitete, befand sich ein Sägewerk, das durch ein großes hölzernes Wasserrad betrieben wurde. Es war zugleich auch eine Lohnmühle, wo Bauern, die keine eigene Hausmühle besaßen, gegen Entgelt ihr Getreide mahlen lassen konnten. Sägewerke nutzten die Kraft des Wassers ebenso wie die Gasthöfe. Nur diente es den Sägewerken als Antrieb für ihre Gerätschaften und den Gasthöfen für die Kühlung der Getränke.

Im Jänner, sobald die Kälte ihren Tiefpunkt erreichte, versammelten sich die Tagelöhner und die Sägewerkarbeiter, die eigentlich gerade ihre verdiente Winterruhe hatten, zum Eisschneiden. Mit einer Einhandsäge schnitten sie unter großer Kraftanstrengung die dicken Eisschichten des Stauteiches in Vierkant-Block-Form durch. Ein Mann drückte dann den Block am hinteren Ende nieder, während die anderen Männer den Block vorne packten und flink auf das Eis zogen. Das war körperliche Schwerstarbeit, selbst für Männer, die ausdauernde Lastenarbeiten gewohnt waren. Die Kanten der Eisblöcke entpuppten sich als messerscharf. Aus dem Stauteich geschnitten werden mussten sie zur kältesten Zeit des Jahres, damit das Eis schön dick gefroren war. Die eisigen Außentemperaturen und die klirrende Kälte der Eisblöcke ließen die Finger augenblicklich erstarren. Vom Eis wurden die Blöcke auf die Ochsenkarren gehoben und zum Gasthof und den Fleischereien transportiert. Die Gasthöfe nutzten diese als einfaches Kühlsystem, ehe es Kühlhäuser oder Gefriertruhen gab.

Der Eiskeller des Gasthofs, wo Johann Frühwalds Mutter arbeitete, befand sich nur wenige Meter vom Stauteich entfernt, wodurch die geschnittenen Eisblöcke relativ schnell mit eisernen Haken dorthin gezogen werden konnten.

„Eigentlich sind sie durch den leichten Bergabgang fast von selber gerutscht", erzählt Johann. Der Eiskeller bestand aus einem Geviert aus doppelten Holzbalkenwänden von 5 x 4 Meter und einer Tiefe von 3,5 Metern. Die Zwischenräume jener Balkenwände betrugen beachtliche 30 cm und wurden zur besseren Isolierung mit Sägespänen ausgefüllt und festgestampft.

In die Mitte jenes sogenannten Eiskellers wurden nun die herausgeschnittenen Eisblöcke geworfen. Während die einen die Eisblöcke in den Keller schafften, waren andere damit beschäftigt, sie mit einem Schlägel (einem schweren Hammer) in möglichst kleine Stücke zu zerschlagen.

Knapp über 3 Meter hohes zerschlagenes Eis benötigte das Gasthaus, um eine Kühlung bis über den Sommer hinaus zu gewährleisten. Das zerkleinerte Eis schmolz dann bei steigender Temperatur auf einen großen Eisblock zusammen. Die Dienstleute des Gasthofes holten die Getränke, das Bier, die Wurst und auch das Fleisch und legten es direkt auf das Eis.

„Im Frühling haben die Wirtsleute immer gesagt, es sei so viel Eis hinuntergebracht worden, und Ende August war von den 3 Metern zerschlagenem Eis fast nichts mehr übrig!"

Damit das Eis nicht zu schnell schmolz, durfte der Raum nur von den Wirtsleuten und dem Dienstpersonal betreten werden. Doch weil seine Mutter im Gasthof Dienstmagd war, durfte Johann manchmal in den Raum mitgehen. Selbst im Hochsommer war dieser schön kalt. Seine Augen leuchteten beim Anblick der vielen verschiedenen Getränke, auf dem Eis tummelten sich die buntesten Flaschen. Seine Mutter drehte die Flaschen mehrmals am Tag, damit sie rundherum gekühlt wurden, Johanns Lieblingsbeschäftigung bestand darin, ihr dabei zu helfen. Ganz vorsichtig, damit ja keine zerbrechen würde, hob er sie aus dem Eis, betrachtete sie sehnsüchtig und bewunderte ihre Farbenpracht, ehe er sie liebevoll wieder dem Gefrorenen übergab. Allein die bunten Flaschen angreifen zu dürfen war für ihn etwas ganz Besonderes!

In der Zwischenkriegszeit baute sich in Johanns Heimat bereits eine ansehnliche Urlauberschicht auf. Die *„Reinsberger Sommerfrische"* entwickelte sich unter den Honoratioren so gut, dass jeder der Gasthöfe im Dorf täglich seine 50 bis 60 Mittagessen servierte. Zu den Stammgästen zählten die angesehene Familie Baumgartner sowie viele Wiener Doktoren, die mit Frau und Kindern einen Ausflug auf das Land machten. Für die Kinder hatten die Reinsberger etwas ganz Besonderes: In Gresten, einer Nachbarsortschaft von Reinsberg, gab es einen kleinen Produzenten, der bereits damals ein seltenes kohlensäurehaltiges Getränk herstellte. Die Kinder waren von dem Sprudeln so fasziniert, dass sie, kaum war ein Getränk getrunken, schon um das nächste bettelten. Bei Schönwetter hörte man im Gastgarten die Rufe: *„Ich will ein Kracherl! Ich will einen Fruchtsaft! Aber eisgekühlt!"* Johanns Mutter zählte nicht mehr mit, wie oft sie an solchen Nachmittagen die schmalen, engen Stufen in den Keller zu den Eisblöcken hinunterlief, um die kühlen, kohlensäurehaltigen Getränke für die Kinder zu holen.

Die Wirte haben gut damit verdient, Geld spielte bei den Honoratioren keine Rolle, Hauptsache, sie konnten ihrer Familie etwas Besonderes bieten.

„So eine Lagerung auf gebrochenem Eis wäre heute für einen Lebensmittelinspektor undenkbar", lacht Johann Frühwald, *„doch damals galt selbst diese Kühlung als Luxus."* Neben den Gasthöfen konn-

ten sich nur einige wenige gut situierte Bauernhöfe, die einen Teich in der Nähe hatten, solche Kellerkühlungen einrichten. Alle anderen hatten keine Kühlmöglichkeit.

Dann folgten die Gemeinschaftskühlhäuser, die man in den Ortskernen errichtete. Je nach finanziellen Möglichkeiten und Bedarf konnten die Leute ein ganzes Kühlfach, ½ Kühlfach oder nur ein ¼ Kühlfach mieten. Der Wirt war ein sehr geschäftstüchtiger Mensch, er nahm sich um den Schlüssel des Kühlhauses an. Jeder der sich etwas aus seinem Kühlfach holen wollte, hatte zuerst in das Gasthaus zu gehen, sich den Schlüssel zu besorgen und ihn nachher wieder zurückzubringen.

Die Bauernhöfe am Berg, wie es der Höhenberghof einer war, sahen in dem Kühlhaus wenig Vorteil für sich selbst. Die Wegstrecke in das Dorfzentrum, zu einer Zeit, wo es keine befestigten Straßen gab, war viel zu weit. Johanns Vater war der Technik gegenüber sehr skeptisch eingestellt, doch eine solche Kühlmöglichkeit würde zum ersten Mal die Möglichkeit bieten, dass Tiere auch im Sommer geschlachtet werden konnten oder dass nicht alle Früchte sofort eingekocht werden mussten. Die Vorteile überwogen eindeutig. So stellte er alle Zweifel in den Hintergrund und machte sich auf den Weg zum Händler, um sich eine geeignete Kühltruhe für den Hof auszusuchen. Eine 250-Liter-Benko-Kühltruhe kostete damals in den 50er-Jahren 13.800 Schilling – für diese Zeit ein Vermögen! Ein Traktor etwa war um 28.000 Schilling zu haben – eine Kühltruhe kostete die Hälfte eines Traktors!

Schweren Herzens schritt der Vater in den Stall und begutachtete seine Tiere, die gleichzeitig sein Kapital darstellten. Jeder händische Arbeitsschritt, der irgendwie vereinfacht werden konnte, bedeutete für alle Hofleute eine Erleichterung. Um so viel Geld aufbringen zu können, verkaufte er seine zwei besten Ochsen, stämmige, kräftige Tiere. Zum Abschied strich er ihnen mit seiner Hand noch einmal über die Schultern, schließlich hatte er sie aufgezogen. Mit dem Geld im Beutel ging er, um seine eigene Gefriertruhe für den Bauernhof zu kaufen.

„Wir waren der erste Hof im Dorf, der seine eigene Gefriertruhe hatte, und das obwohl mein Vater so gegen die technischen Veränderungen war!"

Die Fragnerleut

"Am Hof, wo die Poldi her ist (Johann Frühwalds Frau Leopoldine), hat sich mein bester Freund, der Paul, damals als Knecht ein Geld dazuverdient. Eisern sparte er jede verdiente Münze und erfüllte sich davon seinen Traum – eine Puch SGS. Um diese Maschine haben wir ihn alle beneidet!"

Johann Frühwald hatte das Privileg, jederzeit mit seinem besten Freund mitfahren zu dürfen. Nur gab es da eine Sache, warum er selbst gerne so ein Gefährt gehabt hätte. Wenn der Paul mit seiner Puch im Ort unterwegs war, zog er sofort die Blicke der Mädchen auf sich. Und es blieb nicht nur bei den Blicken, nein, sie wollten gleich aufsteigen und eine Runde mitfahren. Der Paul war immer schon ein kleiner Spitzbub und suchte sich natürlich zum Ärger der anderen die feschesten Mädels aus. Zudem sagte er ihnen, sie sollten ihre Arme fest um ihn schlingen, damit sie nicht hinunterfallen würden.

Johann Frühwald zählte damals 15 Lenze. Sehnsüchtig, mit großen, leuchtenden Augen stand er vor Pauls Maschine, diesem technischen Wunderwerk, betrachtete endlos jede Einzelheit und wünschte sich nichts sehnlicher, als sie selbst zu besitzen. Bisher hatte er noch keine Möglichkeit gehabt, Geld zu verdienen. Er half brav am elterlichen Hof und besuchte die Landwirtschaftliche Fachschule. Abend für Abend lag er zur Schlafenszeit wach im Bett und überlegte, was er machen könnte, um genug Geld für eine Puch SGS zu verdienen. Über die Sommermonate war er auf dem eigenen Hof unabkömmlich, gegen Herbst hatte er aber eine viel verheißende Idee.

In der Werkstatt richtete er sich einen Arbeitsplatz her und über die Wintermonate verbrachte er jede freie Minute damit, Körbe zu flechten. Statt einer Heizung trug er zahlreiche Schichten Gewand. Selbst das Licht war teuer, daher durfte nur eine Kerze brennen, gerade genug, dass er die Materialleine und die Flechtreihen ausnehmen konnte. Die Puch SGS vor Augen trotzte Johann tapfer jeglicher Kälte, jeglicher Dunkelheit und jeglicher Müdigkeit. Er wollte, dass die Körbe so schön und ordentlich geflochten waren, dass die Leute unbedingt seine kaufen würden.

Zu allem, was man im Leben tut, gehört auch ein Quäntchen Glück. Für Johann in Form von zwei stattlichen Handelsleuten, die abends allzu gerne ein Glas zu viel an Most tranken. Diese geschäftstüchtigen Herren mittleren Alters namens Hauf und Daurer trugen jeder einen „*Bucklkorb*" – einen großen Korb am Rücken – und einen Korb in jeder Hand, so war ihr Körper gewichtsmäßig gleichmäßig ausgelastet. In der Hoffnung auf wiederverkaufbare Produkte zogen die Herren von Hof zu Hof und fragten bei den Bauersleuten nach Eiern, Butter, Geselchtem, Speck, Schafkäse und anderen selbst hergestellten Waren. Im Preisverhandeln sehr geschickt, feilschten die Bauern und die Händler, manchmal etwas lautstark, einen für beide annehmbaren Preis aus, ehe die Köstlichkeiten sorgsam in den Körben der Händler verstaut wurden und diese zum nächsten Hof weiterzogen. Weil die Herren an die Tore klopften und fragten, ob die Hausleute etwas zu verkaufen hätten, wurden sie von der Bevölkerung umgangssprachlich einfach „*die Fragner*" genannt. Beide hatten einen großen Keller, der als Lagerraum genutzt wurde. Richtung Donau gab es schon größere Städte mit Industriebetrieben, dort verkauften die „*Fragner*" ihre gesammelte Ware zu einem beachtlichen Preis weiter.

So kamen sie auch regelmäßig zum Hof Höhenberg und klopften an die Haustür, um sich nach käuflichen Produkten zu erkundigen. Die Puch SGS im Hinterkopf, zeigte Johann ihnen seine sorgfältigen Korbflechtarbeiten. Die beiden Herren beschlossen, es zu probieren und handelten mit Johann einen Einkaufspreis aus. Das Geschäft florierte in den Städten derart, dass Johann Frühwald den ganzen Winter über dabeisaß, die Bestellungen abzuarbeiten. Und dann war es endlich so weit. Im Alter von 18 Jahren hatte er so viele Körbe geflochten, dass er sich den Traum seiner schlaflosen Nächte erfüllen konnte. Stolz nahm er sein ganzes Geld, ging damit zum Händler und sah eine Puch SGS in tiefstem Schwarz, die Minuten später sein ganzer Stolz wurde.

„*Da hab ich mir gedacht, jetzt fahren die Mädchen auch mit mir mit!*"

Der nächtliche Besuch

Bedächtig erhebt sich Johann Frühwald aus dem massiven Holzstuhl und geht nach dem langen Sitzen während des Erzählens ein paar Schritte im Zimmer auf und ab. *„Weißt, für mich ist das sehr traurig, es sind im Ort nur mehr ein paar Leute, welche die alten Geschichten unserer Heimat kennen und zum Teil auch selbst miterlebt haben. Die Jugend interessiert sich nicht dafür. Wenn sie das Alter haben, dass sie nachfragen möchten, dann gibt es uns nicht mehr. Dann können wir nichts mehr erzählen. Es sind schon sehr viele meiner Alterskollegen verstorben. Es gibt im Dorf eine Frau, die hat auch sehr viel erlebt. Da fällt mir eine lustige Geschichte von ihren Vorfahren ein!"*

Die Frau stammte auch von einem Bauernhof. Die ehemaligen Besitzer des Hofes sind kinderlos geblieben. Eine gewisse Zeit hofft man ja, dass es mit dem Kinderkriegen doch noch klappt, doch dann beginnt die biologische Uhr zu ticken und irgendwann findet man sich mit dem Umstand ab. Heute gibt es Pflegepersonal, betreutes Wohnen oder Altersheime. Damals kümmerten sich die eigenen Kinder als Dank um die Eltern. Bei diesem kinderlosen Ehepaar kam das Problem der Arbeit in der Landwirtschaft hinzu. Langsam konnten sie die viele händische Arbeit nicht mehr bewältigen, so suchten sie einen würdigen Nachfolger, der die Aufgabe eines leiblichen Kindes übernehmen und dafür die beachtliche Erbschaft erhalten würde.

So eine *„Stelle"* als Hoferbe galt in der damaligen Zeit als attraktives Angebot. Schnell meldeten sich die ersten Anwärter. Für die beiden Bauersleute eine riskante Angelegenheit. Was wäre, wenn der Nachfolger einfach den Besitz nehmen oder verkaufen und sich nicht um sie kümmern würde? Sie musterten die Bewerber von Kopf bis Fuß und suchten die drei kräftigsten Männer heraus. Diese glücklichen Burschen durften eine Probezeit absolvieren, ehe sich das Ehepaar für einen der drei entscheiden wollte. Doch in ihren Augen taugten alle drei Burschen nicht viel. Der eine arbeitete ihnen zu wenig, der andere hatte ein zu loses Mundwerk und der dritte stand zu spät auf.

Da kam zufällig ein junger Mann vorbei, der sein Auskommen bei der sogenannten *„Drescherwirtin"* in Brettl bei Gaming gefunden hatte.

Dieser war kräftig gebaut, das Arbeiten gewohnt und die Hausleute gewannen ihn binnen kürzester Zeit lieb wie ihren eigenen Sohn. Der Bursche brach sofort die Schule im Dorf ab und zog auf den Bauernhof, um sich voll und ganz seinem Erbe widmen zu können. Es war ein beachtlich großer Hof und der Bauer hatte eine Vorliebe für Fleisch. Seine Frau musste immer darauf schauen, dass genug Speck vorrätig war. Der junge Mann erhielt vom ersten Tag an seine eigene Schlafkammer.

Als er bereits drei oder vier Wochen auf dem Hof lebte, schlief er eines Nachts nach einem arbeitsreichen Tag schon tief und fest. Schwere Schritte, die auf der hölzernen Stiege knarrten, ließen ihn blitzartig hochschrecken. Es war kurz vor Mitternacht. Langsam näherten sich die Schritte auf der Bodenstiege immer weiter in Richtung seiner Schlafkammer. Mit pochendem Herzen stieg er so leise wie möglich aus seinem Bett, ging zur Tür und spähte vorsichtig hinaus. Der Bauer stapfte mit einem großen Fleischermesser die Stufen zielgerichtet zu seiner Kammer herauf. Hatte er sich in den Bauersleuten doch getäuscht? Wollten sie ihn gar loswerden? In seinem Schlafgemach war nur ein kleines Fenster, zum Flüchten zu schmal. Der Erbanwärter war von kräftiger, großer Statur. Er riss seine Schlafzimmertür in einem Zug auf, sodass der Bauer vor Schreck zusammenfuhr. In barschem Ton fragte er den Bauern unerschrocken, was er denn vorhabe. Dieser brauchte ein paar Minuten, ehe er durch den Schock zur Antwort fähig war. Hatte er doch bisher mit seiner Frau alleine am Hof gelebt, die von seinen nächtlichen Ausflügen nichts mitbekam. Und jetzt stand hier ein kräftiger junger Mann vor ihm und sprach im Befehlston, das war ihm zu dieser späten Stunde fast zu viel.

Ein paar Stufen oberhalb des Schlafgemaches des Burschen gab es noch eine Tür, da war die Selchkammer untergebracht. Der Bauer liebte das geselchte Fleisch über alles. Unter der Woche konnte er es ja jederzeit essen, doch es war Donnerstag kurz vor Mitternacht. Der Freitag ist für Katholiken ein strenger Fasttag, an dem kein Fleisch gegessen werden durfte. So schlich er seit Jahrzehnten unbemerkt jeden Donnerstag kurz vor Mitternacht zur Selchkammer und aß genüsslich etwas vom Fleisch.

In dieser kameradschaftlichen Nacht entdeckten sodann beide eine gemeinsame Leidenschaft: Sie saßen gemeinsam vor der Selch und aßen von dem Fleisch. Dieser Brauch des „*Vorfahrers*", so nannte der junge Mann den Bauern, und die örtliche Nähe seiner Schlafkammer zum Selchraum gefielen ihm derart, dass er sich gleich am nächsten Tag ein Fleischmesser aus der Küche holte und in seinem Zimmer platzierte. Jeden Donnerstag kurz vor Mitternacht trafen sich die beiden Männer des Hauses vor der Selchkammer.

Der Hof voller Schnee

Einstürzende Dächer aufgrund von Schneelast waren früher eher die Seltenheit. Die Dachkonstruktionen wurden steiler gebaut, als es heute üblich ist. Die Häuser waren aber auch durchwegs schmäler, woraus sich von Haus aus ein steileres Dachgefälle ergab. Bei einem Föhneinbruch, einem Warmlufteinfall oder einer Regenphase standen die Menschen vor ganz anderen Herausforderungen.

Heute nehmen wir eine Schneeschaufel, einen kleinen Traktor oder im Bedarfsfall einen größeren zum Schneeräumen. So lange haben wir diese Gerätschaften noch gar nicht zur Verfügung. Unsere heutigen Gebäude sind auf das Genaueste abgedichtet, wir haben viele Heizmöglichkeiten, daher können wir uns auch schöne große Fenster gönnen.

Vor 50 Jahren gab es keine dichten Mauerwerke, die Heizung beschränkte sich auf den Küchenofen. Infolgedessen stattete man die Häuser mit möglichst kleinen Fensterluken aus, damit die wenige Wärme nicht auch noch durch das Fenster entweichen konnte. In den alten Vierkanthöfen sammelte sich über die Wintermonate der Mist aus den Stallungen im Innenhof, ehe ihn der Bauer im Frühling auf die Felder brachte. Ende Februar bis in den März hinein sammelte sich so im ohnehin kleinräumigen Innenhof eine beachtliche Menge Mist an. Fielen nun größere Schneemengen, rückten die Männer des Bauernhofes mit ihren Schaufeln aus. Der Schnee wurde in einen großen, „*geflochtenen*" Korb geschaufelt, der an die 1,5 Meter Durchmesser hatte, mit dem Holzschlitten aus dem Innenhof gefahren und den Abhang hinuntergekippt.

Die Körbe des Höhenberghofs fertigte noch der letzte *„Zoalmocher"*, Korbflechter, in Reinsberg, von dem auch Johann Frühwald das Handwerk erlernte. Mit diesen *„Gerätschaften"* hielten die Leute den Hof von den gewaltigen Schneemengen frei. Der Misthaufen füllte fast den ganzen Innenhofbereich aus, das Schneeräumen geschah auf engsten Raum. Nach dem Schneeschaufeln bildete sich rasch eine Eisschicht, auf denen die Holzschuhe besser entlangglitten, als es Eislaufschuhe je hätten können. Der Schnee konnte auch nicht liegen gelassen werden, weil der Weg zum Futter für die Tiere und den Stallungen frei zugänglich sein musste. Auch zur Wohnstube musste ein Zugang vorhanden sein. Trug es sich dann noch zu, dass sich der Winter schneereich zeigte und ein Warmlufteinbruch über die Gegend zog, dann lösten sich von allen vier Hofseiten die Schneemengen unter tosendem Grollen und donnerten in den Innenhof. Beinahe zeitgleich mit dem markdurchdringenden Getöse verdunkelten sich die Räume. Den Luftdruck, den diese gewaltigen, in Bewegung befindlichen Schneemassen auslösten, drückte es durch die undichten Hausmauern bis in die Stube. Bei den Menschen förderte die hautnahe Erfahrung, welche gewaltigen Kräfte in den Schneemassen wirkten, ihre respektvolle Haltung gegenüber der Natur.

Sobald die Dachlawine in den Innenhof stürzte, verdeckten die Schneemassen die Fensterluken und in den Räumen kehrte augenblicklich tiefste Dunkelheit ein. Die Bäuerin beruhigte die erschrockenen Kinder in der Stube, während die Männer ihre Körbe und den Schlitten holten und mit den Aufräumarbeiten begannen. Zuerst mussten die Fenster und die Stallungen von den Schneemassen befreit werden. So klein der Innenhof auch war, nach einer Dachlawine dauerten die Säuberung mit den geflochtenen Körben und das Entfernen des Schnees mit dem Schlitten bis zu einem halben Tag.

„Der Hof ist regelrecht übergangenen, so viel Schnee befand sich plötzlich hier!"

Handwerk

Waschel und Reiber machen

Der „*Waschl*", auch „*Waschlüln*" genannt, diese Abwasch- und Reinigungshilfe war früher als Haushaltshilfe unverzichtbar. Ist sie heute aus Draht gefertigt, verwendete man früher die Rinde der Waldrebe. So ein Waschl war beim Reinigen griffiger als ein Tuch, bei den Holzöfen brannte sich das Essen manchmal ordentlich in den Topf hinein, besonders bei den vielen Speisen mit Mehl- und Wassergemischen.

Und dann gab es hier noch den etwas festeren „*Reiber*", welcher vor allem zum Ausreiben der Holz- und Steinböden und zum Wäschewaschen verwendet wurde.

Beides, sowohl den „*Waschl*" als auch den „*Reiber*", fertigte man aus der Waldrebe. Sie ist ein Naturstoff, der immer wieder nachwächst. War der Waschl nach drei bis vier Wochen verbraucht, der „*Reiber*" durch das Putzen abgerieben, landeten sie im Herdfeuer. Die Waldrebe ist bei Land- und Forstwirten gar nicht so gerne gesehen, weil sie bei Bäumen und Sträucher auf Kuschelkurs geht, sie als Rankhilfe gebraucht und somit ihren Wuchs beeinträchtigt. So lieferte sie das perfekte Ausgangsmaterial für die alten Reinigungshilfen.

Die beste Zeit für das Ernten, auch „*Abziehen*", der Waldreben war um den St.-Anna-Tag, den 26. Juli. Dann ist die Pflanze in ihrem Saft und lässt sich gut binden und verarbeiten. Ist nicht genug Saft in der Pflanze, dann bricht sie beim anschließenden Verarbeitungsprozess.

Das Waschelmachen

Die Waldrebe schneidet man in ca. 1 Meter lange Stücke. Hierzu können auch dickere Pflanzen mit bis zu 4 cm Durchmesser verwendet werden. Man nimmt einen Hammer und legt die Waldrebe auf einen Amboss oder einfach eine Holzunterlage und schlägt so lange auf die Pflanzenteile, bis sich die Rinde vom hölzernen Stamm löst. Dann zieht man mit der Hand entlang der Waldrebenstränge und schiebt die Rinde einfach herunter. Nun nimmt man ein Stück geschälter

Waldrebe und formt daraus einen Ring von ca. 6–8 cm Durchmesser. Dieser Ring wird jetzt so lange mit den anderen geschälten Waldrebensträngen umflochten, bis keiner mehr durch das Loch passt. Dann wird der „Waschl" mit dem Hammer flach geklopft und fertig ist der Küchenhelfer aus Omas Zeiten, der beim Putzen der Töpfe so gut in der Hand liegt.

Damit der neue „Waschl" etwas von seiner Steife verlor, gab man ihn ganz kurz in kochendes Wasser. Dann wurden sie zu Ringen von ein oder zwei Dutzend Stück zusammengebunden. Das war auch die übliche Handelsform. Auf manchen Höfen machte man die Waschl selber, doch zumeist fertigten Kleinhäusler oder Bettelleute sie an und verkauften sie bundweise als kleine Verdienstquelle oder als Bezahlung für Kost und Quartier.

In der Anwendung, beim Reinigen der Töpfe, speichert dieser Waldreben-Waschl beachtlich viel Wasser. Bei den alten Öfen konnte er nach dem Abwaschen, irgendwo am Rand hingelegt, gut trocknen. Die heutigen Heizungen ermöglichen das nicht mehr und mit „Lufttrocknung" braucht er sehr lange, bis er wirklich nicht mehr feucht ist. Hält man so einen Waschl nach dem Abwasch, frisch mit Wasser vollgesogen, in der Hand, versteht oder besser fühlt man die Bedeutung des alten Ausdrucks „waschelnass" viel besser!

Das Reibermachen

Für den Reiber sollten die Waldreben nicht mehr als 1 cm Durchmesser haben. Man schneidet sie in 3–4 Meter lange Stücke. Hier bleibt die Rinde auf der Waldrebe, man streift mit der Hand nur die „losen" Rindenstücke herunter, indem man den Waldrebenstrang einmal durch die Faust zieht. Mit einem dünnen Waldrebenstück formt man einen ovalen Ring, der einen Durchmesser von 8–10 cm haben soll, und verflicht die Enden. Dann nimmt man eine 3–4 Meter lange Waldrebe und umwickelt den Ring in einer Achterform. Der Ring ist sehr schnell ausgefüllt, das Ende verflicht man und fertig ist das gute Stück. Man nannte ihn „Riwa" oder auch „Reiber", da er zum „Ausreiben", zum „Schrubben" der Böden und der Wäsche verwendet wurde. Die neuen Reiber setzte man für die Weiß- und Sonntagswäsche ein, da die Waldrebe frisch noch eine bleichende Wirkung in ihrem Saft hatte. Die Wäsche wurde anschließend in der Sonne getrocknet, auch die Sonne hellte sie auf, so wurde sie auch in einer Zeit ohne Chemie wieder schön weiß.

Da beim Reiber die Rinde oben bleibt, ist er von deutlich festerer Konsistenz als die Waschl, die ja für die Töpfe nicht so widerstandsfähig, jedoch biegsam sein mussten.

Besenbinden

Auf jedem Hof beherrschte früher jemand das Handwerk des Besenbinders. Diese waren eine unbedingte Notwendigkeit im Haushalt, um den Boden sauber und in Ordnung zu halten.

Im bäuerlichen Alltag reichte das Einsatzgebiet vom Stall über die Scheune mit der Tenne, den Getreidekasten, den Hof, das Wohnhaus, die Stube, die Küche bis zu den Schlafräumen. An die 30 Besen wurden jährlich am Höhenberger-Hof verbraucht. Bei den Erwachsenen hielt so ein Besen etwas länger, die gingen achtsamer damit um als die Kinder, denen zumeist das Kehren aufgetragen wurde.

Die Materialien für die handgemachten Besen stellte allein die Natur zur Verfügung. Zu Verwendung kamen vorwiegend Birkenreisig, Weidenruten und ganz speziell für den *„Wisch"*, den kleinen Besen zum Ofenauskehren, auch Tannenreisig, das umgangssprachlich einfach mit *„Gras"* bezeichnet wurde. Nach dem Laubfall im Spätherbst hat man das Birkenreisig geschnitten oder fallweise gleich eine ganze Birke für den Winter eingelagert.

Ebenso tat man mit den Weiden, auch sie holte der Besenbinder bereits im Spätherbst. Dabei achtete er möglichst darauf, Äste von geradem Wuchs zu verwenden. Das Tannenreisig musste noch frisch und grün sein, damit es beim Auskehren der Glut aus dem Backofen nicht so leicht zu brennen begann. Um auf Nummer Sicher zu gehen und nach dem Ofenkehren nicht einen brennenden Glutball in Händen zu halten, weichte man den Tannenbesen vorab sicherheitshalber noch in Wasser ein.

Das Besenbinden, wie es auf Mostviertlerisch heißt, war die Arbeit für die kalten, schneereichen Wintermonate. Einst perfektionierte

Johanns Onkel Lois die Technik und gab sein gesammeltes Wissen an ihn weiter. *„Diese Arbeit kann ich auch im Alter noch gut erledigen und vor allem mache ich sie gerne!"* Das Binden beginnt mit dem Schneiden des Birkenreisigs und der Weidenruten auf zwei verschiedene Längen, was später einen kleinen und einen größeren Besen ergibt. Der Rohstoff wird so besser genutzt.

Als Nächstes macht man aus den einzelnen Zweigen drei Büschel, so groß, dass jedes einzelne in eine Männerhand passt. Mit einer Schnur oder einer dünnen Weidenrute bindet man das Büschel fest zusammen.

Jede Region hat ihre eigenen Macharten. Im Mostviertel besteht der Besen aus drei solchen männerhandgroßen, zusammengebundenen Büscheln. Auch sie werden durch eine gedrehte Weidenrute oder eine starke Schnur ganz fest zusammengebunden, und zwar mit der Schnur in *„Achterschlingen"*. Dann verdreht man sie ineinander, das nennt man den großen Bund. An der Schnittstelle werden alle drei Bündel auf eines zusammengebunden, das nennt man den *„kleinen Bund"*. Nun öffnet sich der Besen fächerförmig und fertig ist das Kehrgerät.

Nur der Stiel fehlt noch. Dieser kann aus Haselholz, Esche oder auch dünnem Fichten-Wipfelholz gemacht werden. Der zukünftige Besenstiel hat einen Durchmesser von 2,5 bis 3 cm und eine Länge von 1,30 m. Ein Ende wird zugespitzt. Beim kleinen Bund wird die Spitze des Holzstiels mit einem Hammer eingeschlagen und fertig ist der ganze Besen.

War ein Besen stumpf, verbrannte man den Unterteil und den Stiel schlug man einfach wieder in den nächsten Besen ein. Daher verzierte man am Hof Höhenberg die Besenstiele immer schön oder beschriftete sie. *„Gilt doch der Besen auch als Statussymbol am Hof und als nachdrückliches Machtinstrument der Hausfrau, wenn es galt, die Männlichkeit in die Schranken zu weisen."*

Heute hat auch in den Bauernhöfen der Staubsauger die Tradition der Besen abgelöst. Jenes alte Stück ziert zumeist nur mehr die Wände. Bloß sein Spruch am Stiel erinnert den Hausherrn noch daran, dass es ratsam ist, nicht zu spät vom Wirtshaus nach Hause zu kommen.

Die Besensprüche vom Hechabergerhof:

„*Die alte Weisheit stimmen tut,
neue Besen kehren gut.*"

„*Der lieben Hausfrau ganzer Stolz,
der Besen und das Nudelholz.*"

„*Besen und Nudelholz, o wie fein,
da brauch ich keinen Waffenschein.*"

„*Der Sepp, der sitzt im Wirtshaus fein,
zu später Stunde kehrt er heim
und seine Frau, die tut sich rächen,
lässt Nudelholz und Besen sprechen.*"

„*Bier war gut und Wein war gut,
schnell war vergessen, wie Birkenreisig auf der Haut brennen tut.*"

Korbflechten

Das Anfertigen von Gebinden und Behältnissen aus den verschiedensten pflanzlichen Materialien ist wohl eine der ältesten handwerklichen Tätigkeiten in der Menschheitsgeschichte.

Schon die Wind- und Wetterschutzwände der Steinzeitmenschen waren aus geflochtenen Ästen und „*Gestrüpp*". Selbst manche Befestigungsanlagen in den früheren Jahrtausenden waren aus verflochtenem Buschwerk und Dornengestrüpp gefertigt.

Das Flechten und Geflochtenes hat die Menschheit seit jeher begleitet. „*Für mich ist vor allem die Faszination des Flechtens, dass durch diesen Vorgang Behältnisse, die aus einfachen Materialien bestehen, an Stabilität und Festigkeit gewinnen und so selbst jahrzehntelanger Belastung standhalten*", erzählt Johann Frühwald begeistert. Man merkt seine Liebe und Leidenschaft für diese Tätigkeit am Leuchten seiner Augen, wenn er vom Korbflechten erzählt.

Es gibt eine Vielzahl von Bäumen, Sträuchern, Getreidearten und Gräsern, die hierzu traditionell Verwendung fanden. Die jeweils benutzten Naturstoffe zum Flechten hingen stark von den Pflanzenarten ab, die in größeren Mengen örtlich vorkamen und leicht erreichbar waren. Als Favoriten kristallisierten sich auf jeden Fall die verschiedensten Weidenarten heraus. Die Flechtkunstartikel reichen von Körben zur Obsternte bis hin zu exklusiven Korbmöbeln. Die Größe der geflochtenen Behältnisse erstreckt sich vom kleinen Nähkörbchen für Nadel und Zwirn bis zur *„Kohl-Krippe"*, die ein Maß von 4 x 2 Meter hatte und zum Transport von Holzkohle vom Kohlenmeiler bis zur Schmiede verwendet wurde.

So wie das Besenbinden war auch das Korbflechten eine Winterarbeit. Wenn draußen der Schnee lag und die Kälte durch die Mauerwände kroch, dann war die richtige Zeit zum *„Körbeln"*, zum Korbflechten. Die kleinen Stallfenster waren fast zugeweht, die wenige Glasfläche, die noch frei war, bedeckten kunstvolle Eisblumen. Das Wiederkauen der Tiere, das Scheppern der Kette, wenn sie aufstanden, strahlte eine tiefe innere Zufriedenheit aus. Das Korbflechten hatte Johann Frühwald von seinem Onkel Lois gelernt, später schickte ihn sein Vater mit 15 Jahren zum Auer Sepp, der in einem kleinen Häuschen in der Dorfstraße Richtung Buchberg wohnte. Der war ein hauptberuflicher Korbflechter und lernte Johann vor allem viel über die Rohmaterialien und die Tricks, damit die Körbe schön gleichmäßig wurden. Die abfallenden Späne und Holzreste verwendete Herrn Auers Frau zum Kochen und Heizen, das Flechten an sich fand bei Kerzenschein statt.

Im Mostviertel verwendete man vor allem die Esche und den Haselstrauch. Bei Schönwetter ging man in die Natur und holte schön gleich gewachsenes Eschenholz für das spätere Gerippe und 3- bis 5-jährige Haselstangen für die *„Schosse"*, das Flechtwerk.

Im Keller lagerte man es bis zur Verwendung über den Mostfässern, damit es feucht und biegsam blieb. Beim Verarbeiten mussten die Rohstoffe unbedingt genügend Feuchtigkeit haben, sonst waren sie nicht biegsam.

Die groben Arbeiten wie das Spalten oder *„Mühlen"* der Schienen – hier wird mit einem großen Schlägel auf das Eschenholz geschlagen, damit es sich in die einzelnen Jahresringe aufteilt – wurden im Stall gemacht. Auch das Abziehen der Rinde der 3–5-jährigen Haselstangen, die man als *„Zoalinge"*, als Flechtwerk für die Körbe benötigte, wurde im Stall gemacht. Das Flechten und Anfertigen der Korbwaren spielte sich dann in der Stube ab.

Beim Korbflechten werden alle Teile einzeln gefertigt: die Schienen, die Aufbauwände für das Geflecht, die Griffe und die Abschlussleisten. Erst im Laufe des Flechtens wurden alle Teile eingeflochten und zusammengefügt.

Zuerst überlegt man sich, welche Form der Korb haben soll, wenn er fertig ist. Wofür braucht man den Korb, wie möchte man ihn verwenden? Soll es ein größerer Korb sein oder reicht ein kleinerer?

Für einen Korb, ein „Zoa", mittlerer Größe schneidet man zuerst eine Bodenplatte mit den Maßen 22 x 36 cm zu. Aus Eschenholz fertigt man ca. 33 Stück von 2 cm breiten Stäben als Gerippe. Es muss auf jeden Fall eine ungerade Zahl sein, sonst klappt das durchgängige Flechten nicht. Das gesamte Holz muss beim Flechten nass sein. Ist es getrocknet, weicht man es ein paar Tage vorher in Wasser ein, damit es schön biegsam ist. Die Haselstangen werden am stärkeren Ende eingeschnitten und über das Knie gebogen. Dadurch lösen sich schichtweise die Jahreszuwachsringe ab, die mit einem scharfen Messer geputzt werden. Diese aus dem *„Über das Knie Biegen/Brechen"* resultierenden Jahreszuwachsringe bezeichnet man umgangssprachlichen als „Zoalinge". Daraus entsteht das zukünftige Flechtwerk.

Korbflechten: Ein biegsames, stärkeres Eschenholzstück von ca. 2 cm Breite und 4 mm Dicke biegt man zu einem ovalen Kreis – dies wird der Tragegriff. Ihn nagelt man nun an das Bodenbrett. Die vorbereiteten 2 cm breiten Eschenholzstäbe werden in gleichmäßigen Abständen ebenfalls auf das Bodenbrett genagelt. Um dieses Eschenholzgerippe herum flicht man die „Zoalinge", bis das Eschenholzgerippe von „Zoalingen" umflochten ist. Als Abschlussleiste bindet man einen Haselnusszweig an das Ende des Geflochtenen. Wenn man möchte, kann man darüber einen zweiten Zweig nageln oder sie mit einem dünnen Zweig umwickeln, damit man den Draht nicht sieht und beim Tragen die Kleidung nicht beschädigt werden kann. Für besondere Körbe wurde im Mostviertel ein kunstvoller Abschluss, der sogenannte *„Jederder"*-Zopf geflochten. Es erforderte damals ein großes handwerkliches Geschick, ohne technische Hilfsmittel einen schönen Korb zu flechten.

Der älteste Korb, der am Hof noch im Einsatz ist, stammt aus dem Jahre 1913 und wurde von Johanns Großvater selbst gemacht!

Bürstenmachen

Bürsten wurden einst aus Sauborsten produziert, später erhielt man Reisbürsten zu kaufen. Durch die Importsperre während des Krieges in Mitteleuropa gab es kein Reisstroh mehr und in weiterer Folge auch keine Reisstrohbürsten. Ein findiger Kopf in Reinsberg kam auf die Idee, die Bürsten einfach aus Fichtenästen zu machen. Daraus produzierte er Borsten und leimte sie auf Holzbretter. Das Geschäft verlief so erfolgreich, dass er in seinen Glanzzeiten 13 Leute beschäftigen konnte. Nach dem Krieg jedoch, als das Reisstroh wieder nach Europa kam, brach sein Geschäft zusammen.

Johann wollte seiner Leopoldine als junger Bursche ein besonderes Weihnachtsgeschenk überreichen, um ihr Herz zu gewinnen. In vielen Stunden Arbeit fertigte er ihr aus Sauborsten eine Bürste an. Ob es die Bürste war, die Leopoldines Herz eroberte, oder sein Charme – darauf reagiert sie nur mit einem liebevollen Schmunzeln.

Für eine Bürste bereitet man ein längliches Holzstück aus Buchenholz von 14 x 6 cm Größe und 2 cm Dicke vor. In gleichmäßigen Abständen bohrt man dünne Löcher mit 3 mm Durchmesser, die man ganz durchbohrt und in diese hinein ein dickeres mit 4 mm Durchmesser, das nur zur Hälfte gebohrt wird. Früher nahm man entweder Pferdehaare oder Schweinerückenborsten für die Bürste. Hierzu wurde das Schwein beim Schlachten mit dem Rücken nach oben in einen Trog gelegt, mit Asche bestreut und diese fest in die Schweinehaut eingerieben. Nach einer kurzen Einwirkzeit nahm man ein Büschel und zog ordentlich daran an. Büschel für Büschel wurde ausgerissen und zur Seite gelegt.

Entweder man verkaufte diese an sogenannte Bürsten- und Bartmacher oder man fertigte die Bürste selber. Mit einem Spagat fädelte man durch das vorgebohrte Loch im Brett ein Büschel Schweine- oder Pferdehaare und zog sie durch. Fädelte in das nächste Loch und zog das nächste Büschel Haare durch, der Spagat blieb dabei auf dem Brett der Bürste beständig oben, er hielt die Haarbüschel im Brett fest. Wer nicht möchte, dass man den Spagat auf der Rückseite des Brettes sieht, der nagelt einfach ein zweites Holzbrett über das Bürstenholzbrett und es ergibt sich ein schöner Abschluss.

Leopoldine und Tochter Christa schmücken den Palmbuschen, während die Männer die Buschen binden.

Johann beim Zuputzen der Weidenzweige für den Palmbuschen.

August und Johann jun. finden beim Hühnereinhagern Ostereier.

Die Löffel bleiben in der Sampermilch über Nacht stecken.

Seit Generationen wird am Hofe Frühwald mit diesem Räuchertopf in der Weihnachtszeit geräuchert.

Alle helfen beim Dreschen zusammen.

Die Leute von Hochschlag: Christine Daurer, Plank Paul, Josef Daurer, Johann Frühwald und Theresia Heigl.

Die alte Göppelhütte.

Winter auf dem Hof Höhenberg.

Der kleine Johann jun. zieht seinen Leiterwagen.

Bauholzarbeiten mit einfachen Mitteln.

Lois-Onkel beim Korbflechten.

Johann Frühwald beim Besenbinden.

Der Korb, den Johanns Großvater im Jahre 1913 aus einfachen Materialien flocht, ist am Hof Höhenberg noch immer in Verwendung.

Leopoldine Frühwald mit der Bürste, welche ihr Johann vor der Hochzeit zu Weihnachten schenkte.

Johann Frühwald beim Bearbeiten des Randes.

Der Waschl wurde zum Putzen der Töpfe verwendet.

„Frohe Weihnachten 1967" – Johanns Geschenk an seine zukünftige Frau Leopoldine.

Die fertige Bürste.

Der Waschel zum Geschirreinigen neben dem „Reiber", der auch zum Schrubben der Böden und Kleidung verwendet wurde.

Der Korb ist fertig.

Bleiben alle Tiere auf der Alm während der Sommermonate gesund und kommen gut zurück, dann wird die Leitkuh beim Almabtrieb mit einem bunten Kranz geschmückt.

Johann jun.
auf der Kräuterin
bei der Nachschau nach
den Herden.

Johann und Leopoldine Frühwald mit Herrn und Frau Trimmel aus Schwarzach bei Nürnberg, Nachfahren der Exulanten.

Johann jun. und Johann sen. besitzen mit Stolz einen Traktor.

Johann beim Aussäen des Getreides.

Leopoldine mit Tochter Christa und Sohn Johann.

Schulbücher und Schultasche von Johann aus dem Jahre 1949/50.

Die Bergler-Buben.

Die Glockenweihe in Reinsberg.

Die reichlich geschmückte Glocke, bevor sie an ihren Bestimmungsort kam.

Enkelkinder der Frühwalds.

Die Mutter zeigt dem kleinen Johann die Mostobstbäume.

Zweijähriger Johann mit seinen Eltern auf der Hausbank.

Leopoldine mit ihren Schwestern Monika und Theresia und ihrer Mutter.

Leopoldine mit ihren Brüdern August und Peter.

Foto aus dem Jahre 1953. Johann Frühwald mit seinen Eltern und seiner Schwester.

Einjähriger Johann
mit seinem stolzen Vater.

Johann als zehnjähriger Ministrant
beim Ernteumzug.

Maria Frühwald, Johanns Mutter, in jungen Jahren.

Großmutter von Johann mütterlicherseits

Großvater von Johann väterlicherseits

Foto aus dem Jahre 1919. Urgroßmutter von Johann mit dem typischen schwarzseidenen Kopftuch.

Leopoldines Großeltern Theresia und Anton
Eßletzbichler im Jahre 1918.

Leopoldines Eltern Theresia und Peter Prüller

Johanns Vater und Franzl Bayr mit dem Ochsengespann.

Johann jun. am alten Küchenherd aus dem Jahre
1877, er wurde bis 1979 verwendet.

Johann und Leopoldine beim Mostritterschlag.

Der Hof Höhenberg erzählt seine Geschichte

Um des Glaubens willen vertrieben

Es trug sich an einem bewölkten Sonntag zu. Johann Frühwald, der heutige Alt-Bauer des Höhenberghofes, war mit seinem Vater so wie jeden Sonntag im Dorf unten beim Kirchenbesuch. Im Anschluss an den Gottesdienst ging es zum Neuigkeiten-Austausch in das Dorfgasthaus. Kurze Zeit nach ihnen betraten zwei von der Reise sichtlich müde, fremde Männer den Gasthof. Hagere Gestalten, deren Kleidung auf einen bereits längeren Weg schließen ließ und die doch eine gutmütige Gesichtsmimik zeigten. Zielgerichtet schritten die beiden Unbekannten auf den Wirten zu und erkundigten sich nach dem Weg zum Hof *„Angelsöd"*. *„Nau"*, sprach der Wirt langsam und gemächlich, *„da geht ihr dort zum Sonntags-Stammtisch hinüber und fragt nach dem Höhenberg-Vater. Mit dem geht ihr mit, weil der den gleichen Weg wie ihr hat."*

Die Männer taten, wie der Wirt ihnen geheißen. Sogleich machten sich alle vier auf den Weg. Viele Worte waren nicht ihre gemeinsame Stärke, so legten die Männer die Wegstrecke bergauf über die Wiesen und das lang gezogene Laubwaldstück zügig zurück und nutzten die Körperkraft eher für die Bewegung als für die Kommunikation. Kurz nach dem Waldstück führte der mit hohem Gras und den buntesten Blumen bewachsene Weg rechts hinein zum besagten Angelsödhof.

Der Höhenberg-Vater klopfte als Hofnachbar an die Eingangstür, die gleich Hausherr Johann Gassner mit einem freundlichen, jedoch erstaunten Gesichtsausdruck öffnete. Gastfreundlich bat er die vier Männer in seine Stube. Eine wunderschöne Holzdecke aus den 1670er-Jahren ziert diese und versetzt jeden Gast in Staunen. Am Rüstbaum der Decke sind die Initialen *„MK"* eingeschnitzt. Keiner, selbst der Herr Pfarrer und die ältesten Bewohner im Dorf, wussten nicht, welcher Name, welche Bedeutung, welche Geschichte hinter diesen Buchstaben standen. Wenn die Nachbarn nach den Arbeiten oder Festlichkeiten in der Stube bei einem Glas Most beisammensaßen, rätselten sie oft über die Hintergründe jener Initiale, was sie bedeuten oder wen sie benennen könnte.

Nun kamen diese beiden weitgereisten Fremden, ein freundlich und aufgeschlossen wirkender Mann und sein sehr in sich gekehrter, schweigender Begleiter. Als der Kleinere der beiden Männer die Stube betrat und sein umherschweifender Blick die beiden Buchstaben am Rüstbaum erblickte, begann er zuerst mit den Händen zu zittern, sank zu Boden, umschloss mit den Armen seinen Kopf und brach für alle Beteiligten unverständlicherweise in Freudentränen aus.

Hatte er doch so viele Jahre auf diese Antwort gewartet, nach diesen Zeichen gesucht! Welch erhebender Augenblick!

Das Geschichtsbuch der Gemeinde Reinsberg öffnete sich durch jenen unbekannten Fremden und fügte einen lang gesuchten, verloren geglaubten Puzzelstein ein, doch alles der Reihe nach ...

Um die Zeit Karl des Großen bildeten Teile des heutigen Niederösterreich die sogenannte Awarenmark, die mit ihren Burgen und Befestigungsanlagen ein Bollwerk gegen die immer wieder einfallenden Reiterscharen der Hunnen und Awaren darstellte. Um in diesem bewaldeten Gebiet leben zu können, rodeten slawische und in späterer Folge bajuwarische Siedler jenes Alpenvorland. Im 11. Jahrhundert, als der Hof „*Angelsöd*" bereits ein aus Steinen gemauerter, befestigter Bauernhof war, befand sich am heutigen Standort des Hofes Höhenberg eine Holzknechthütte, die als Stützpunkt für die Rodungen diente. Es wird wohl einige Jahrhunderte mühsame Arbeit mit sich gebracht haben, bis an dieser Stelle ein Bauernhof entstanden war. Die Adelige „*Adelheid von Reinsberg*" gründete um 1291 die katholische „*Pfarre Reinsberg*" als eigenständige Pfarre.

Der Wandel zu der neuen Lehre des protestantischen Glaubens von Martin Luther erfolgte in diesem Ort zu Beginn des 16. Jahrhunderts. Viele Bewohner traten jenem neuen Glauben bei. Die erste urkundliche Erwähnung des Hofes „*Höhenberg*" als bewirtschafteter Bauernhof stammt aus dem Jahre 1613 (Quelle Pastor Cour). Bereits damals war eine Familie Frühwald auf diesem Hof ansässig gewesen!

Fast 100 Jahre blieb Reinsberg protestantisch, bis Anfang des 17. Jahrhunderts die Gegenreformation unter größtem Nachdruck und Härte durch das Kaiserhaus erfolgte. Der Katholizismus sollte wieder die dominierende Glaubensrichtung unter der Bevölkerung sein, nur wenige Menschen vermochten ihre evangelische Überzeugung im Geheimen fortzuführen. Den Leuten, die ihrem protestantischen Glauben treu bleiben wollten, blieb nichts anderes übrig, als ihrem Überleben zuliebe ihre wichtigsten Habseligkeiten zusammenzupacken und in aller Windeseile mit weinendem Herzen Hof und Heimat, ihr ganzes Lebenswerk und das ihrer Vorfahren zu verlassen.

Am Hof Höhenberg lebte damals ebenfalls ein Johann Frühwald mit seiner Familie. In einer Zeit, wo es noch keine Straßen gab, trieb es auch ihn, seine Familie und viele weitere Flüchtige die Donau entlang nach Deutschland, Richtung Regensburg bis Franken hinaus. Durch den 30-jährigen Krieg blieben einst ganze Landstriche in Deutschland verwüstet, geplündert, gebrandschatzt und fast entvölkert zurück. In der Fremde, in Franken, erfuhren sie eine herzliche Begrüßung. Die kriegsentvölkerten Landstriche bot man den Exulanten als neuen Lebensraum an. Allein in der kleinen Gemeinde Reinsberg wanderten von 19 Häusern rund 50 Personen nach Deutschland aus. Das Leben nahm seinen weiteren Verlauf. Während sich die Vertriebenen aller Altersklassen in Franken von Grund auf eine neue Existenz aufbauten, fanden sich für ihre Höfe in der alten Heimat neue Bewohner, welche die Felder bewirtschafteten und die Tiere versorgten.

Von nun an lebten die verschiedensten katholischen Familien am Hof Höhenberg. Manche verstarben jung, dann wurde der Hof weitergegeben oder er wurde verpachtet, bis das Schicksal eines Tages einen recht sonderbaren Verlauf nahm ...

Im Leben kommt alles zurück

Mittlerweile wüteten die Franzosenkriege, die gefürchteten Krieger zogen plündernd durch das Land und brannten alles nieder, was ihnen in den Weg kam. Gegen Ende der Napoleon-Ära verliebte sich die Tochter der damaligen Bewohner des Hofes Höhenberg unsterblich in einen Burschen aus der Nachbarortschaft Gresten vom *„Hause Bichl"*, namens Philipp Frühwald. Ein zurückgebliebener Spross der einst vertriebenen Familie Frühwald. Im August 1815, nach 200-jähriger Pause kehrte der Hof durch die Heirat der beiden an die namensgleichen Nachfahren der Familie Frühwald zurück.

Etwas über 40 Jahre später begrüßte die ländliche Bevölkerung Österreichs die Befreiung der Bauern. Von nun an war der Bauer nicht mehr Untertan der Burgherrschaft, musste auch nicht mehr Zins oder Zehent zahlen und auch keine Robot mehr leisten. Seiner Freiheit stand jedoch ein entsprechender finanzieller Freikauf gegenüber, den er sich erst einmal leisten können musste. Die Höfe samt dem Besitz wurden auf deren Wert geschätzt. Ein Drittel des Schätzwertes musste der Bauer an den Grundherrn bezahlen, ein Drittel finanzierte der Kaiser und ein Drittel hatte der Grundherr nachgelassen. *"Das hat massive Auswirkungen gehabt, alleine bei uns sind sieben oder acht Bauernhöfe dadurch verschwunden"*, erzählt Johann Frühwald weiter. Viele Bauern konnten sich den *"Freikauf"* nicht leisten, mussten Haus und Hof verlassen und versuchten sich als Knechte auf anderen Höfen. Oder sie hatten einfach zu wenig Geld, um das eigene Hab und Gut freizukaufen. Das Ersparte reichte aber für ein kleineres Stück Land irgendwo anders, wo die Familie wieder ganz neu anfangen musste. Wieder andere fing die erste Industrialisierungswelle auf, welche gleichzeitig einsetzte.

Ein gewisser Herr Andreas Töpper siedelte sich damals aus der Steiermark in Neubruck bei Scheibbs an und kaufte die dortige kleine Schmiede am Zusammenfluss von *"großer Erlauf"* und *"Jesnitzbach"*. Seine Geschäftstüchtigkeit und sein handwerkliches Geschick brachten ihm so viele Aufträge ein, dass er in Spitzenzeiten an die 800 Arbeiter beschäftigte. Bauern, die keine Arbeit als Knechte fanden und sich auch kein anderes Land leisten konnten, fing er mit seiner Schmiede auf und stellte sie gegen Entlohnung an. Seine Weitsicht und Menschlichkeit reichten so weit, dass er damals bereits eine Art Krankenversicherung einführte. Die Nachkommen des Philipp Frühwald entpuppten sich als geschickte und fleißige Landwirte, Josef Frühwald, der Großvater von Johann erweiterte schließlich den Hof, indem er den ein wenig unterhalb gelegenen Hof zukaufte, die Tannenschachengrub.

Die Heimkehr der Vertriebenen

Das Puzzelstück über das Schicksal der Vertriebenen begann der evangelische *„Pastor Cour"* ins Rollen zu bringen. Er war der Erste, der über ihre ursprüngliche Heimat nachzuforschen begann. Seither waren mehr als 300 Jahre vergangen, die Überlieferungen und Erzählungen der damals Vertriebenen über ihre einstige Zeit, ihr einstiges Leben wurden immer bruchstückhafter und ungenauer. Pastor Cour war es ein Herzensanliegen zu erfahren, wo die Leute wirklich her waren, wo ihre Höfe gewesen waren, woher sie eigentlich stammten.

Jahrelang durchstöberte er zahlreiche Archive, ehe er im Schloss Stiebar, dem einstigen Schloss der Grafen von Zinzendorf, Aufzeichnungen fand, die bis in das 14. Jahrhundert zurückreichten. Durch die Abgabenpflicht hatten diese die Grundverhältnisse, die Hofnamen und Informationen über ihre Untertanen im *„Zinzendorfer Urbar"* penibel genau aufgezeichnete. Nach einigen Jahren des Studiums der vielen Schriftstücke fand er auch greifbare Hinweise auf den Angelsöd-Hof.

In Begleitung eines sehnsüchtig nach seinen Wurzeln suchenden Auswanderer-Nachkömmlings begab er sich auf den langen Weg nach Reinsberg. Diese beiden Männer waren die Ersten seit über 300 Jahren, die sich, dem Donaustrom abwärtsfolgend, auf die Reise in den einstigen Heimatort ihrer Vorfahren begaben. Schließlich betraten sie die Stube am Angelsöd-Hof, erblickten die Initialen *„MK"* und wussten, dass sie am Ziel waren.

Jener mit Freudentränen am Boden kniende Mann war niemand Geringerer als Michael Kerschbaumer, der direkte Nachkomme in 13. Generation der einst unfreiwillig ausgewanderten Familie Kerschbaumer, die damals ihren Hof zurücklassen musste. Jene alten Initialen standen für den einstigen Errichter der Rüstbalken, der Decke in der Stube, welcher ebenso geheißen hatte wie sein *„heimgekehrter"* Nachfahre, *„Michael Kerschbaumer"*.

Berührt und überwältigt saßen die fünf Männer, Johann Frühwald sen., Johann Frühwald jun., Pastor Cour, Michael Kerschbaumer und der Hausherr Johann Gassner noch stundenlang in der Stube und erzählten sich aus der vergangenen Zeit.

Von den einzigartigen Nachforschungen Pastor Cours unterstützt, fanden viele weitere Nachkommen der Auswanderer an ihre alten Heimathöfe zurück. So klärten sich auch für die Familie Frühwald der Verbleib und die Lebensgeschichte des damals vertriebenen Johann Frühwald. In Franken angekommen, erbaute er sich mit seiner Familie einen neuen Hof, diesmal jedoch anders als in der alten Heimat auf ebener, fruchtbarer Fläche. Im Jahre 1675 heiratete dessen Sohn Johann Frühwald eine Frau namens Regina, die Tochter des Landwirten vom Rechberg-Hof und ebenfalls Exulanten, Thomas Steiner.

Pastor Cour vermittelte den Besuch der Nachfahren der vertriebenen Familie Frühwald ebenfalls in 13. Generation, von Familie Drimmel aus Schwarzenbruck bei Nürnberg. Herrn Drimmels Großmutter war namentlich noch eine geborene „*Frühwald*" gewesen. Es entstand eine tiefe, innige Freundschaft, gegenseitige Besuche folgten und eines Tages zeigte ihnen der Nachfahre bei einem Besuch in Schwarzenbruck eine Pergamentrolle, die ausgerollt gut sechs Meter lang war. Der Boden seines ganzen großen Wohnzimmers wurde damit bedeckt. Darauf vermerkt war die Lebensgeschichte der Vertriebenen seit damals bis auf den heutigen Tag!

Schwierige Zeiten

Johanns Mutter wurde auf einem großen Obsthof, dem Schacherhof in der Gemeinde Scheibbs geboren. „*400 bis 500 Eimer Most von Hand produziert, das war damals eine beachtliche Menge!*" Ihr Vater war ein arbeitsamer, stattlicher großer Mann, ihre Mutter leider etwas kränklich. Im Ersten Weltkrieg wurde der Vater zum Kriegsdienst einberufen. Zurück kam er im Frühjahr 1918 zwar lebend, doch todkrank. Der Arzt bemühte sich noch um ihn, doch es wollte nichts helfen.

Als letzten Ausweg schickte man ihn nach Scheibbs in das Krankenhaus.

Johanns Mutter hat ihm diese Geschichte erzählt, es gab ja keine Rettungswägen, gehen konnte er nicht mehr, so wurde er mit einem Ochsenkarren abgeholt und liegend transportiert. Johanns Großmutter, seine Mutter und deren sechs Geschwister standen vor der Haustür, um von ihm Abschied zu nehmen. Als hätte er sein Schicksal geahnt, gab er jedem seiner Kinder noch die Hand, strich liebevoll über ihr kleines Haupt und ermahnte sie, stets schön brav und artig im Leben zu sein. Am Weg ins Spital bat er die Transportbegleiter, auf seiner Weide noch einen kurzen Halt einzulegen, sie mögen ihm ein paar seiner Kühe und Ochsen zu seinem Karren treiben, damit er von seinen geliebten Tieren Abschied nehmen konnte. Der letzte Blick galt seinem Schacherhof, wo die Kinder mit der Frau ihm immer noch nachsahen. Am zweiten Tag im Krankenhaus verstarb er mit den Worten: *„Danke, lieber Herrgott, dass ich in meiner Heimat sterben durfte und nicht in der Ferne wie so manche meiner Kollegen!"*

Für die ohnehin schon kränkliche Frau mit den sieben Kindern hätte die Tatsache, dass der Mann verstorben war, eigentlich gereicht, doch es war Kriegsende, im Land herrschte Desorganisation, vor allem was die Lebensmittelverteilung betraf. Der Schacherhof lebte großteils vom Obstbau, hatte große Obstwiesen. Durch die Lebensmittelknappheit suchten die Städter am Lande nach Essbarem. In den Nachtstunden fielen sie scharenweise über die Obstbäume her, zurück blieben Bäume, die nicht nur abgeerntet, sondern auch arg zugerichtet waren. Die Obstplantage, die der Familie seit ewigen Zeiten das Überleben sicherte, war binnen weniger Herbstwochen zerstört, der Familie die Lebensgrundlage entzogen. Den letzten Rest besorgte die galoppierende Inflation, welche auch noch das wenige Ersparte wertlos machte.

Die kranke Mutter wusste nicht mehr, wie sie für die Kinder sorgen sollte. Diese wurden bei Bekannten und Verwandten auf den umliegenden Höfen untergebracht und galten dort als willkommene Helfer für die vielen Arbeiten.

Johanns Mutter kam mit 9 Jahren zum Bichlbauern nach Pezelsdorf, ihr Leben bestand von nun an aus Schule und Arbeiten. Im Jahre 1932 fand sie eine Stelle als Dienstmagd im Gasthof in Reinsberg, wo sie Johanns Vater kennenlernte. Ihm war als 15-Jährigem die Mutter verstorben, er und seine Geschwister wurden zu Halbwaisen und dem Hof fehlte seither die mütterliche Hand. Mit Johanns Mutter kam nach 13 Jahren erstmals wieder eine Bäuerin auf den Höhenberghof und sie fand nach langen, schweren Jahren wieder einen Ort, an dem sie zu Hause sein konnte.

Das Fechtermenü für die Armen

Die Arbeitslosenzahlen nahmen in den Zwischenkriegsjahren rapide zu, eine finanzielle Unterstützung wurde lediglich für vier bis sechs Monate gewährt. Aus Lebensmittelnot begannen die Leute herumzuziehen, auf die Walz zu gehen, sich als Bettler durchzuschlagen. Die Schotterstraße in die große Nachbarortschaft Gresten wurde damals vorwiegend von Fuhrwerken benutzt. Der Fußweg führte über den Berg als kürzere Route. Auf diesem Weg bewegten sich täglich bis zu 50 Bettelleute. Von diesen fanden etwa 30 pro Tag den etwas abseits dieser Route liegenden Höhenberghof der Familie Frühwald. Sie verlangten alle nach einem Essen. Manche waren höflich und verhielten sich gesittet, doch andere ließen den Hausleuten angst und bange werden oder trafen gar stockbetrunken ein. *„Diese Menge an Menschen zu verköstigen muss man sich heute mal vorstellen!"*

Der Bauer erledigte mit den Knechten tagsüber die Feldarbeit, die Bäuerin war mit den Kindern und vielleicht noch einer Magd zu Hause und den Bettelhorden alleine ausgeliefert. Den ganzen Tag über gab ein Bettler dem nächsten die Türschnalle in die Hand, über Monate hinweg. Manchmal waren es ganze Gruppen, die auf dem Hof einfielen. Vorräte waren mittlerweile selbst bei den Frühwalds kaum mehr vorhanden, doch sobald die Bäuerin entgegnete, sie hätten ja selbst fast nichts zu essen, drohten die Bettler, im Hühnerstall die Nester auszuräumen, oder andere gar, den Hof anzuzünden.

    Manch ein Bauernhof wurde traurigerweise wirklich Opfer solcher Brandlegungen. Gegen derart viele Leute, und das jeden Tag, war die Bäuerin machtlos. Aus der Not heraus wurden die Lebensmittel so oft verarbeitet, so oft gestreckt, dass sowohl die Bettelleute wie auch die Hausleute aus dem Wenigen, das es noch gab, irgendwie ein leichtes Sättigungsgefühl erlangen konnten. Der Most wurde *„gebrüdert"* und *„geschwestert"*. Das bedeutet, nach dem Mostpressen wurde das Obst erneut gepresst und mit viel Wasser vermischt, immer wieder gepresst und mit Wasser verdünnt, und dies, solange sich irgendwie ein Geschmack transportieren ließ.

    Die Bettler verlangten teilweise in aggressiver, bedrohlicher Weise nach Most. Beim Essen verhielt sich die Sachlage nicht viel besser.

„Ihr müsst ja eine Fleischsuppe oder so haben! Eure Männer bekommen ja auch zu essen! Eine Fleischsuppe wollen wir haben!" Fleisch, Geselchtes oder Speck stand schon lange nicht mehr am Speiseplan der Familie Frühwald.

Den Bäuerinnen am Berg blieb nichts anderes übrig, als sich eine Ersatzspeise einfallen zu lassen, die den Hunger der Bettler auch zu stillen vermochte. Not macht erfinderisch! In jener Zeit kreierten sie das sogenannte *„Fechterbrot"*. Bettler nannte man damals auch *„Fechter"*, so ergab sich der Name. Es war ein Arme-Leute-Essen – heute kaufen wir derart hochwertige Vollkornbrote teuer in Spezialgeschäften. So ändern sich die Zeiten und die Sichtweisen.

Das Brot bestand aus einem Drittel Haferschrot. Der Hafer wurde hierfür zuerst gemahlen, dann gesiebt. Normalerweise erhielten die Tiere im Stall den ausgesiebten Rückstand, doch in diesem Falle wurde er geteilt. Einen kleineren Teil davon erhielten die Tiere, den Rest brauchte die Bäuerin für das Spezialbrot. Erdäpfel verbinden die Zutaten sehr gut und sorgen für ein Sättigungsgefühl, auch hiervon kam ein Drittel in den Teig. Das letzte Drittel bestand aus Roggenmehl, das meistens mit Kleie gestreckt war. Die Kunst bei diesem Fechterbrot, das im Gegensatz zu den anderen Broten nicht *„zum Aufgehen"* neigte, war die höhere Backtemperatur. *„Da hast ein paar Holzstücke mehr in den Ofen legen müssen!"*

Heraus kam ein speckiges, sättigendes Brot, dessen Volumen sich in der Hitze noch ein wenig erhöht hatte. Jeder Bettler erhielt einen Most und ein Stück *„Fechterbrot"*. Johanns Mutter saß viele Abende erschöpft und verzweifelt in der Küche, betend, dass diese Zeit endlich ein Ende nehmen möge!

Der Hagelsturm

Mit strahlendem Sonnenschein begann jener schicksalsträchtige Tag, der den Kindern ihr Liebstes nehmen sollte. Johanns Großmutter war damals 35 Jahre, sein Vater an die 15 Jahre alt. Zeitig in der Früh öffnete sie stets die Fenster, damit die frische, klare, kühle Bergluft das Haus belebte. Danach erledigte sie zügig ihre Arbeiten und machte sich, arbeitsam wie sie war, auf den Weg, um ihrem Mann – Johanns Großvater – bei der Feldarbeit zu helfen. Auf halbem Weg kam ein stärkerer, einen Wetterumschwung ankündigender Wind auf. Im ersten Moment beschleunigte sie ihren Gang, damit die Feldarbeit noch schnell gemacht werden konnte, ehe sie sich abrupt einbremste. Hatte sie doch vergessen, die Fenster zu schließen. Zur damaligen Zeit war Fensterglas fast unerschwinglich teuer, der Großvater – ihr Mann – mahnte sie stets, dass sie bei den Fenster aufpassen müsse, damit diese nicht kaputtgehen würden. Im inneren Zwiespalt, ob sie weiter auf das Feld oder wegen der Fenster den weiten Weg zurücklaufen sollte, entschied sie sich für den Rückweg.

Ein fataler Entschluss! Am Feld hätte sie eine Scheune zum Unterstellen gefunden, doch während ihres Heimwegs geriet sie in einen unerbittlichen Hagelsturm. Getrieben von der Angst um die Fenster, lief sie, so schnell sie konnte, auf den Hof zurück. Vollkommen durchtränkt, die Haut schmerzend von den Aufschlägen der Hagelkörner, erreichte sie am ganzen Körper zitternd den schützenden Hof.

Bereits in den Abendstunden wurde die junge Mutter von Fieberschüben geschüttelt, der Arzt auf den Hof geholt. Er diagnostizierte eine schwere Lungenentzündung. Penicillin kam damals noch keines zum Einsatz. Mit diversen Umschlägen versuchte man, dem Fieber und der Lungenentzündung Herr zu werden, doch die zierliche Frau verlor nach sechs Tagen den Kampf um ihr Leben und Johanns Vater seine geliebte Mutter. Erst mit seiner eigenen Frau sollte viele, viele Jahre später wieder eine Bäuerin auf den Hof kommen.

Der weise Rebell

Der Großvater von Johann hatte immer schon seine eigenen Vorstellungen gehabt, unabhängig davon, was andere dachten.

Für die Leute herrschte damals im Allgemeinen eine unruhige, ungewisse Zeit. Fernseher oder Computer gehörten bei den Dorfleuten nicht einmal noch der Zukunftsmusik an. Auch zu Informationen, die das eigene Land betraf, kam man nur auf Umwegen. Als die Anhänger des Hitler-Regimes im Jahre 1937 ein Seil über das ganze Tal spannten und die Hitlerfahnen darauf anbrachten, dachten sich die Leute, das Land wäre bereits übernommen. Über Nacht lagen auf den Straßen und am Kirchenplatz überall Hakenkreuze herum, selbst auf einem Steilhang, der mit seiner begünstigten Lage weithin sichtbar war, mähten sie mit der Sense Hakenkreuze in das hohe Gras hinein.

Im Gasthof diskutieren die Männer über die Vor- und Nachteile einer Übernahme. Johanns Großvater meinte überzeugt, was ihm später zum Verhängnis werden sollte: *„Der (Hitler) bringt nichts! Der (Hitler) bringt nichts!"* Dann folgte die Volksabstimmung, die im Dorf mit 99,9 Prozent für ein Hitlerdeutschland ausging. Der Großvater hatte als Einziger dagegen gestimmt. Dies bedeutete für ihn große zukünftige Schwierigkeiten bis hin zur möglichen Einlieferung in ein Konzentrationslager. Er ließ sich nicht einschüchtern und tat trotzdem jedem seine ehrliche Meinung kund. Im Dorf fand ein riesiger Fackelzug aus lauter Freude über den Einmarsch Hitlers statt. Der Großvater meinte nur: *„Heiliger Gott, jetzt ist er schon da, der Hitler!"*

So gerne wären Johanns Vater und seine Brüder damals in das Dorf hinuntergegangen und hätten mitgefeiert, doch der Großvater untersagte es ihnen strengstens. Traurig darüber, beim Festakt nicht dabei sein zu können, setzten sie sich am Berghang nieder und betrachteten den Umzug von oben. Die Leute gaben Lampenöl, als Symbol der Hoffnung, mit einem Docht in Gläser und leere Schuhcremeschachteln, zündeten sie an und stellten sie in den Bach, woraus sich ein riesiges Lichtermeer ergab. Die Frauen schrien euphorisch: *„Er gibt uns Arbeit und Brot."*

Der Großvater ging zu seinen Söhnen auf den Berghang, betrachtete das Schauspiel und meinte traurig: *„Wenn sie so viel an Tränen vergießen würden, wie sie grad jubilieren, wäre es angemessener"*, drehte sich um und schritt Richtung Hof.
Widerstand wurde nicht geduldet. Als die Handlanger des NS-Regimes in einer Nacht- und Nebelaktion den Höhenberghof aufsuchten, um den Großvater Richtung Konzentrationslager abzuholen, hatte der Herrgott kurz vorher Erbarmen mit dem gottesfürchtigen, weisen Mann und holte ihn zu sich. So blieben ihm diese Qualen er-

spart! Folglich wurden seine Söhne, die sich im wehrfähigen Alter befanden, einer nach dem anderen in den Kriegsdienst einberufen. Nur Johanns Vater nicht. Es war dem Regime wichtiger, Erträge aus der Landwirtschaft zur Verpflegung der Soldaten zu erhalten, als die Hoferben einzuziehen.

Der Höhenberghof war groß genug und brachte ausreichend Ernteertrag hervor, sodass Johanns Vater nur Ernteabgaben an das Militär zu leisten hatte. Solange er die vorgeschriebenen Abgabemengen erfüllen konnte, blieb er vom Kriegsdienst verschont, wenn nicht, wäre auch er eingezogen worden. Und Onkel Lois, weil er gehbehindert war, konnte auch auf dem Hof bleiben.

Erst beim letzten Aufgebot, bei dem alle irgendwie verfügbaren Männer einberufen, die letzten Ressourcen für die Wehrmacht mobilisiert wurden, musste auch der Vater in den Krieg ziehen und war dann kurze Zeit beim Volkssturm, wo die Männer den Umgang mit Panzerfäusten und Karabinern lernten. Die eingezogenen Männer waren sich der Ausweg- und Sinnlosigkeit dieses Krieges bewusst. Fast auf jedem Hof gab es Kriegsgefangene als Arbeitskräfte, selbst sie sahen ihre nahende Befreiung kommen.

Totgeglaubte leben länger

Der Onkel Lois hatte die Eigensinnigkeit und die selbstsichere Härte seines Vaters geerbt. Als Onkel Florian einrücken musste, waren bereits die ersten Gefallenen im Dorf zu beklagen. Bei jedem Brief, der ankam, zitterten die Daheimgebliebenen, dass es bitte ja keine Todesnachricht sein möge! Über das Kriegsgeschehen gab es nur spärliche Informationen. Eines Tages bekam Onkel Lois, der ja wegen seiner Gehbehinderung nicht einrücken hatte müssen, den Hinweis, dass die Amerikaner und die Engländer auch in deutscher Sprache senden würden. Sofort machte sich Onkel Lois auf den Weg zu seinem guten Freund, dem Uhrmacher in die Nachbarortschaft Gresten, um sich von ihm geeignete Batterien zu besorgen. Strom gab es noch keinen, der ist erst im Jahre 1948 auf den Höhenberghof gekommen.

Mit den Batterien betrieb Onkel Lois einen Volksempfänger. Im Dachgeschoß des Höhenberghofes versteckt, hörte er die Kriegsmeldungen der Amerikaner und der Engländer ab. Diese sendeten ihre Nachrichten mit starker Frequenz über das Feindesland, um die Verteidigungsmoral der deutschen Soldaten zu untergraben und die Information über die Grenzen zu tragen, dass Großdeutschland gegen sie keine Chance hätte und der Krieg für sie verloren wäre. Das „Schwarzhören" bedeutete Lebensgefahr, darauf stand die sofortige Todesstrafe. Hätte die Militärpolizei von den Höraktionen Wind bekommen, wäre er ohne Vorwarnung erschossen worden.

Onkel Florian war in Norwegen stationiert, hatte allerdings gerade drei Wochen Heimaturlaub hinter sich. So sehr sich auch alle darüber freuten, dass er da war, war doch auch gleichzeitig die Trauer darüber vorhanden, dass er in wenigen Tagen wieder in den Krieg ziehen musste. Der Abschied war für alle furchtbar, weil es der letzte sein hätte können. So viele Männer des Dorfes waren bereits unwiederbringlich im Krieg geblieben. Zuerst führte Onkel Florians Weg in die Lüneburger Heide, von dort aus nach Dänemark, wo ein Truppentransporter die Mannschaft an ihren Einsatzort bringen sollte.

Am fünften Tag nach der Abreise von Onkel Florian hörte der Lois wieder Radio. Der englische Sender berichtete über einen großen Erfolg für die Alliierten. Ein deutscher Truppentransporter mit 1500 Mann an Bord sei auf eine Treibmine aufgelaufen. Onkel Lois verschlug es die Sprache, die Luft zum Atmen schien auf einmal aus Blei zu sein: Ihm war sofort bewusst, dass es sich um jenen Truppentransporter, der seinen Bruder an das Nordkap hätte bringen sollen, handelte. Wenn das Schiff auf eine Treibmine aufgelaufen war, hatte keiner der Mannschaft auch nur im Geringsten eine Überlebenschance. Noch dazu geschah dieses Unglück in den Nachtstunden, als alle schliefen. Traurig überbrachte Onkel Lois der Familie die schreckliche Nachricht!

Tag für Tag warteten sie auf die Todesnachricht, um zumindest zur Verarbeitung der Trauer noch etwas von ihm in der Hand halten zu können. Fünf Tage später, die Familie befand sich gerade im Stall, öffnete sich die Stalltür. Vater und Mutter fuhr der Schrecken durch die Glieder, sie glaubten einen Geist vor sich zu sehen, als Florian eintrat.

Nachdem sich alle erholt hatten, gingen sie in die Küche und Florian erzählte seine unglaubliche Geschichte.

Die Vorsehung hatte anderes mit ihm vorgehabt! In jener schicksalsträchtigen Nacht wurde Onkel Florian um 3 Uhr in den Morgenstunden munter. Von innerlicher Unruhe getrieben, verließ er seine Kabine und ging an Deck, an die Frischluft. Außer ihm waren noch Marineinfanteristen an Deck. Er wollte seine Ruhe haben und schlenderte auf das hintere Deck. Gut eine halbe Stunde stand er dort und betrachtete den Wellengang der See. Das Schiff war noch nicht so weit vom Festland entfernt, so konnte er in der Dunkelheit auch noch Umrisse der Landschaft ausnehmen. Friedlich trieb der Truppentransporter durch die Nacht.

Eine ohrenbetäubende Explosion und ein Knall waren das Einzige, was die Mannschaft wahrnahm, ehe das Schiff samt der Besatzung unterging und so viele Männer während ihres Schlafes in den Tod riss. Das Meer war aufgrund der Nähe zum Festland an jener Stelle noch nicht so tief, das Schiff brach zwar in zwei Teile und versank, doch ausgerechnet der hintere Schiffsteil, wo sich Florian befand, schaute noch ein wenig aus dem von der Detonation aufgewühlten Wasser heraus.

In jenem Moment wusste Onkel Florian noch nicht, ob die Tatsache, das Unglück bisher überlebt zu haben, ihn auch tatsächlich retten würde. Jetzt war er jeglichen Feinden hilflos ausgeliefert oder im schlimmsten Fall dem Meer überlassen. Tausend Gedanken liefen ihm durch den Kopf.

Ein paar Stunden später, beim ersten Morgengrauen erblickten dänische Fischerboote das Schiffswrack und steuerten darauf zu. Mit Seilen, die ihm die Fischer zuwarfen, konnte sich Onkel Florian auf ihre Boote retten. Bei der Detonation des Schiffes war er unverletzt geblieben, doch bei der Rettungsaktion verletzte er sich ein wenig die Hand. Der Kriegshandlung gegenüber neutral, versorgten die bescheidenen Fischer Onkel Florian mit Essen. Seine leichte Handverletzung ermöglichte ihm zehn Tage Genesungsurlaub in der Heimat. Er überlebte glücklicherweise den Krieg.

Obstbau wäre sein Leben gewesen

Johann Frühwald erhebt sich von seinem Stuhl, zeigt mit der rechten Hand auf den Steilhang, der bepflanzt mit unzähligen Obstbäumen die Rückseite des Hofes einsäumt. *„Der Onkel Leopold, der hat die Obstbäume geliebt, wir haben jetzt noch einige seiner Bäume."* Langsam geht Johann, mit seinem Gehstock in der Hand, um sein Knie zu entlasten, im Zimmer auf und ab.

Es gab in Reinsberg die Obstbaudynastie der Familie Schleicher. Adalbert Schleicher, später seinen Sohn Wilhelm Schleicher. Diese Familie war k&k Hoflieferant und hatte in Spitzenzeiten 20.000 Bäume in ihrem Obstbaubetrieb stehen. Ihr Einsatz, ihr Engagement und ihre Entwicklungsfreude trugen maßgeblich dazu bei, dass der Obstbau für das Mostviertel zum Lebensinhalt wurde. *„Und das Mostviertel, wie wir es heute kennen, hat ihnen gewaltig viel zu verdanken",* erzählt Johann weiter.

Keine pomologische Abhandlung, keine Fachliteratur kommt an diesen Obstbaupionieren vorbei. Zu den berühmtesten Züchtungen der Familie zählen die *Schleicher Mostbirne* und die *Rosenhofbirne*. Diese robuste, ertragreiche Sorte wird heute noch mit Vorliebe gepflanzt. Die Erfolgsgeschichte dieser Familie inspirierte Johanns Onkel Leopold, einen kräftigen Naturburschen, ungemein. Er begann sich leidenschaftlich mit dem Obstbau zu beschäftigen und hatte es bereits zu einer kleinen Baumschule gebracht. Doch dann erfolgte der Befehl zum Einrücken. Als hätte er es geahnt, pflanzte Leopold noch schnell ein paar Bäume seiner Baumschule auf dem Steilhang hinter dem elterlichen Hof aus, ehe er in den Feldzug abrücken musste.

Als LKW-Fahrer setzten ihn seine Vorgesetzten ein. Am zehnten Tag des Russlandfeldzuges, am 13. Juli 1941, erhielt Onkel Leopold Anweisung, einen LKW-Transport in ein eigentlich schon von den Deutschen eingenommenes russisches Dorf zu fahren. Vielleicht ließ ihn die Tatsache, dass das Dorf ja praktisch bereits in deutscher Hand war, zu unvorsichtig sein, das kann heute nur mehr spekuliert werden. Auf jeden Fall stellte er mitten im Dorf seinen LKW ab, stieg aus der Führerkabine aus, trat auf den Boden und ehe er einen weiteren

Gedanken fassen konnte, traf ihn das Geschoss eines russischen Heckenschützen, der sich in einem Kellerloch versteckte hatte, mitten ins Herz.

Onkel Leopold war der erste Kriegsgefallene des Ortes. Am 5. August erhielt die Familie Frühwald die Todesnachricht und kurz darauf kam ein Paket mit seinen wenigen Habseligkeiten, mit seiner Erkennungsmarke und den letzten Fotos. Auf den Höfen ist es durch die Kriegsgefallenen oft ganz anders geworden, als es vorgesehen war. Bei vielen sind die Hofnachfolger gefallen. Hätte er überlebt, gäbe es seine Baumschule sicher heute noch.

Die Familie Schleicher traf ein ähnliches Schicksal. Rudolf Schleicher, der Hofnachfolger, galt als begabter Obstbaufachmann. Er sollte die Dynastie weiterführen, doch auch er blieb in der Fremde und wurde Opfer des Krieges. Onkel Lois, Johanns Lieblingsonkel, erzählte ihm viel von Onkel Leopold, zeigte dem Johann im Kindesalter bereits die Bäume, die vom Leopold stammten, und weckte in dem Burschen eine derartige Liebe, dass er jene Bäume, sobald seine Beine ihn irgendwie die Äste erklimmen ließen, zu pflegen und auszuschneiden begann. Unter den erfahrenen Anweisungen des Onkel Lois. Mit den entfernten Ästen wurden die neuen Bäume gezogen, um die robusten alten Sorten zu erhalten.

Bis zum heutigen Tag wird am Hofe Höhenberg diese Tradition fortgeführt. Vom Bäumeziehen bis zum Obstbaumschnitt erledigt Johann Frühwald alle Arbeiten selbst. Ab Jänner findet man ihn unter den Obstbäumen, wenn der erste Rückschnitt der Äste beginnt, dann erfolgt im Sommer der nächste Schnitt. *„Hier treibt der Baum aus, macht dort einen Schub, einen Trieb, da ist es gut, den Baum gleich wieder zurückzuschneiden, damit er eine schöne Krone macht!"* Der Fachmann sorgt dafür, dass der Baum nicht in das falsche Holz investiert, dass nicht unnötigerweise Kraft in das Wachstum von Ästen geht, die man eigentlich gar nicht möchte, die für die Kronenbildung nicht passen. Das Wachstum wird mit dem Sommerschnitt Ende Juni korrigiert.

Engelbert

Einst war er ein mittelgroßer, dunkelhaariger, stämmiger, lebenslustiger Bursche, der sehr wohl bei der Arbeit anzupacken wusste. Sein Überlebensgeist ließ ihn im Krieg, als er als Infanterist im Russlandfeldzug bereits auf Moskau hineinsah, selbst bei −45 Grad im Freien überleben. Die Nächte nur von einem Zelt geschützt überstehen. Doch die Mobilisierung aller inneren Stärke, um die Momentsituation zu durchstehen, wird in der anschließenden Ruhephase durch das Zusammenbrechen in Traumata abgelöst, sobald sich der Mensch in Sicherheit wiegt und fallen lassen kann.

Körperlich schwer erkrankt, holen ihn die Bilder, die Stimmen und die Situationen der Vergangenheit dermaßen ein, dass er gänzlich dem Alkohol verfällt. Für das menschliche Umfeld eine schwierige Situation, keiner wollte mehr mit ihm zu tun haben, keiner ertrug seine Wesensart im Zustand der Trunkenheit, nur Johanns Mutter, Engelberts Schwester, sie versuchte, in Erinnerung, welch liebenswerter Mensch er einst war, ihm zu helfen, ließ ihn am Hof wohnen und versorgte ihn mit Essen.

Gerade in der zweiten Hälfte des Jahres 1944, wo jedem bereits klar war, dass der Krieg unmöglich zu gewinnen ist, war es sowohl für die eingerückten Soldaten als auch für die Daheimgebliebenen eine schreckliche Situation, dem katastrophalen Ende entgegengehen zu müssen. Beim sonntäglichen Kirchenbesuch blieben die rechten Plätze, die für die Männer des Dorfes bestimmt bereits waren, fast leer. Und trotzdem mussten alle bis zum Letzten kämpfen. Ein sinnloser Opfertod!

Die Uhren im Hühnerstall

Als sich das Ende des Zweiten Weltkriegs bereits abzeichnete, ahnte der clevere Uhrmacher aus Gresten, der gute Freund von Onkel Lois, dass seine letzten verbliebenen Habseligkeiten nun endgültig vor Plünderungen nicht mehr sicher waren. In den durch die Dunkelheit geschützten Nachtstunden ging er in seinen Vorratsraum, nahm fünf Liter große, verschließbare Gläser und füllte seine Uhren, seinen Schmuck, sämtliche Wertgegenstände seines Geschäftes in die Gläser ein.

Die Gläser mit Feuchtigkeitsschutz ausgelegt und abgedeckt mit Wachstüchern, marschierte er sogleich zielsicher über Stock und Stein den Berg zum Höhenberghof hinauf. Stets darauf bedacht, dass ihm auch niemand folgen würde. Er klopfte mit dem gusseisernen Hammer, welcher an der Haustür angebracht war, dezent an das schwere Tor. Wollte er doch nicht unnötig viel Aufmerksamkeit erregen. Verwundert über den spätnächtlichen Besuch, öffnete der Bauer, der Hausherr selbst, die Tür. Ohne viele Worte trat der Uhrmacher mit der Bitte ein, er müsse den *„Lois"*, Johann Frühwalds Onkel, dringend sprechen. Trotz seines krankheitsbedingt beschwerlichen Ganges gab dieser sein Bestes, um zu seinem Freund zu eilen. Nach kurzer Erklärung der Sachlage bat der Uhrmacher den Onkel Lois, für ihn die Gläser mit den Wertgegenständen zu verstecken, bis die Zeiten wieder ruhiger werden würden. Gemeinsam schritten sie schweigend, mit einer Kerze bestückt, durch die Dunkelheit in Richtung einer etwas abseits des Hofes gelegenen Holzhütte, *„der Fasslhitten"*. Diese Hütte liebten die Hühner des Hofes über alles, den ganzen langen Tag gruben und scharrten sie dort herum, sodass nur die verstaubte Erde und keine einziges Pflänzchen sichtbar war. Im Schutz des Gebäudes und der Dunkelheit gruben Onkel Lois und der Uhrmacher ein möglichst tiefes Loch in die Erde, stellten die Gläser hinein, legten eine Eisenplatte darauf, darüber die Erde und zur Sicherheit stellten sie noch alte Bottiche und Fässer darüber.

Des Uhrmachers Ahnung bewahrheitete sich binnen kurzer Zeit! Die russischen Soldaten zogen über das Land und hatten es besonders auf Fahrräder, Schmuck und Alkohol abgesehen. So gut das Versteck auch ausgewählt, durchdacht und getarnt schien, so wenig kalkulierten die beiden Männer mit der Eigenart der Tierwelt. Was den Hofleuten entging, war, dass ein überaus eifriges Huhn wohl herausgefunden hatte, dass die Erde just über jenem Versteck leichter zu scharren ging als in der restlichen Hütte. Die Vertiefung neben dem Fass, die sie verursachte, wäre nicht weiter von Bedeutung gewesen, hätten die russischen, alkohollastigen Soldaten sich nicht ausgerechnet bei dem Fass aufgehalten. In ihrer Hoffnung, Alkohol oder Munition vorzufinden, begutachteten sie dieses bis in das kleinste Detail. Als sich die Soldaten bereits wieder im scheinbaren Abmarsch befanden, der Onkel Lois und Johann Frühwalds Vater innerlich erleichtert durchatmeten, blickte einer der Soldaten zu Boden und leider trafen seine Augen just auf jene Stelle, wo sich vorher das Huhn beim Scharren ausgetobt hatte. Ohne zu zögern, zückte er sein Bajonett und stieß mit einem gekonnten Hieb in die Erde, traf auf die Eisenplatte und das Schicksal nahm seinen unweigerlichen Lauf.

Binnen Sekunden stand die ganze Schar Russen rund um das Fass in Position, während zwei Männer ganz vorsichtig das Areal freilegten. Die Vorsicht galt ihrer Vermutung, es könne Munition versteckt sein, die nicht unkontrolliert detonieren sollte. Ebenso achtsam hoben sie die Gläser aus der Grube und staunten nicht schlecht über den „Schatz", den sie gerade entdeckt hatten.

„Die haben vor Ort Freudentänze aufgeführt, als sie die teuren Uhren fanden."

Johann Frühwald blickt mit seinen dunkelbraunen Augen durch die Runde, hält einen Moment inne, ehe er seine Erzählung fortsetzt. Der Onkel Lois hat ihm erzählt, die Männer haben sich sämtliche Unterarme mit Armbanduhren bestückt. Die Taschenuhren hängten sie sich um den Hals. Zufrieden und glücklich über den unerwarteten Fund, zogen sie fröhlich von dannen. Lediglich ein einziges Glas mit Uhren ließen sie zurück, es konnte für den Uhrmacher gerettet werden, alles andere nahmen sie mit.

Die Frauen im alten Keller

Die Kinder hatten von den russischen Soldaten kaum etwas zu befürchten, doch die restliche Bevölkerung litt massiv unter ihren Taten. In den Städten befanden sich die russischen Kommandozentralen und Befehlsstellen, hier galt die Lage als erträglicher. Doch in den entlegenen Dörfern konnten sie sich unkontrolliert, nicht selten unter massivem Einfluss von Alkohol austoben. Ihr erster Besuch bei den Bauernhöfen galt den Mostkellern. Die Frauen des Hofes mussten bei jedem Fass, bei jeder Flasche Schnaps vorkosten, womit die Soldaten auf Nummer Sicher gingen, dass der ihnen verabreichte Alkohol nicht vergiftet war. Gemessen an ihren Taten, war dieser Verdacht ihres abgestumpften Gewissens nicht ganz unbegründet.

Manchmal haben sie den Most aus dem Fass genommen, die Schnapsbrennerei, die es auf jedem Hof gegeben hatte, aktiviert und aus dem Most einen Schnaps gebrannt. Jeder Qualitätsschnaps wurde normalerweise zwei Mal gebrannt. Darauf verzichteten die Soldaten, sie wollten einfach einen starken Alkohol haben und tranken die geistreiche Flüssigkeit bereits nach dem ersten Brand, vor lauter Gier auch noch lauwarm, was ihre Unberechenbarkeit verstärkte. Abseits der Plünderungen waren sie in ihrem angeheiterten Zustand vor allem hinter den „Weiberleut" her, auf diese hatten sie es besonders abgesehen.

„Die nun folgende Geschichte habe ich als als dreijähriger Bursche bereits real mitgekommen", Johann Frühwald hebt seine rechte Hand und umschließt etwas unruhig die Tischkante. *„Da hat es eine sehr ‚brenzlige' – gefährliche – Situation gegeben."*

Im zweiten Halbjahr des Jahres 1944, als die alliierten Truppen das Hitlerreich von Süden her angriffen und die Amerikaner per Flugzeug über die Alpen kamen, galt Amstetten mit seinem großen Bahnhof als neuralgischer Angriffspunkt. *„Es war ein lautes Krachen, ein eigenartiges Rumoren, dann hat sich der Himmel vor lauter Kriegsflugzeugen verdunkelt, als würde die Nacht inmitten des Tages unter Getöse hereinbrechen. Jeder Person im Dorf und auf den Höfen war klar, dass nun über Amstetten ein Bombenteppich gelegt wurde!"*

Ein Geschwader nach dem anderen zog über das Gebiet hinweg, alle mit dem Ziel, diesen neuralgischen Punkt von der Landkarte zu radieren. Ob die Flüchtlingsströme eher durch die Bombenangriffe oder aus Angst vor den Russen ausgelöst wurden, kann Johann Frühwald nicht genau sagen. Doch die Leute liefen in ihrem Unglück lieber den Amerikanern, den Engländern oder den Franzosen in die Hände, als den unberechenbaren, brutalen Russen ausgeliefert zu sein. Die Russen versteckten sich, warteten die flüchtenden Frauen ab und veranstalteten richtige Treibjagden nach den Mädchen. Der abgelegene zweite Hof der Familie Frühwald, die „Tannenschachengrub", war zu jener Zeit bereits etwas verfallen, von Gestrüpp überwuchert und durch Baumbewuchs bedeckt. Die Familie kannte eine kleine Luke, die durch das verfallene Gemäuer in den noch intakten Keller führte. Sie half den Frauen und versteckte sie in diesen unscheinbaren Gemäuern. Bis zu zwölf Frauen nächtigten hier auf engstem Raum. Die Essensversorgung sicherte der alte „Bucher Vater", der Schwiegervater von Johann Frühwalds Taufpatin. In einem Korb hatte er getarnt einfache Speisen eingepackt und stellte diese abseits des Hofes im Wald auf einen vereinbarten Platz. Abwechselnd schlich eine der versteckten Frauen kurz nach Mittag dorthin und brachte das Essen, streng bedacht, dass ihr niemand folgen würde, in den Keller des ehemaligen Hofes.

Jenes ausgeklügelte Versteck hielt allen Geheimhaltungen und Vorsichtsmaßnahmen stand und blieb für die Frauen ein sicherer Rückzugsort. Es hätten noch viel mehr ein Versteck benötigt, als dort untergebracht werden konnten. Kurze Nächtigungsmöglichkeiten boten die Heulagerstätten und die Höhlen in den nahen Bergen. Andere versuchten im Pfarrhaus Unterschlupf und Schutz zu finden wie etwa an jenem speziellen Tag eine verzweifelte Mutter mit ihrer Tochter.

Die Russen vernahmen dies und eilten zum Pfarrhof. Die Redegewandtheit des Pfarrers verschaffte den Frauen einen Vorsprung auf ihrer Flucht in Richtung Höhenberghof. Johann Frühwalds aufmerksame Eltern wurden durch Schüsse aus ihrer Arbeit gerissen. Augenblicklich erkannten sie den Ernst der Lage. Sie sahen die Mutter mit ihrer Tochter den Berg heraufeilen, während die russischen Soldaten mit einigem Abstand, regelmäßige Warn- bzw. Einschüchterungsschüsse abgebend, hinterherhasteten. Selbstbewusst, sich allen Lebenslagen stellend, eilten die Frühwald-Eltern aus dem Hof und wollten den „Weiberleut" – den beiden Frauen – ein wenig mehr Vorsprung verschaffen, indem sie die Soldaten durch Reden und Gestikulieren aufhielten. Der damals 3-jährige Johann beobachtete die ganze Szene vom Fenster des Hofes aus. Während die Soldaten drohend die Waffen auf das Ehepaar richteten, schossen andere zur Untermauerung der Ernsthaftigkeit ihrer Absicht, die beiden Frauen einzuholen, mit scharfer Munition in die Luft. Die Lage schaukelte sich unaufhaltsam hoch, bis sich die alkoholgesteuerten Männer nicht mehr kontrollieren ließen und die Situation unter Morddrohungen zu eskalieren drohte. Die Eheleute mussten weichen, den Weg der gnadenlosen Verfolgung freigeben. Hofften die Eltern von Johann, dass die flüchtende Mutter mit ihrer Tochter weit genug gekommen sein möge, erachteten diese es als sicherer, nicht weiterzulaufen, sondern sich oberhalb der Stallungen auf dem Heuboden zu verstecken.

Als die Frühwald-Eltern den überlegenen Soldaten weichen mussten, eilten diese schnurstracks in den Stall hinauf, entdeckten die beiden Frauen und fielen gnadenlos allesamt über sie her. Irgendwann verstummten selbst die Schreie der beiden hilflosen Geschöpfe. Als die Soldaten von dannen gezogen waren, eilte Johanns Vater in den Stall und fand die erwachsene Frau verstört und verletzt, das Mädchen jedoch bewusstlos am Boden liegend vor. Schnell lief er um einen Leiterwagen aus dem Nebengebäude, während Johanns Mutter das Mädchen in Decken wickelte. Vorsichtig hoben sie es auf den Wagen und der Vater brachte es so schnell wie möglich mit dem Ochsenfuhrwerk in das Dorf hinunter. Von dort aus fuhr ein Sanitätswagen das immer noch bewusstlose Mädchen in das nächste Krankenhaus. Einige Jahre nach diesem tragischen Vorfall besuchte die Mutter mit der mittlerweile erwachsenen Tochter die Familie Frühwald und bedankte sich für deren selbstlose Hilfe!

Altes Saatgut sichert das Überleben

Schweren Herzens trug Johann Frühwald 1978 den verwinkelten, elterlichen Hof ab, um ihn in neuem Glanz erstrahlen zu lassen. Als sie gerade dabei waren, den Dachstuhl abzureißen, fanden die fleißigen Helfer, eingemauert in der Dachschräge, eine alte Kiste. Vorsichtig öffneten sie diese. Darin waren Weizenkörner von bester Qualität. Doch die Kiste war nicht mehr voll, irgendwann dürfte ein Teil dieses *„Notsaatguts"* gebraucht worden sein.

In der Zeit nach dem Ersten Weltkrieg war die Grundversorgung der Bevölkerung mit Lebensmitteln in keinster Weise gegeben. Johann Frühwalds Mutter erzählte ihm oft, dass damals furchtbare Zustände herrschten. Kurz vor dem Zweiten Weltkrieg gab es zwei gute Getreideerntejahre. Die Hungersnot frisch im Gedächtnis, legten sich die Bauern zur Sicherheit Saatgutreserven an. Gutes und kräftiges Saatgut wurde als Notpuffer für schwierige Zeiten in eine Kiste gegeben, mit Nägeln zusätzlich verschlossen und an einem trockenen, sicheren Ort im Haus eingemauert.

Nach den schwierigen Jahren des Zweiten Weltkriegs funktionierte die Einteilung der vorhandenen Lebensmittel durch Lebensmittelkarten etwas besser. Es herrschte allgemein eine Aufbruchsstimmung, ein erkennbarer Wille der Bevölkerung, das Land wieder auf Vordermann zu bringen. Dort, wo heute der Boden im Dorf mit endlosem Beton, Pflaster und Rasen überzogen ist, weil kaum einer mehr seine Lebensmittel selbst anbauen, geschweige denn einen Gemüsegarten pflegen möchte, legten die Leute nach den Kriegsjahren die üppigsten und liebvollsten Bauerngärten an. Sie waren stolz und dankbar, sich selbst versorgen zu können.

Zu jener Zeit gab es zu 90 % Selbstversorger, gerade im bäuerlichen Bereich. Das Einzige, was wirklich gekauft wurde, war Zucker und wenn irgend möglich Gewürze. Die Weidefläche wurde minimiert, unter händischer Schwerstarbeit in Nutzfläche für Erdäpfel- und Getreideanbau umgestaltet. Nicht nur zur Ernährung der Bevölkerung brauchte man das Getreide. Den Roggen benötigte man auch dringend für das Decken der Dächer. Die waren zu jener Zeit noch fast alle mit Stroh gedeckt, Eternit kam erst in späteren Jahren. Fiel die

Roggenernte zu schlecht aus, dann verwendeten die Leute auch Weizenstroh zum Dachdecken, doch so ein Dach hatte eine maximale Lebenszeit von 20 bis 25 Jahren, wohingegen ein Roggenstrohdach 35 bis 40 Jahre seinen Dienst tat. Vorausgesetzt, die Männer verstanden ihr Handwerk und deckten das Dach im Herbst, wobei sich über den Winter durch den Schnee das Stroh verdichten konnte. Ein im Frühling gedecktes und der Sonne ausgesetztes Dach hielt merklich kürzer. Die Haltbarkeit des Daches hing auch deutlich von seinem Steilegrad ab. Je steiler das Dach, desto besser konnten Flüssigkeiten wie Regenwasser abrinnen und das Stroh wieder trocknen.

In diesen Zeiten des Wiederaufbaus half den Leuten das alte, qualitativ hochwertige Saatgut, durch die schwere Zeit zu kommen. Ohne dieses hätten sie nicht ausreichend Getreide anbauen können, zu wenig zu essen und ganz sicher kein Rohmaterial für die Dächer gehabt. Damals konnte jeder Bauer, jede Familie nur die Produkte anbauen, von denen sie selbst ein Saatgut zu Hause hatten, das aus alten Ernteerträgen aufgehoben worden war. Heute, wo Saatgut, wenn auch von der Qualität bedenkliches, selbst im Lebensmittelhandel erhältlich ist, ist es schwer vorstellbar, auf eigenes Saatgut angewiesen zu sein. In weiterer Folge auch auf die Keimung, das Wetter, den Regen, weil das Saatgut auf die Vorräte beschränkt war. Vernichtete ein Frost oder ein Unwetter die Ernte, bedeutete dies für die ganze Familie Hungersnot.

Die dankbaren „Hamsterer"

Reinsberg galt bereits vor den Kriegsjahren als bekannter und beliebter Ort für die Sommerfrische der städtischen Bevölkerung. Aus dieser Zeit hielten sich durch die schwierigen Jahre hinweg viele Bekanntschaften. Gerade die urbane Bevölkerung hatte ja wenig Möglichkeiten, an Essen zu kommen. Am Land fand sich hingegen bald ein Platz, wo zumindest einige Lebensmittel angebaut werden konnten. Das war in einer Großstadt wie Wien schwer möglich.
Gerade in den Jahren nach dem Zweiten Weltkrieg, ab 1947, erinnerten sich die Wiener an ihre alten Bekanntschaften aus der Zeit der Sommerfrische. Von Hunger getrieben, suchten sie ein paar entbehr-

liche Habseligkeiten zusammen, stiegen damit in den Zug Richtung Mostviertel und fuhren dabei oft ohne Fahrkarte, weil diese für sie viel zu teuer gewesen wäre. Am Land angekommen, versuchten sie nun ihr Hab und Gut gegen Essbares zu tauschen. Diese Leute nannte man umgangssprachlich *„die Hamsterer"*.

Eines Tages im Jahr 1947 saß die Familie Frühwald mit allen im Haus arbeitenden Helfern bei der Vormittagsjause rund um den Küchentisch. Die Mutter hatte für jeden etwas Speck aufgeschnitten. Ein *„Schnittal"* bedeutete ein kleines, schmales Stück. Der Speckvorrat musste über den ganzen Sommer reichen. Je später der Sommer wurde, desto kleiner wurden die heruntergeschnittenen Stücke. Ein Schwein konnte erst wieder im Herbst abgestochen werden, wenn es draußen kühl wurde. In Zeiten ohne Kühltruhe wären die Mengen an Fleisch, wie es sie bei einem Schwein gegeben hat, nicht haltbar gewesen. So blieb den Leuten in der warmen Jahreszeit von Ostern bis Herbst nur der Speck, das Geselchte als Fleischspeise. Die Mutter schnitt für jeden Esser am Tisch ein kleines Stück Speck herunter und jede Person am Tisch durfte sich nur jenes Stückchen Speck nehmen, das am Teller ihm zugewandt war.

Der Hunger selbst musste mit Brot oder Obst gestillt werden. Die Hauptnahrung waren Äpfel.

An jenem Tag hatte die Mutter auch noch ein wenig Geselchtes für das Mahl aufgeschnitten. Während Kinder und Erwachsene in das Essen vertieft waren, erblickte der Bauer eine Frau und einen Mann, wie sie auf den gefüllten Tisch blickend vor dem Fenster standen. Dieser Mann packte, vom Hunger geplagt, all seinen Mut zusammen, schritt Richtung Eingangstüre und klopfte zaghaft an. Als vom Bauer als Antwort mit tiefer, kräftiger Stimme ein *„Herein"* ertönte, öffnete er die Türe und schritt bis zum Türstock der Küchentür. Seine Frau blieb, mit einem in einen alten grauen Stoff gewickelten Paket in der Hand, zwei bis drei Schritte hinter ihm, um die Situation abzuwarten. Der Bauer blickte sie prüfend von oben bis unten an, eher er sie anwies, am Ende der Bank, die den Esstisch entlang verlief, Platz zu nehmen. Mit sehnsüchtigen Blicken folgten die beiden Städter dem Essen, wie es den Weg vom Tisch in die hungrigen Mäuler fand. Die Männer kratzten mit einem Messer von der Speckschwarte noch jeglichen Rückstand von Speck und Fett herunter und strichen sich diesen auf ein Brot, das sie auch verspeisten.

Die Augen der beiden Wandersleute wurden immer größer, ihr Blick immer erwartungsvoller, während ihr Magen in der vorsichtigen Hoffnung auf Essen kleinlaute Geräusche von sich gab. Nach der Jause standen die Männer wortlos auf und gingen ihrer Arbeit weiter nach. Die kärglichen Reste der Speckschwarten wurden in der Mitte des Tisches zusammengelegt, um an die Hühner oder Schweine verfüttert zu werden. Noch einmal nimmt der Mann, von seinem leeren Magen getrieben, all seinen Mut zusammen und bittet Johanns Mutter, die Bäuerin, ob sie sich vielleicht die Speckschwarten mitnehmen dürften, weil wenn man diese lange genug mit Wasser auskocht, dann gehen vielleicht für eine Suppe noch ein bisserl ein Fett und ein Geschmack heraus.

Johann Frühwald schlägt seine Augen in die Höhe und fragt ziellos durch die Runde: *„Das muss man sich mal vorstellen! Was wird heute alles an guten Lebensmitteln weggeworfen?!"*

Die Mutter gab den beiden die Speckschwarten mit. Voller Mitleid, doch sich auch bewusst, dass sie mit den wenigen eigenen Lebensmitteln für ihre Leute gut haushalten musste, schöpfte sie noch etwas Fett von der Suppe ab. Als Dankeschön packte die Frau ihr Paket aus, es war ein Kleidungsstück, das sie als Dank, als Bezahlung auf dem Hof ließ. Aus dieser Begegnung entstand eine Freundschaft, mit jedem Besuch lernten sich die Familien näher kennen. Die Frau erzählte, sie arbeite als Bedienerin in Wien in einer Buchhandlung und im Stoffhandel. Bei ihren Besuchen nahm sie der Familie Frühwald im Tausch gegen Lebensmittel Stoffreste mit, welche zu Gewand verarbeitet wurden. Ihr Mann, ungarischer Abstammung, war ein sehr belesener Herr, er liebte Bücher. Vor allem die Karl-May-Romane hatten es ihm angetan. Er arbeitete in einer Firma im Büro und hatte nur einen kleinen Verdienst. Jedes Jahr sparte er auf einen Band Karl May. Hatte er alles gelesen, dann brachte er diesen als Dankeschön für die Hilfe dem damals noch jungen Johann mit. Hatten sie keine Möglichkeit, persönlich zu kommen, dann schickte er Johann das Buch mit der Post. Zwischen Johann und dem Herrn entwickelte sich eine tiefe

Freundschaft. Er erklärte ihm, dass das Gute immer siegen wird, das dem Guten immer geholfen wird. Diese besondere Freundschaft, entstanden aus der Not, blieb bis zum Tod bestehen.

Johann Frühwald lächelt, in die Vergangenheit vertieft: *„Wenn wir spielten, war er der Old Shatterhand und ich der Winnetou!"*

Wasserversorgung statt Abgaben

Ob sich Johanns Vorfahren damals der Tragweite der auf sie zukommenden Aufgabe bewusst waren, als sie dazu bestimmt wurden, die Verantwortung für die Wasserversorgung der Burg zu übernehmen, ist sich Johann heute nicht mehr so ganz sicher. Schließlich hielt das Thema *„Wasser"* bis in das Jahr 2015 auch den eigenen Hof auf Trab.

Das Land und die Gebäude gehörten in früheren Zeiten ja nicht den Leuten selbst, sondern Mensch, Tier, Grund, Boden und Ernte unterstanden dem Burgherrn.

Weil sie für die Wasserversorgung gegenüber dem Burgherrn verantwortlich zu sein hatten, war die Familie Frühwald vom *„Handrobot"* – der händischen Arbeit für das Adelsgeschlecht – und vom *„Zugrobot"* – dem Arbeiten mit Ochsen und Pferden für die Herrschaft – sowie der Naturalabgabe befreit. Sogar der Ablieferung von Getreide, Schmalz oder Speck brauchten sie nicht nachzukommen. Es liegt sehr nahe, dass der Hof Höhenberg diese Aufgabe einst übernehmen musste, als er von der Zinzendorferischen Herrschaft zur Herrschaft Reinsberg kam.

In südwestlicher Richtung der Burg Reinsberg befindet sich die kräftige Quelle des Steinbaches in einer Entfernung von ca. 2,5 km. Von dort wurde das Wasser in Holzrohren zur Burg geleitet. Jedes Jahr mussten 70 bis 80 Meter Holzleitungen händisch erneuert werden, vom Bäumefällen und die Rohre mit einfachsten Werkzeugen Bohren, bis die Rinnen fertig waren. Die gesamte Leitung musste laufend mit Schaufeln und *„Krampen"* – Hauen – vom Bewuchs und den Wurzeln befreit werden. Das Wasser musste unter hohem Druck fließen, damit es auch bis auf den Burgkogel gelangte. Für diese Arbeiten war großes handwerkliches Können erforderlich. Funktionierte die Leitung mal nicht, dann schwang der Burgvogt zuhöchst der Burg eine Fahne und jeder im Dorf und am Hofe Höhenberg, der irgendwie arbeitsfähig war, musste sofort alles liegen und stehen lassen, um die Wasserleitung wieder in Schwung zu bringen.

In späteren Jahren fiel zwar die Aufgabe, der Burg das Wasser zu vermitteln, weg, doch die Versorgung des Hofes selbst gestaltete sich ebenfalls als schwieriges Unterfangen. Die Holzleitungen waren auf Dauer nicht einsatzfähig, die nächste Quelle, ziemlich in Hofnähe gelegen, war die *„Brunnenfeldquelle"*. Ihre Höhe glich der des Hofes, so konnte kein Gefälle erreicht werden, Pumpen gab es noch keine, deshalb musste das Wasser mit einem Ochsengespann in Mostfässern, die zwecks Verlustvermeidung des kostbaren Nass', mit Ketten am Leiterwagen fixiert wurden, zum Hof transportiert werden.

Später, als es bereits händische Stangenpumpen gab, fand sich am Hof eine Wasserquelle. Über ein Gestänge konnte man damit Wasser in ein Behältnis pumpen, zu dem die Tiere zwei Mal am Tag getrieben wurden, damit sie ihren Durst stillen konnten. Wollen wir heute einen Brunnen, kommt eine große Maschine und dieser ist in wenigen Stunden fertig. Damals zogen sogenannte *„Brunnenbauer"* von Hof zu Hof und blieben so lange an einem Ort, wie es die Arbeit benötigte.

Die Brunnenschächte in den hügeligeren Gegenden hatten durchwegs Tiefen von 10 bis 30 Metern, welche händisch gegraben werden mussten. Bei einem Durchmesser von etwa einem Meter konnte immer nur ein Mann, der nicht im Geringsten unter Platzangst leiden durfte, hinunterklettern und graben. Alle zwei Stunden wechselte der Brunnentrupp den Grabenden aus. Die Brunnenwände wurden sofort mit Steinen ausgekleidet. Viele Männer verloren dabei ihr Leben, wenn sie gerade in der Tiefe waren und frisch gemauerte Brunnenschächte nachgaben und einstürzten. Es war eine gefährliche und riskante Arbeit!

Johanns Vater hat ihm immer erzählt, fünf Wochen dauerte es, bis ihr Brunnen fertig und gleichzeitig der Mostkeller, der Schnapsvorrat und die Selchkammer leergetrunken und -gegessen waren. Die erste wirkliche Erleichterung brachte zwar die elektrische Pumpe 1954, der Strom war seit 1948 auf Knopfdruck vorhanden, doch gleichzeitig stieg der Wasserverbrauch bei steigender Anzahl an Tieren. Es folgten ein Hochbehälter und irgendwie ging es immer weiter, bis im Jahr 2015 ein außergewöhnlich warmer Sommer die Hilfe der Feuerwehr notwendig machte und erneut eine größere Entscheidung anstand. Kurz vor Weihnachten 2015 wurde das weite Rohrnetz vom Dorf zum Hof hinaufgelegt und der Hof Höhenberg an das Ortsnetz angeschlossen – ein großes Problemkapitel konnte geschlossen werden.

Die Herden auf der Kräuterin

Das war ein gewaltiger Fußmarsch vom Hof Höhenberg bis zur Kräuterin, zur Hochalm: Die Tiere neigen ja dazu, mal dorthin und mal dahin zu marschieren, so geht man gemeinsam mit ihnen mindestens die doppelte Wegstrecke. Seit 1815 treiben die Hechals ihre Herden auf diese Alm im steirischen Mariazeller Land. Die weit entfernte Alm hat ihren besonderen Weg zur Familie Frühwald gefunden. Sommerweideflächen waren zumeist Zinsweiden oder sogenannte Servituts-Weiden – Flächen, für die sich der Hof irgendwann einmal das Nutzungsrecht erkauft oder erarbeitet hatte. Ein interessantes Beispiel ist da die *„Feldwiesalm",* sie ist in der Nähe der *Kräuterin,* wo sich seit nunmehr 200 Jahren jeden Sommer die Tiere der Familie Frühwald befinden. Die Feldwiesalm ist folgendermaßen entstanden.

Graf Albert Festetics de Tolna, der Besitzer der Kartause Gaming, war reich an Grundbesitz. Ihm fehlte ein bisschen das Feingefühl für den Umgang mit so viel Eigentum, er lebte auf großzügigem Fuß. Zu guter Letzt versah er seine drei Töchter bei deren Hochzeit mit einer beträchtlichen Aussteuer und geriet in eine unheimliche Schuldenkrise.

In seiner Not musste er Grundstücke verkaufen. Einmalige Chancen ergeben sich, um genutzt zu werden, so schlossen sich ein paar Höfe mit Tierzucht zusammen, gründeten eine bäuerliche Gemeinschaft und kauften dem Grafen einige Weideflächen, darunter die große Feldwiesalm ab. Den Teilhabern der bäuerlichen Gemeinschaft blieb natürlich auch das Nutzungsrecht.

Nur um einen *„Halter"* und einen *„Hirten",* zuverlässige Personen, die bei den Tieren auf der Alm leben, musste sich jeder selber kümmern.

Der Großvater sagte eines Tages im heißesten Monat des Jahres, im August, zu Johanns Vater und seinem Bruder, dem Onkel Florian, dass sie auf die Kräuterin gehen sollen, um ein paar Ochsen nach Hause zu holen. Von den jungen Ochsen wurden jährlich zwei bis drei Paar am Hof als künftige Zugochsen gezähmt, um später den Pflug zu ziehen oder dem Bauern andere Lastentätigkeiten abzunehmen. Manche wurden auch am Markt gegen gutes Geld verkauft.

Der Großvater hatte eine einzigartige Hand für das Abrichten der Tiere. Er beherrschte den Drahtseilakt zwischen den Tieren etwas zu lernen und sich mit ihnen gutzustellen. Abgesehen von dem langen Fußmarsch, war ein solcher Auftrag in der praktischen Umsetzung ein schwieriges Unterfangen. Um 10 Uhr am Abend, nachdem die Arbeit am Hof fertiggestellt schien, marschierten die Männer los, das erste Stück der Straße entlang nach Gaming und weiter Richtung Mariazell, danach, um Zeit zu sparen, quer durch die mondhelle Voralpenlandschaft. Ohne Pause erreichten sie um 6 Uhr Früh die Hütte der beiden „*Halter*", der Aufpasser auf die Tiere. Verschlafen, gerade dem Nachtlager entstiegen, blickten sie die Ankömmlinge fragend an. Der Vater erklärte den Auftrag des Großvaters, dass sie zwei Ochsen zum Zähmen für das Fuhrwerk holen würden, was in einem noch fraglicheren Gesichtsausdruck der schlaftrunkenen Männer endete.

„*O mein Gott*", meinte der ältere, hagere, hochgewachsene Halter zu den weitgereisten Männern. Zu ihren Aufgaben zählte es nicht nur, auf die Gesundheit der Tiere zu achten, sondern auch stets zu wissen, wo die Tiere sich aufhielten. Die gewünschten Ochsten befanden sich am Dürnach drüben, auf einer externen Weide, das waren weitere drei Stunden Fußmarsch, erklärten sie ihre gedämpft freudige Reaktion.

Zur Stärkung bereiteten die Halter den drei übernächtigen, müden Männern einen Sterz, ehe der weitere Marsch in Richtung der Ochsen losging. Von der Kräuterinhütte über den Hüttenboden vorbei am Hochstadl erreichten die vier Männer den Dürnach (eine Nebenalm der Kräuterinalm) und die Ochsen, die sie nach Hause bringen sollten.

Viele Höfe bringen ihre Tiere auf diese saftige, unwegsame Weidefläche. Für den Ackerbau ist das Areal mit seinen kleinen Waldflächen und geologischen Unebenheiten gänzlich ungeeignet. Viele Teile befinden sich oberhalb der Waldgrenze. Aus dieser Situation entwickelte sich die Nutzung als Weidefläche. Das konsequente Abfressen der Triebe und Pflanzen verhinderte ein Verwalden und Verwachsen der Grasfläche.

Die Trennung der Ochsen von der bisherigen familiären Geborgenheit der Herde stellte nun das größte Unterfangen dar. Die Halter, die Hirten als bekannte Vertrauenspersonen, versuchten die Tiere liebevoll von der Herde wegzulocken. Gelang dies nicht, mussten sie die Tiere anhängen und wegtreiben, jedenfalls gingen sie ein Stück des Weges mit, um die Ochsen von der großen Herde weit genug wegzubekommen.

Die Familie Frühwald hatte das Recht, acht Ochsen zur Sommerweide auf die Kräuterin zu treiben. Onkel Lois ging etwas hinten nach, achtete, dass die Ochsen auch schön im Marsch blieben. Um 5 Uhr am Abend, immer noch ohne jeglichen Schlaf, erreichte die Truppe die Hütte auf der Kräuterin. Zu Hause wartete die tägliche Arbeit auf die Männer, sie durften sich deshalb nicht unnötig lange aufhalten.

Nach einer kurzen Jausen-Pause traten sie den gewaltigen Fußmarsch Richtung heimatlichem Hof an. Die ganze Nacht trieben Johanns Vater und Onkel Florian die beiden Ochsen über Stock und Steine, doch das beschwerlichste Stück stellte die Schotterstraße dar. Das Gras und die Erde waren die Tiere gewohnt, doch die kantigen Steine des Schotters beanspruchten ihre Klauen auf das Schmerzlichste.

Eine Pause hätte die bereits seit zwei Nächten völlig übermüdeten Männer in den Schlaf fallen lassen, daher trieben sie die Tiere und eigentlich auch sich selbst, so gut es ging, einfach stetig voran. Sogar der Proviant auf dem Rücken fühlte sich mittlerweile viel zu schwer an, als sie gegen Mittag des nächsten Tages den Höhenberghof erreichten. *„Die Anstrengung hast in Kauf genommen, weil wir dabei immer so viel Spaß miteinander hatten!"*

Der festliche Almauftrieb im Frühjahr und der Abtrieb im Herbst waren das Privileg von Johanns Vater, das ließ er sich nicht nehmen. Das gesamte Galt-Vieh – alle nicht trächtigen Tiere – brachte man über die warme Jahreszeit auf die Alm. Dort fanden sie ausreichend zu fressen, mussten nicht gefüttert werden und das unwegsame Almgelände wurde auch genutzt. Die Wiesenflächen des Hofes konnten gemäht und der Ertrag als Futter für die Wintermonate verwendet werden.

Irgendwann nahm der Straßenverkehr derart zu, dass sich Almauftriebe aus verkehrstechnischen Gründen für die Tiere, die Begleiter und auch die Verkehrsteilnehmer als zu gefährlich erwiesen. Heute erledigt diese Arbeit ein LKW. Die Tiere werden aufgeladen und zwei Stunden später marschieren sie bereits über die Weidefläche. Ein Auftrieb mit einer derart großen Tiermenge dauerte früher bis zu zwei volle Tage.

Der Vater erzählte Johann von einem einstigen gewaltigen Rauschbrandsterben der Tiere auf der Alm und auch auf den Hausweiden, dem in den 1920er-Jahren in einem Sommer neun Stück große, kräftige Ochsen zum Opfer fielen. Das Fleisch der Tiere konnte nicht verwendet werden. Sie wären als Nachwuchs der Zugochsen bestimmt gewesen, ein fürchterlicher Verlust für die Bauernfamilie. In seiner Not zähmte der Vater in jenem Jahr kräftigere Kühe, um Zugtiere für die Feldarbeit zu haben, bis die Ochsen des folgenden Jahres so weit waren. Der Rauschbrand galt als höchst ansteckend, die verstorbenen Tiere holten sie von der Weide auf den Hof nach Hause, gruben hinter dem Haus ein großes Loch aus, legten die toten Ochsen hinein und schütteten zur Desinfektion jede Menge Löschkalk darauf.

Im Jahre 1978, als Johann den elterlichen Hof neu errichtete, stieß er bei Aushubarbeiten auf jene Grube mit jeder Menge Tierknochen darin, von der der Vater immer erzählt hatte.

„Es war ein eigenartiges Gefühl, vor jener Stelle zu stehen, an der sich der Wahrheitsgehalt der Erzählungen meines Vaters bestätigte."

Die Kinder vom Hechabergerhof und der Plank Paul

„Die Höhenbergkinder nannten sie uns im Dorf und in der Nachbarschaft." Gemeint waren hiermit der Johann und seine um zwei Jahre jüngere Schwester Karoline, die alle einfach *„Lini"* oder *„Linal"* riefen. Und dann gab es da noch den Plank Paul, Johanns Schulkollegen, der Dritte im Bunde. Gemeinsam bildeten sie eine unzertrennliche Partie.

Auf dem Fahrweg nach Gresten stand ein kleines, bescheidenes Häuschen. Darin wohnte eine Familie mit vier Kindern. Der Vater wurde, wie so viele andere Männer auch, in den Kriegsdienst eingezogen. Manche Schicksale finden schon sonderbare Wege. Der Mann wurde verwundet nach Ybbs in das Lazarett gebracht und lernte dort eine Krankenschwester kennen, die einen Bauernhof besaß. Mit dieser Frau gründete der Vater eine zweite Familie und überließ seine erste Familie in den mageren Nachkriegsjahren ihrem eigenen Schicksal.

„Wenn da der armen Frau mit den Kindern nicht die Nachbarn und der Ort geholfen hätten, die wären in der schwierigen Zeit verhungert", erzählt Johann Frühwald.

Pauls Mutter arbeitete bei Johanns Eltern als Tagelöhnerin, als Helferin bei der Feldarbeit, somit durfte sie sich ein paar Erdäpfel und sonstige Lebensmittel am Feldrand anbauen, damit sie ein wenig zum Essen für die Kinder hatte. Der Wald mit seinen vielen Versteckmöglichkeiten, mit seinen Licht- und Schattenspielen bildete den Lieblingsplatz der drei eingeschworenen Freunde. Unter einer großen Wurzel hatten sie sich aus Moos, Zapfen, Eicheln, Zweigen und Steinen einen Stall gebaut, die Tiere, die Ochsen, Kühe und Kälber, bastelten die kreativen Köpfe aus den verschiedensten Zapfen.

Wurde am elterlichen Hof ein Kalb geboren, dann stellten die Kinder in ihrem Waldspielplatz auch einen Zapfen für jenes Kälblein hinzu. Angespornt durch die Karl-May-Bücher bauten sich Paul und Johann im väterlichen Wald ein Indianer-Lager auf, das sie so geschickt tarnten, dass es nicht einmal Johanns adleräugiger Vater entdeckte, und der war dort viel unterwegs.

Im Jahre 1952 bekam Johann zu Weihnachten ein paar Ski aus Eschenholz. Der Herr Gruber betrieb eine Wagnerei im Dorf, dort stellte er auch Ski her und verkaufte sie. Die hatten bereits Metallbacken und einfache Riemen als Bindung. Am Schulweg war Lini so traurig, dass sie gehen musste und ihr Bruder mit den Skiern den Berg hinunterdüste, dass sich der gutherzige Johann erweichen ließ und seinen Onkel Lois bat, doch einen zweiten Riemen zu befestigen, damit sie beide gemeinsam ins Tal fahren konnten. Die Idee an sich war ja sehr gut gemeint, doch in der Umsetzung zeigte sich die Konstruktion gleich bei der ersten Unebenheit, als der Talgang den beiden unerwartet rapiden Schwung verschaffte, etwas wackelig.

Jeder Mensch hat so seine Art, die Bodenunebenheiten auszubalancieren. Diese Tatsache ist ja an und für sich auch okay. Nur wenn zwei Menschen gleichzeitig auf ein und derselben festen Unterlage stehen, dann wäre es zwecks Vermeidung eines Sturzes von Vorteil, wenn ihre muskulären Interaktionen diese Unebenheiten im Gleichklang ausbalancieren würden. Die Ernüchterung ob der beiderseitigen schmerzhaften Landung am Boden löste nach der ersten stärkeren Bodenwelle die Freude über die harmonische Talfahrt erst einmal ab. Johann zählte nicht mehr mit, wie oft sie bei jener Fahrt in das Dorf hinunter kopfüber den Boden entlangschlitterten, wieder aufstiegen und das Skifahren im Duett erneut versuchten. Doch nach drei bis vier Tagen staunten die Nachbarn nicht schlecht, als die beiden Höhenberg-Kinder, mit dem Schulrucksack am Rücken auf einem Paar Ski im Abfahrtstempo den Talhang hinunterrasten. Zwei Winter düsten die beiden auf diese Art im Winter in die Schule, dann bekam Lini zu Weihnachten ihre eigenen Ski.

„Das waren wunderschöne Jahre! Meine Schwester, ich und Paul waren ein Herz und eine Seele! Ich kann mich nicht erinnern, dass wir je gestritten hätten!"

Im Alter von 18 Jahren folgte Johanns Schwester dann dem Ruf ihres Herzens und heiratete ihren Leopold, den Sohn vom Schwarzlehenhof unten am Talboden. Die Bäuerin vom Schwarzlehenhof, Leopolds Mutter, war schon länger schwer erkrankt. Zeit für eine Eingewöhnung blieb dem jungen Mädchen keine, sie hatte gleich vollwertig zu arbeiten und ihre Schwiegermutter zu versorgen. Leider verunglückte ihr Mann, der Leopold, nach kurzer Ehezeit am Ötscher, dem Hausberg der Mostviertler, tödlich und sie blieb am Hof allein zurück.

Johanns gutes Herz und sein Weitblick ließen ihn immer tiefer in die Arbeit für das Gemeinwohl eintauchen. Vom Jugendgemeinderat, dem Funktionär im Molkereiwesen, Obmann des Schulausschusses, Mitglied im Heimatverein für bäuerliches Handwerk, bis hin zum Vizebürgermeister unter den Bürgermeistern Johann Prüller und Rudolf Dauer hatte er viele Funktionen inne.

Nach der Hochzeit mit seiner geliebten Leopoldine vollendeten die vier Kinder, Adelheid, Christa, Johann und Augustin, das Eheglück. In jedem dieser Kinderherzen konnten die beiden Hechals die Liebe zur bäuerlichen Arbeit wecken, alle sind glücklich im Bereich von Kleintierzucht bis Naturvermittlung, von Schaf- und Lammzucht bis hin zur Fortführung des Hofes Höhenberg durch August und dessen Frau Daniela. Obwohl Johann der damalige Direktor seiner Schule ob seiner ausgezeichneten Noten zu einem Studium überreden wollte, war seine Liebe zum Hof und zum Fortbestand der Arbeit seines Vaters und dessen Vaters sowie der vielen Generationen vor ihm stärker. Er erweiterte in gemeinschaftlicher Arbeit mit den Kindern den Hof um einen Heurigenbetrieb, Nächtigungsmöglichkeiten und einen schmucken Hofladen. Mittlerweile decken die Frühwalds am Ostersonntag und am Christtag den großen ausziehbaren Tisch, denn die Familie ist neben den vier Kindern und deren Ehepartnern mittlerweile um 13 Enkelkinder angewachsen.

Belohnung für das Ochsenaufpassen

Die Frau Theresia Bibarosch, kurz die „*Angelsöd-Resl*", war für Johann seit Kindertagen eine ganz besondere Frau und auch sie hatte den fleißigen Jungen fest ins Herz geschlossen. Jene Angelsöd-Resl war weithin bekannt für ihre ausgezeichneten Kochkünste. Für ein paar Kostproben ihrer Köstlichkeiten hätten die Burschen, der Johann und der Plank Paul, fast alles getan ...

In Reinsberg gab es damals einen Lohnunternehmer namens Osanger, vom „*Hof Distelreith*", der bereits eine Breitputz-Dreschmaschine mit Stationär-Motor besaß. Sie musste, wenn die Dreschzeit anging, vom Talboden zum Hof „*Angelsöd*" geschafft werden und hatte ein Gewicht von 4500 kg. Acht bis zehn Paar Zugochsen sowie alle verfügbaren Hände der Nachbarschaft waren vonnöten, um die Dreschmaschine auf den Berg zu schaffen und in die Tenne zu bringen.

Über die Sommermonate hinweg gab es aufgrund der fehlenden Kühlmöglichkeiten außer Speck und Geselchtem keinerlei Fleisch. Als besonderen Anreiz für die Hilfe oder Dank an die Helfer kochte die Angelsöd-Resl für diese eine „*Fuhrleitjausen*". Die Jause der Fuhrleute bestand jedes Jahr aus „*Boarbraten*" – einem Schweinebraten mit Erdäpfelsalat (Kartoffelsalat) aus speckigen Kipflern.

Diese Kartoffelsorte schmeckte im Salat einzigartig. Dazu stellte sie den besten Most des Kellers, aus der Bartlmaibirne, der erst zehn bis

14 Tage vorher gepresst worden war und sich noch in der Gärung befand. Ein köstliches, leichtes, fruchtiges Getränk!

Die Hechaberger-Kinder – den Johann und seine Schwester Karoline – fragte die Angelsöd-Resl, ob sie nicht auf die Ochsen aufpassen würden, damit die Fuhrleute in Ruhe essen könnten. Mit Hintergedanken an Plank Pauls ewigen Hunger einerseits und das köstliche Essen andererseits holte sich Johann Pauls Hilfe und manchmal war auch noch der Hans Steindl mit von der Partie. Vier Kinder, ausgerüstet mit Peitsche und Haselstaude, standen nun rund um die acht bis zehn Ochsen und versuchten, sie ruhig zu halten, indem sie mit den Gerätschaften die heraneilenden Fliegen und Bremsen schneller verjagten, als diese es schafften, sich auf dem weichen Tierfell niederzulassen oder gar deren Blut als Jause zu verspeisen. In letzterem Fall wären die Ochsen nämlich nicht nur etwas unentspannt geworden, sondern hätten durchwegs ungemütliche Charakterzüge zur Schau gestellt. Das wollten die erfahrenen Kinder auf jeden Fall vermeiden. Der nächste Risikofaktor für ungemütliche Ochsen war ihre gewohnte Futterzeit. Nicht nur wir Menschen haben eine innere Uhr, die uns an unsere Essenszeiten erinnert, nein, auch die Tiere merken sich das genau. Waren keine Fliegen, Bremsen oder Stechmücken zu sehen und die Tiere ließen sich trotzdem schwer bändigen, dann rannten zwei der Kinder in den Stall, um ihnen gutes Heu zu bringen, und schon war die Situation wieder entschärft.

Als Dank für ihre ausgezeichnete Arbeit bekamen sie alle vier von der Angelsöd-Resl höchstpersönlich und manchmal auch noch von ihrer Tochter, der Hedwig, zur Jause warme Bratenstücke mit frischem Brot und zum Trinken einen kindgerechten Most. Der wurde ordentlich mit Wasser verdünnt und mit ein wenig Zucker wieder aufgepeppt. Als Draufgabe erhielten sie warme Krapfen, frisch aus der Pfanne – für Paul und Hans war dies schöner als Weihnachten.

Schafwolle für den Musikunterricht

Johann Frühwald hätte als Kind so gerne ein Musikinstrument gespielt. Doch abgesehen davon, dass das Instrument an sich aus dem Alltagsbudget nicht zu finanzieren war, gab es zu jener Zeit noch keine Musikschule, die den Unterricht übernommen hätte. Es musste selbst ein potentieller Lehrer oder eine Lehrerin gefunden und bezahlt werden. Seine Mutter überlegte lange hin und her, wie sie ihrem arbeitsamen Jungen diesen Herzenswunsch erfüllen könnte ...

Die Rohwolle, die Schafschur, hat Johanns Mutter nach dem Scheren der Schafe auf den Leiterwagen fest zusammengedrückt und in den Ort hinuntergebracht. Dort gab es eine sogenannte Putzerei, wo die Schafwolle geputzt, gereinigt, entfilzt – also für das Spinnen vorbereitet wurde. Früher beherrschten die Frauen am Hof die Aufbereitung der Schafwolle für das Spinnen selbst. Schafe sind sportliche Tiere, sie klettern gerne durch dornigstes Gebüsch, wovon schließlich die Rückstände in der Wolle zeugen. Vom Samen der Klette bis zu kleinen Ästen zeichnet sich in der Schurwolle eine botanische Landkarte der zuletzt besuchten Örtlichkeiten ab. Zum angenehmeren Tragegefühl der Schafwollpullover auf der Haut und zur besseren Verarbeitung tat es gut, dieses Grobmaterial vorab mit einer Art Rechen zu entfernen.

Als nächstes Arbeitsgerät hatten die Frauen ein Gestell mit vielen kleinen Drahtstiften oben, die sogenannte Wollkartatsche. Hier zogen sie die grob gereinigte Wolle durch, ehe die Bäuerin die Schurwolle für das Spinnen am Spinnrad zusammenbündelte. Jede Erleichterung der vielen händischen Arbeit wurde mit Dankbarkeit angenommen.

Mittlerweile gab es in vielen Ortschaften eine Putzerei mit moderneren Gerätschaften, wo den Bäuerinnen diese zeitintensive Arbeit erleichtert wurde. Während Johanns Mutter die Schurwolle in der Putzerei ablieferte, aus dem Leiterwagen hob und im Geschäft deponierte, kam ihr eine Idee. Sie würde sämtliche entbehrliche Rohwolle verkaufen und aus diesem Geld Johanns musikalische Sehnsucht stillen. Ob sich die Mutter mehr freute, ihrem Sohn diesen Wunsch erfüllen zu können, oder Johann, dass er endlich ein Musikinstrument lernen durfte, ist heute schwer abzuschätzen. Voller Stolz hielt auf jeden Fall der Junge seine jahrelang ersehnte „*Steirische*", eine dreireihige Ziehharmonika, in der Hand und legte sie beim Schlafen neben sein Bett. Der erste morgendliche Blick galt diesem „*Wunderstück*".

Doch wie sollte die Mutter nun die Musikstunden bezahlen? Hierzu brauchte sie einen regelmäßigen Zusatzverdienst, die Erlöse der Schafwolle reichten dazu nicht aus. Jedes Stück Schafkäse, das nicht unbedingt für die Verköstigung der Leute am Hof gebraucht wurde, bot die fürsorgliche Mutter zum Verkauf an, bis sie sich die privaten Musikstunden bei einer Lehrerin in Gresten leisten konnten. Woche für Woche setzte die Mutter alles Mögliche in Bewegung, um Johann seine Musikstunden zu ermöglichen. „*Tadellos hab ich spielen können, habe geübt, wann immer ich Zeit fand, und jede Stunde Unterricht aus vollstem Herzen genossen. Bis der Ernst des Lebens mit aller Härte zuschlug!*"

Mit zunehmendem Alter wächst im Leben, und gerade auf einem Bauernhof, auch die Menge der zu leistenden Aufgaben. Johann musste bei Schönwetter am Feld mitarbeiten, konnte die Musikstunden nicht mehr besuchen, bis er schweren Herzens, mit bedrückter Seele, den Unterricht dem Hof zuliebe gänzlich zurücklassen musste.

Das Feuer für die Musik im Herzen weitertragend, fand er im Alter von 19 Jahren in der Musikkapelle einen älteren Herrn, der ihm das Flügelhornspielen beibringen wollte. Die damals aus fast lauter Männern bestehende Kapelle brauchte nach der starken Minimierung durch die Kriegsjahre talentierten Nachwuchs. Der geduldige Musiker entdeckte schnell Johanns Begabung und förderte diese, soweit es ihm möglich war. Seine aufopfernde Unterstützung sollte sich auszahlen, Johann blieb 35 Jahre aus vollstem Herzen der Musikkapelle treu!

Musikanten spielt's, spielt's, spielt's!

Auf einer weitläufigen Hochebene in der Nähe von Mariazell in der Gemeinde von St. Anton an der Jesnitz, da liegt der berühmt-berüchtigte Schlagerboden. Berühmt für seine einzigartigen Tanzabende, Hochzeiten und Feste, berüchtigt wegen der männlich-trunkenen Machtkampfeinlagen.

„Da gab es keine Tanzveranstaltung, wo es nicht gescheppert (kampflustig und faustkräftig) *zugegangen ist!"*

Schelmisch fügte Johann hinzu: *„Ob diese überladene Energie in den Genen oder irgendwie an dem Boden liegt, weiß ich nicht, aber für uns Musikanten war es recht amüsant, das Geschehen aus sicherer Entfernung zu beobachten."*

In seinen jungen Jahren spielte er in einer sechsköpfigen Burschenband mit dem wortmalerischen Namen „Die Original Bergler Buben". Es gehörten der Peter Faschingleitner (Klarinette), Josef Nosofsky (Trompete), Engelbert Teufel (Bassflügelhorn), Johann Frühwald (Gitarre), Anton Hergl (Akkordeon) und Rupert Jungwirt (Tuba) der Band an. Einer von ihnen war mit einem ausgezeichneten Musikgehör gesegnet. Mit einem Kassettenrekorder spielt er die Lieder ab, hörte ein, zwei Mal hin und schrieb rein nach seinem freien Gehör die Noten auf, nach denen die Band dann die Lieder und Stücke spielen konnte.

Notenblätter waren viel zu teuer, schließlich wollten sich die Burschen ja Geld dazuverdienen.

In den Nachkriegsjahren zeigten sich die Musikkapellen durch den Krieg mannschaftlich gesehen auf ein Minimum reduziert, viele Nachbarorte hatten gar keine Kapellen mehr. Gleichzeitig boomten durch die Aufbruchsstimmung die verschiedensten Tanzveranstaltungen und unendlich viele Hochzeiten fanden statt. Was die Freude am Leben betraf, herrschte ein gewisser Nachholbedarf. So kam es, dass Johann mit seinen Original Bergler Buben des Öfteren an jenem besagten Schlagerboden sein musikalischen Können zum Besten gab. Die sechs Jungs wetteten vor ihren Auftritten untereinander, wie lange es wohl dauern würde, bis die erste Schlägerei losging, denn dass es eine geben würde, das war sicher.

Als hätte der Bauherr einst die spätere Neigung zur Energieentladung im Tanzsaal geahnt, war der Platz für die Redner und die Band auf einem erhöhten Podest, geschützt vor dem Festsaal durch ein massives Gelände, errichtet worden. Optisch gesehen schienen alle Leute im Saal friedlich zur Musik zu tanzen, doch von einer Sekunde auf die andere, als hätten alle nur auf den kleinsten Auslöser gewartet, konnte die Stimmung schlagartig in einen chaotischen Tumult umschlagen.

„Da reichte es oft schon, wenn einer der Festbesucher den anderen länger angesehen hat, dass er das als Provokation fehlinterpretierte und seine Fäuste ein Lied singen ließ."

Selbst vom erhabenen Podium aus konnte schlecht eingeschätzt werden, ob es die Fäuste oder die Gläser waren, die schneller flogen. Eines war sicher, Johann und seine fünf Bandkollegen hatten eine erstklassige, gesicherte Position, um den Takt ihrer Musik an das Geschehen im Festsaal anzupassen. Kaum traf die erste Faust den scheinbaren Kontrahenten lief der erfahrene Wirt aus Angst, die Gäste könnten nach Hause flüchten und dann der Bruchschaden unrentabel im Vergleich zu den Konsumationen sein, zu den Burschen auf die Bühne und schrie sie an: *„Nicht aufhören! Spielt's auf, spielt's auf, spielt's auf!"*

Ein bisschen unwohl war den Jungs die ersten Male schon zumute! Schließlich setzten sie bis jetzt jedes verdiente Geld in Gerätschaften für ihre Auftritte um, von Lautsprecherboxen bis zur Verstärkeranlage, damals kostentechnisch fast unleistbar. Der Wirt hatte an Inventargegenstände stets hohe Verluste zu beklagen. Am Schlagerboden findet heute noch das gleichnamige Volkstanzfest statt, geändert haben sich nur die Gruppen, die aufspielen, die Burschen haben jedoch die gleiche Schlagkräftigkeit wie einst ihre Väter. Über 15 stolze Jahre und viele heitere und ernstere Geschichten hinweg erfreute Johann mit seine Original Bergler Buben das Mostviertel.

„Hans, komm zur Musik, da ist es lustig!" Wer ihn damals mit diesen Worten einlud, kann er nicht mehr sagen, doch die Worte selbst, die blieben lebhaft in seiner Erinnerung. So trat er der Reinsberger Musikkapelle bei und blieb ihr über 35 Jahre treu!

Ein paar musikalische Familien gründeten diese im Jahre 1870, im Laufe der Zeit fand sich das eine oder andere Musiktalent darin, wie z.B. der Kirchenmusiker und Komponist Herr Hofmüller. Von den 15 aktiven Musikern blieben nach dem Krieg lediglich neun Mann übrig, so engagierte man Aushilfsmusiker, um den Betrieb überhaupt in irgendeiner Weise aufrechterhalten zu können. Dringend auf der Suche nach verlässlicher Verstärkung fragte jener Mann Johann, ob er nicht Musiker werden wolle. Stolz berichtete er die freudige Entscheidung gleich seinem Vater, der sich ganz und gar nicht begeistert darüber zeigte und lapidar meinte: *„Musikanten und Lumpen sind nicht weit voneinander entfernt!"*

Zu jener Sorte sollte Johann nicht gehören, was sich schon darin zeigte, dass ihm 35 Mal der Brautführer anvertraut wurde. Zu später Stunde, wenn sich die Hochzeitsgesellschaft inmitten der Feierlichkeiten befindet, erkundschaftet der sogenannte *„Brautverzarer"* – der Brautentführer – einen geeigneten Moment, um die Braut im Schutz der Dunkelheit zu entführen, und schon gab es zwei Kontrahenten: den Brautentführer und den Brautführer, der sie dem Ehemann wieder unversehrt zurückbringen musste. Jetzt ging es um das taktische Verhandlungsgeschick. Eigentliche Nutznießer blieben schlussendlich die Festgäste, weil die Verhandlungsgrundlage in Weinflaschenmengen gemessen wurde. Wie viel Wein war dem Bräutigam und dem Brautführer die Rückgabe der Braut wert?

Auf der Bühne feilschten beide Männer hin und her, während die Festgäste, bereits mehr oder weniger angeheitert, lautstark durch Zurufe ihre Meinung miteinbrachten. Einige Gesprächsrunden diskutierten sie mit emotional gesteigerter Wortwahl um die Weinmenge, die zu begleichen wäre. Doch eine Hochzeit war teuer, das Geld rar, so entgegnete der Brautführer: *„Nein, das zahlen wir nicht!"* Erreichte die Zuhörermenge die gewünschte Anspannung, einigte man sich darauf, dass die Menge desjenigen gelten sollte, der beim Gstanzlsingen gewinnen würde.

Übung macht den Meister! Johann perfektionierte seine Dichtkunst und sein Gesangstalent dermaßen, dass er schließlich Vizeweltmeister im Gstanzlsingen wurde. Die ersten vierzeiligen Gesangseinlagen, worin die Männer ihre Bedingungen, manchmal auch Beleidigungen, zum Ausdruck brachten, reimten sich ja noch, so wie es sich gehört. Doch die Hitze des Wortgefechtes und die Menge des Alkohols blockierten die Fähigkeit des Schnellreimens immer stärker, bis das Singen unter den Rufen der Gäste in ein gegenseitiges Anschreien mündete und nicht selten in eine körperkraftunterstützte Diskussion umschlug. Während die Braut sich in Geduld üben und scheinbar „*ewig*" auf ihre Auslösung warten musste.

Erinnerungen an die Schulzeit

„Natürlich sind wir mit einiger Verspätung von der Schule nach Hause gekommen, weil beim Sägewerk am Ortsende, da vergeht die Zeit ja viel schneller als in der Schule. Die haben dort auch schon auf uns gewartet, für Botengänge oder kleinere Hilfsarbeiten wurden wir eingeteilt. Dann war halt die Zeit um, und zu Hause haben die Mutter und der Vater wieder mit uns geschimpft, weil die hätten uns auch schon gebraucht!"

Noch ehe der Schulweg begann, hatte Johann das am Vortag frisch gemähte Gras auseinanderzubreiten, damit es besser trocknen konnte. Nach der Schule wurde es mit einem Rechen zusammengefasst und mit dem Leiterwagen nach Hause gebracht. Er musste ganz sauber arbeiten, es durfte nichts in der Wiese zurückbleiben, das Futter war kostbar. In den Feldarbeitsmonaten brachten die Kinder des Hofes den Arbeitern Most und Essen auf die Felder hinaus. In der Früh ein Frühstück, weil die Arbeit mit Tagesanbruch begann, dann eine Vormittagsstärkung, ein Mittagessen, eine Nachmittagsjause und schließlich ein Abendmahl.

Im Jahre 1949 erreichte Johann sein schulpflichtiges Alter. Sein Schulweg dauerte talwärts, den Berg hinunter in das Dorf, bei trockenem Frühlings- und Herbstwetter etwa 20 Minuten. Der Rückweg fiel nicht nur aufgrund der Steigung, sondern auch der vielen Ablenkungen wegen etwas länger aus.

„Damals war der Schulweg noch ein Erlebnis! Heute sitzen die Kinder nur mehr im Autobus und kriegen von der Umgebung nichts mehr mit!"

Die Geräte des Sägewerkes wurden früher mit Wasserkraft betrieben. Das Wasser des Steinbachs wurde aufgestaut, dann über eine Stauanlage auf das Wasserrad geleitet – hier konnte man den Zulauf regeln oder auch ganz absperren. So hat man das Wasserrad auch zum

Stillstand gebracht. Das Gewicht des Wassers versetzte das Rad in die gewünschte drehende Bewegung, worauf es mit gewaltigem Rauschen in einen großen Tümpel stürzte. Das war auch Johanns Lieblingsort, einer von vielen jedenfalls. Dort gab es jede Menge Fische. Er wartete geduldig die Stauzeit ab, bis das Wasserrad stillstand und der Steinbach unterhalb der Staumauer nur mehr ein Rinnsal war, dann konnten die Fische leicht gefangen werden. Die Höhenbergkinder konnten sich auf dem ganzen Gelände frei bewegen, denn ihre Mutter hatte in jungen Jahren in diesem Sägewerk und Gasthaus neun Jahre gearbeitet.

Als angehendem Mann schlummerte in ihm ein angeborener Jagdinstinkt. Augenblicklich entledigte Johann sich seiner Schultasche und aller bisherigen guten Vorsätze, jetzt schnurstracks nach Hause zu marschieren. Suchte sich die optimalste Lauer-Position, breitbeinig über dem Wasser, visierte den größten der herumschwimmenden Fische an, um ihn danach zielsicher, nur mit seinen Händen, einzufangen.

Manche Tage funktionierte das mit Zielsicherheit und hoher Trefferquote, wenn die Fische just während der Fangaktion ruhig hielten, andere Male ging Johann leer aus. „Heiliger Gott", schimpfte die Mutter zu Hause, wenn sein Fangglück allzu oft hintereinander eingetreten war. Aber gekocht hat sie dann alle Fische!

„*Der Schulweg war damals einfach drei Mal so schön*", seufzt Johann. Wenn es in der Schule einmal Ungerechtigkeiten, sei es mit den Mitschülern oder dem Herrn Lehrer gegeben hatte, waren alle trüben, traurigen Gedanken nach dem Aufstieg zum heimatlichen Hof verraucht, körperlich abreagiert, überhaupt wenn meterhoch der Schnee den Boden bedeckte. Johanns Schwester ist jünger als er. Sie begann mit der Schule, als er gerade 8 Jahre zählte.

Dieser Winter zählte zu einem der härtesten, welche die Gegend je heimsuchte. Meterhoch legten sich die Schneemassen auf die Landschaft. Sowohl das Hinuntergehen in die Schule als auch der Hinaufweg schienen für die kurzen Kinderfüße fast nicht mehr bewältigbar zu sein.

An manchen Tagen ging der Vater zeitig in der Früh, noch vor der Stallarbeit und dem Schneeschaufeln im Hof, voran, um seinen Kindern einen Weg runter in das Tal auszutreten.

Am Nachbarhof, dem Hof zwei Kehren vor dem Höhenberghof, auf dem Angelsöd-Hof, lebte ein Fürsorgekind. Ein großes stämmiges Mädchen. Es war von herzlicher Wesensart, doch mit dem Lernen hatte sie es nicht so ganz. Daher beendete sie die Schule bereits mit der 3. Klasse. Wenn Johann und seine Schwester mal wieder zu tief im Schnee versanken und gar nicht wussten, wie sie den Berg hinauf bewältigen sollten, weil sie auch noch die Schultasche niederdrückte, kam dieses liebevolle Mädchen heraus und trat den Kindern mit ihrer maskulinen Gestalt einen Gehweg frei. Damit war wieder ein Weiterkommen möglich und sie schafften die letzten Meter nach Hause auch noch.

Seinen Lehrer hat Johann als gestreng in Erinnerung. Der Herr Heindl war eigentlich ein Weinviertler, der nach Kriegsende wegen seiner Gesinnung nach Reinsberg zwangsversetzt wurde. Gleich am ersten Arbeitstag meinte er, hier in diesem Bergdorf würde er nicht lange bleiben.
„Dann hat er sein ganzes Leben hier verbracht, wurde Direktor, Bürgermeister und Ehrenbürger! Seine Frau, die in der Schule als Handarbeitslehrerin unterrichtete, ist mittlerweile rüstige 102 Jahre alt und hat ihren Mann um Zeiten überlebt."
Heute kennen die Kinder vielleicht gerade einmal die Nachbarhöfe, der Heimatunterricht hat seine Priorität zugunsten anderer Fächer eingebüßt. Damals erfuhren sie über die Höfe der Umgebung und ihre Geschichten, lernten die Almen und Berge der Umgebung mit Namen zu benennen. Sie unternahmen Wanderungen zu den wichtigen Orten der Heimat, lernten bei Ausflügen auf die Höfe die alten Leute kennen und lauschten ihren Erzählungen.
Das war lebendiger, hautnaher Unterricht! Reinsberg ist in fünf Rotten unterteilt – Reinsberg, Buchberg, Kerschenberg, Schaittenboden und Rogertsboden. Diese zu kennen war für den Herrn Lehrer Heimatwissen und Grundvoraussetzung.

Eines Tages ist der Herr Schulinspektor unerwartet zu Besuch gekommen. Der Herr Lehrer war ja noch nicht so lange an der Schule, doch Mathematik und Heimatkunde, darauf legte er äußersten Wert. Die Arbeit eines zwangsversetzten Lehrers wird von einem Schulinspektor anders, viel genauer begutachtet, was eigentlich auf dem Rücken der Schüler Austragung findet. Zuerst stellte der gestrenge Herr Inspektor einige Kopfrechenaufgaben an die gesamte Klasse. Er war sehr erstaunt, dass die Kinder blitzartig aufzeigten und die Antworten richtig waren. Selten fand sich eine im Kopfrechnen so gut trainierte Schulklasse, selbst bei schwierigeren Aufgaben hielten die Kinder ohne Anstrengung mit. Der Herr Inspektor, anscheinend auf Fehlerfindung im Unterricht konzentriert, schrieb für dieses Alter möglichst schwere Aufgaben an die Tafel und stellte es dem Herrn Lehrer frei, welchem Schüler er diese Aufgabe übertrug.

Eine gute Unterrichtskraft kennt ihre Schüler genau! Was der Inspektor nicht wissen konnte, war, dass in jener Klasse ein brillantes Mathematikgenie namens Stefan Teufl saß, der in späteren Jahren einer der ersten Computerprogrammierer wurde.

„Der Junge hat dem Inspektor die Rechnungen nur so heruntergezaubert!"

Der Inspektor wollte dies nicht glauben und stellte zum Abschluss eine schier unlösbare Kopfrechenaufgabe im Bruchrechnen. Der Junge stand eine Zeit ruhig vor der Klasse und gab keine Antwort. Siegessicher wandte sich der Inspektor dem Lehrer zu und wies den Schüler an, sich an seinen Platz zurückzubegeben. Doch noch ehe dieser gestrenge Prüfer auch nur eine Silbe in Richtung des Lehrers aus dem Mund herausbrachte, drehte sich der Schüler Stefan Teufl um, setzte seine freundlichste Mimik auf, seine Augen visierten den Herrn Inspektor an und er gab das korrekte Ergebnis von sich. Der Lehrer Heindl hob siegessicher die Augenbrauen, setzte ein verschmitztes Lächeln auf und blickte dem Schulinspektor wortlos nach, als dieser prompt das Klassenzimmer verließ.

„Zwei Jahre haben wir von dem Herrn eine Ruhe gehabt!"

Den Herbst liebte Johann besonders wegen der vielen Schwammerl. Ging er mit seiner geliebten Schwester und seinem besten Freund, dem Paul, von der Schule nach Hause, war neben dem Sägewerk und dem Fischteich im Herbst ein Abstecher in den Wald zum Schwammerlsuchen ein Fixpunkt. Der Wald ist früher von den älteren Leuten gesäubert worden. Die Zweige, Zapfen und das Geäst wurden eingesammelt, das Laub zusammengefasst und alles zum Heizen nach

Hause gebracht. Das waren kostbare Hilfen, damit das Feuer ordentlich brannte. Die Wälder waren sauber, das liebten die Pilze, da wuchs jede Menge davon. Sosehr die Mutter auch ihre Kinder darum bat, die Schwammerl endlich stehen zu lassen, weil es tagaus tagein nur mehr Pilze zu essen gab und auch schon jede Menge davon für den Winter getrocknet war, artete es fast zu einem Wettsuchen zwischen den Dreien aus, wer wohl die meisten und schönsten Schwammerl finden würde. Jeder versuchte in seiner Leidenschaft, seinem Ehrgeiz, die Fundplätze des anderen ausfindig zu machen, und überlegte sich bereits während des vormittäglichen Unterrichts eine Strategie, wie er die anderen austricksen könnte.

Eines Tages, als alle drei Kinder ins Gespräch über die Vorkommnisse in der Schule vertieft waren, blickte Johann neben dem Gehweg in die Wiese. Blickte ein zweites Mal, verstummte mitten in seinen Erzählungen, machte einen Schritt zurück in Richtung des erspähten Objekts und konnte seinen Augen kaum trauen. Ein Herrenpilz stand da direkt neben dem Weg, mit einem Kopfdurchmesser von sage und schreibe 54 cm, Gewicht 1,53 kg! Fast ehrerbietig standen die Kinder rund um dieses einzigartige Naturgeschenk! Kein einziges Wurmgeflecht durchzog das köstliche Pilzfleisch.

Diesmal konnten die drei eingeschworenen Freunde den nächsten Schultag kaum erwarten und waren die ersten Schüler, die das Schultor öffneten, um dem Herrn Lehrer gleich ihr Glücksobjekt zu überreichen. Der ganzen Schule präsentierten die Kinder ihren einzigartigen Fund und weil die schönste Freude jene ist, die anderen bereitet werden kann, schenkten sie den Pilz dem Herrn Lehrer und seiner Frau. Diese bereiteten einige köstliche Mahlzeiten daraus. Einen Teil davon trockneten sie für die Einbrennsuppen im Winter als Geschmackszugabe oder für den Erfäpfelsterz. (Rezepte hierzu im Kapitel *Rezepte*.)

Die Glocken kehren zurück

Selbst die hartgesottensten Männer des Dorfes hatten bei diesem lang ersehnten Festakt Freudentränen in ihren Augen. Läutete doch die Rückkehr der Glocken nach den schweren Jahren im wahrsten Sinne des Wortes eine neue, hoffentlich bessere Zeit ein!

Die Kirche in Reinsberg war einst stolzer Besitzer von fünf klangharmonischen Glocken gewesen. Unter dem Hitler-Regime wurden die vier großen Glocken der Kirche entfernt und für die Erzeugung von Waffen und Munition eingeschmolzen. Nur das kleine „Arme-Seelen-Glöckchen" durfte bleiben. Sobald dieses Glöckerl läutete, war wieder jemand aus dem Dorf verstorben oder ein tapferer Soldat im Krieg gefallen. Bei dreimaligem Läuten war eine männliche Person gestorben, bei zweimaligem Läuten eine weibliche und bei einmaligem Läuten war ein Kind von dieser Welt gegangen.

In der Wiederaufbauzeit nach dem Krieg wuchs unter den Dorfbewohnern der große Wunsch, ihre Glocken wieder zurückzubekommen. Obwohl die Lebensmittel knapp waren und sie eigentlich jeden Groschen gut brauchen konnten, zahlten alle zusammen, jeder gab, was ihm irgendwie möglich war, für die neuen Glocken. Im Jahre 1953 war es dann endlich so weit. Es waren genug finanzielle Mittel zusammengekommen und die vier Glocken konnten bestellt werden. Die Männer diskutierten, wie sie die schweren Glocken am besten auf den in luftiger Höhe befindlichen Halterungen anbringen könnten, während die Frauen Blumen und Zweige sammelten, um daraus den Wagen mit den Glocken in seinem schönsten Blumenkleid erstrahlen zu lassen, welches der Ort je gesehen hatte. Mit einem großen Festakt auf Pferdegespannen zogen die neuen Glocken in den Ort ein. Frau Wilhelmine Schleicher aus der k&k Obstbaumdynastie Schleicher, eine begnadete Dichterin und belesene Frau, verfasste eigens ein Gedicht für diesen Anlass, das von der Tochter des Lehrers Haindl vorgetragen wurde.

In dieser Zeit ohne Kran und Hebewerkzeuge halfen alle Zimmerleute der Gegend zusammen, um die drei mittelgroßen Glocken mit Hilfe eines Flaschenzuges und Seilwinden auf ihren Platz hochzubekommen. Angespornt durch die Begeisterungsrufe der Leute, schafften sie unter Schweiß und unterdrückten Schmerzen diesen außergewöhnlichen Kraftakt. Nur die letzte, die große Glocke, sie wog 986 kg, diese an ihren ehrwürdigen Platz zu bringen, das bereitete allen Kopfzerbrechen und forderte die technische Ideenvielfalt.

Zuerst probierten es die zielbewussten Männer, die auf einfachste Materialien und Hilfsgeräte zurückgreifen mussten, mit einem großen, dicken Baum, der als Verbindungbrücke zwischen Boden und Glockenaufhängung fungieren sollte. Eigentlich theoretisch eine sehr ausgeklügelte Idee, doch die Praxistauglichkeit zeigt sich erst zum Zeitpunkt der Umsetzung. Vorsichtig hängten die Männer die Glocke darauf und versuchten, sie daran Stück für Stück hochzuziehen. Gerade beim letzten Stück, als bereits Dreiviertel der Strecke zum Glockenturm geschafft war und man den Schweiß der Männer bereits mit Kübeln auffangen hätte können, ließ die Spannkraft des ausgewählten Baumes nach.

Die Mission musste abgebrochen und erneut gestartet werden. In jenem Moment, als der Baum sich unter der Glocke zu bewegen begonnen hatte, hätte man einen Stecknadelkopf fallen hören, so angespannt verfolgte die Menschenmenge das Geschehen. Kaum erreichte die Glocke wieder ihren ursprünglichen Ausgangspunkt, folgte Versuch Nummer 2. Die Zimmerleute verkürzten den Auslegebaum, damit er das Gewicht leichter tragen konnte.

„Die Glocke war bis zur Hälfte wieder oben, da sind der Vater und die Mutter zu mir gekommen und meinten, wir müssen leider gehen, es ist bereits spät am Abend, die Tiere müssen noch gefüttert und gemolken werden."

So gerne hätte der junge Johann noch gesehen, wie die Glocke eingehängt wurde, ob der Baum dieses Mal standhielt. Im Schnellschritt, sich der vielen zu Hause wartenden Arbeit bewusst, eilte die Familie Frühwald den lang gezogenen Berg zum Höhenberghof hinauf. In der vorletzten Kurve hallte ein Applaus aus dem Tal empor. Vater und die Mutter bremsten sich ein, auch die Onkel und Dienstboten setzten sich am Wegesrand hin und blickten ins das Dorf hinunter, wo Totenstille eingekehrt war, ehe die Glocken seit vielen Jahren das erste Mal wieder vom Tal zum Berg hinaufhallten. Sogar der Vater hatte Tränen in den Augen, als er meinte: *„Die Heimat ist zurückgekehrt!"*

Die Technik stellt alles auf den Kopf

Eigentlich hätte der damals kleine Johann von jener Nacht- und Nebelaktion nichts mitbekommen sollen, doch Kinder haben ein besonderes Gespür für Situationen, die sie nicht erfahren sollen! Johanns Vater, der sich eigentlich als bekennender Gegner jeglicher neuen Technik zeigte, hatte eine für ihn untypische Idee. Den Strom wollte er nicht nur für das Licht, sondern auch für einen Elektromotor zum Antrieb der Mühle, der Obstmühle, der Windmühle, der Kreissäge und der Futtermaschine verwenden, doch im legalen Handel war dieser nicht erhältlich.

Eines Nachts konnte Johann nicht schlafen, hörte Geräusche aus dem Stall und folgte diesen unverzüglich. Während er die Stalltüre einen Spalt öffnete, sah er, wie sein Onkel Florian und sein Vater gerade einen jungen Stier auf einem Holzgestell aufgehängt hatten, um ihn zu zerlegen. Mit fragendem Blick steuerte Johann auf die beiden in ihre Arbeit vertieften Männer zu. Zuerst versuchte sein Vater, ihn mit lieblicher, dann mit etwas resoluterer Stimme zur Rückkehr in sein Bett zu bewegen, doch Johann ahnte, dass diese Situation etwas Besonderes war. Schließlich musste er den beiden Erwachsenen bei allem, was ihm heilig war, versprechen, kein Sterbenswörtchen darüber zu verlieren, was er hier sehen würde. Männer müssen zusammenhalten, und wenn erwachsene Männer dies von ihm verlangten, dann würde er ja auch schon zu den „*Großen*" gezählt werden!

Voller Stolz verfolgte er das weitere Geschehen. Die Einzelteile des Tieres verstauten die zwei fein säuberlich in zwei Rucksäcke, die von Johanns Vater und Onkel Florian noch in derselben Nacht nach Gresten getragen und von dort mit dem Auto nach Wien geschmuggelt wurden.

Es war gerade die Zeit der Lebensmittelkarten und des Schwarzhandels, Fleisch erhielt man kaum. Lebensmittel zu kaufen war strengstens verboten, es durfte nur mit den zugewiesenen Karten bezahlt werden. Damit wollte man sicherstellen, dass für jede Bevölkerungsschicht Essen zur Verfügung stand und nicht die Reichen alleine alles kaufen würden. Wohlhabende Wiener gab es trotzdem, sie zahlten am Schwarzmarkt für ein paar Stücke dieses Jungstieres ein Vermögen.

Der Stier brachte Johanns Vater genug Geld ein, damit er seinen Motor bezahlen konnte, den er bereits einen Tag zuvor, damit ja nichts aufflog, auf den Hof geholt und erst am darauffolgenden Tag beim Händler bezahlt hatte.

Ochsen und Pferde, die vor Schlitten, Karren oder Leiterwagen gespannt wurden, galten als wichtigste Hilfe in der Landwirtschaft. Für die Fuhrleute, die über die Jahrhunderte das Eisenerz in die Täler des Alpenvorlandes brachten, waren die Pferde nicht wegzudenken! Pferde waren schneller als Ochsen und hatten den Vorteil, größere Lasten bewältigen zu können. Für den Stalldünger bauten die Landwirte viel Klee auf den Feldern an, dieser ist ein Stickstoffsammler und durchwurzelt den Boden gut, wodurch die nächste Frucht eine gute Ernte sicherte.

Die Änderung der Technik begann eigentlich mit dem Hitler-Regime. Dampfmaschinen, Dreschmaschinen, Pflüge, Eggen, Futterschneidmaschinen, Stationärmotore zum Antrieb von diversen Maschinen hatten plötzlich einen Preis, der auch leistbar war. Er brauchte für seine geplanten Eroberungskriege Rohstoffe und Nahrungsmittel und die nun leicht verfügbare Technik sollte langfristig hohe Ernteerträge zur Verpflegung der Truppen bringen. Beim Zusammenbruch des Dritten Reiches blieben Unmengen von Kriegsmaterial zurück, welche als Rohstoff für landwirtschaftliche Maschinen eingeschmolzen wurden – aus Schwertern wurden im wahrsten Sinne des Wortes Pflugscharen geschmiedet.

Zu einer der größten Errungenschaften entwickelte sich der elektrische Strom, der 1948 auch auf den Höhenberghof kam. Statt der Petroleumlampen, der Kerzen und dem Kienspan drückte man plötzlich nur auf einen Schalter und es wurde hell im Raum. Ein Unteroffizier der deutschen Wehrmacht wurde von den Ybbsitzer Elektrizitätswerken damit beauftragt, den Bau der Strommasten zu beaufsichtigen. Jeder Hof hatte die von ihm benötigte Menge an Lärchenmasten mit einer Höhe zwischen 9 und 12 Metern, je nach Geländebeschaffenheit, selbst zur Verfügung zu stellen und zu den Mastenlöchern zu transportieren. Weiters hatten die Höfe Hilfskräfte anzustellen, die unter militärischer Aufsicht die Löcher für die Masten mit einer Tiefe von ca. 2 Metern aushoben. In den Kriegswirren kam ein gewisser Herr Karl Bibarosch, eigentlich ein Flüchtling, nach Reinsberg. Er war beim Nachbarn am Angelsöder-Hof untergekommen und heiratete dann die Tochter des Hauses, die „*Resl*", doch das Eheglück währte leider nicht lange, er verstarb sehr früh an einem Blinddarmdurchbruch.

Die Angelsöd-Resl, seine Frau, hat seinen Tod jahrelang nicht verkraftet, vergessen konnte sie ihn nie! Manchmal muss man warten können, ehe man richtig zum Einsatz kommt. In Zuge der Stromversorgung hatten für ihn als gelernten Elektriker die Tage nicht so viele Stunden, wie er plötzlich Aufträge zu erledigen gehabt hätte. Bei jedem Haus mussten innen die Leitungen verlegt, die Schalter montiert und die Lampen installiert werden. Vom Flüchtling wurde er zum angesehenen Dorfelektriker.

Im Rahmen einer Art „*Gleichenfeier*", einem großen Fest, brachten die Leute am Hof Höhenberg ihre Freude zum Ausdruck, das erste Mal auf den Knopf drücken und das Licht ein- und ausschalten zu können. Eine unvorstellbare Erleichterung!

Die Spirale der technischen Veränderungen begann sich plötzlich in unvorstellbarem Tempo weiterzudrehen. Aus den Huf- und Wagenschmieden wurden Landmaschinenhändler und Reparaturbetriebe. Waren es anfangs oft Maschinen für den Pferdezug, Mähmaschinen oder Heuwender, folgten nun Geräte, die von Traktoren gezogen werden konnten. Speziell die Traktoren sorgten nicht nur an den Wirtshaustischen für heftige Diskussionen, sondern auch am Küchentisch der Familie Frühwald. Die Arbeit des Tages war vollbracht, die Männer setzten sich erleichtert und froh über die Wärme des Raumes, war die Küche doch der einzig geheizte Raum im Haus, zum Nachtmahl an den Tisch. Johann und sein Vater löffelten abwechselnd aus dem großen Suppentopf, der in der Mitte des Küchentischs stand.

Fast jeder Abend verlief gleich, zuerst den Körper im Raum erwärmen, hatte dieser seine „*Betriebstemperatur*" erreicht, wurde gemeinsam die Suppe gegessen, bis genug Kräfte gesammelt waren, um den regen Meinungsaustausch bezüglich der Sinnhaftigkeit des Kaufes eines Traktors zu starten. Sollte der Hof bei den Ochsen bleiben, sollte ein Traktor angekauft oder gar auf Pferde umgestellt werden? Welche

Entscheidung auch immer gefällt werden würde, sie musste die bestmögliche für die nächsten Jahre bzw. Jahrzehnte sein.

Johanns Vater argumentierte damit, dass sie die Ochsen ja am Hof selber zähmen, sie drei bis vier Jahre gute Arbeit verrichten lassen und diese danach noch gemästet und gegen gutes Geld verkauft werden konnten. Bezüglich der Pferde waren beide, Sohn und Vater, skeptisch. Einen ehrlichen Rosshändler zu finden war fast unmöglich!

Fast immer manipulierten die Händler oder die Verkäufer mit dem Alter der Tiere, indem sie Schwefelblüten mit Bier fütterten, was die Pferde kurzfristig deutlich jünger wirken ließ. Auch die Gewährleistung, dass die Pferde gut zugerichtet wurden und bei der Zugarbeit nicht ausschlagen oder beißen würden, nahmen die Händler nicht so genau. Das Pferde-Thema war am schnellsten vom Tisch.

Aus diesen Überlegungen heraus rückte der Traktor schließlich immer mehr in den Mittelpunkt der Diskussion, obgleich bereits einige Bauern im Dorf einen solchen hatten. Doch ein solches Gerät kostete eine Menge Geld, Kredite waren kaum zu erhalten und wenn, dann nur unter Sicherstellung des gesamten Hab und Gutes. Kein Mensch konnte sich zu jener Zeit auch nur im Traum ausmalen, dass ein Traktor in der Zukunft den bäuerlichen Betrieben einmal alle anfallenden Feldarbeiten abnehmen würde, im Speziellen die auf den Feldern und Wiesen in den gebirgigen Hanglagen.

Johann zählte bei jenen zukunftsweisenden Gesprächen gerade einmal 15 Jahre und hätte von der Technik fasziniert natürlich am liebsten sofort einen Traktor gekauft. Sowohl sein Vater als auch der später hinzugezogene Onkel Lois hatten Bedenken, dass das Gewicht des Traktors die Böden der Wiesen und Felder mit der Zeit verdichten würde, schließlich hatten die Ochsen von Natur aus eine viel geringere Auftrittfläche und konnten keinen solchen Schaden anrichten. Auf einem verdichteten Boden wächst keine Saat mehr, ja nicht einmal Gras würde man vorfinden, versuchte Johanns Vater ihm klarzumachen.

Über mehrere Jahre sollte sich diese Diskussion ob Traktor ja oder nein hinziehen, mittlerweile berichteten bereits viele Nachbarhöfe über dessen Vorzüge. Im Winter 1958 fiel die Entscheidung zugunsten des Traktors, aber ein leichter müsste es wegen des Bodens sein und von der Marke Warchalowski. Der Motor, den die Frühwalds einst gegen ein Kalb am Schwarzmarkt tauschten, war auch von ebendieser Marke, funktionierte problemlos, zu jener Firma hatte Johanns skeptischer Vater ein wenig Vertrauen. Noch solange der Schnee lag, schlägerte Johann mit seinem Vater und seinem Onkel 120 Festmeter Holz händisch, unterstützt nur von der Zugsäge, damit die 30.000 Schilling für das zukunftssichernde Gerät bewältigt werden konnten.

Welch bewegender Moment, als schließlich am 5. Jänner 1959 der erste Traktor am Hof Höhenberg einfuhr.

"Es war für mich eine wunderschöne Zeit, als ich den Traktorführerschein hatte und mit Vater nach Gresten in die nächste Werkstätte fuhr, wobei er am Kotflügel saß. In Gresten kaufte er einen Kranz Braunschweiger Wurst und vier Semmeln. Bei der Heimfahrt aßen wir diese genüsslich, während wir uns über alles Mögliche unterhielten. Manchmal blieb auch für Mutter ein Stück der Wurst übrig."

Am anderen Kotflügel stand ein Dieselkanister zum Nachtanken. Diese Zeit mit seinem Vater, die bei der händischen Arbeit so nicht möglich gewesen war, blieb Johann in ganz besonderer Erinnerung. Die Entscheidung sollten sie nicht bereuen, im Gegenteil, 1966 tauschten sie den kleinen Traktor bereits gegen einen größeren, leistungsstärkeren um. Es sollte auch jenes Jahr sein, in dem am Hofe Höhenberg das letzte Paar Zugochsen gezähmt und abgerichtet wurde.

Das Hausmarterl

Das unerklärliche, freudige Ereignis hatte sich im Sommer des Jahres 1881 zugetragen. Onkel Lois erzählte davon in den dunklen Wintermonaten bei Kerzenschein und knisterndem Herdfeuer.

Am 12. August des Jahres 1874 wurde Johanns Urgroßeltern Theresia und Josef Frühwald ein Junge geboren. Der Gesundheitszustand des kleinen Ignaz verlangte nach seiner sofortigen Nottaufe. Zwar überlebte das tapfere Kindlein, doch blieb es merklich schwach und kränklich, selbst im Alter von 3 Jahren hatte es noch zu wenig Muskelstärke in den Beinen, um sich gehend fortbewegen zu können. Niemand konnte dem kleinen Mann helfen. So bastelte ihm sein Vater liebevoll ein paar Krücken, die ihm bis zu den Achseln hinauf reichten. Mithilfe derer konnte sich der willensstarke Junge wenigstens so recht und schlecht in humpelnder Weise bewegen.

An jenem besagten Sommertag plagte sich der kleine Ignaz, mittlerweile im Alter von 7 Jahren, qualvoll mit seinen Gehhilfen den Berg zum elterlichen Hof hinauf, doch plötzlich, ohne erklärbaren Grund, legt er die Krücken zur Seite und ging den restlichen Fußweg zu seinen Eltern frei bergauf. Von diesem Zeitpunkt an konnte er ohne Hilfe, ohne jegliche Stütze gehen. Aus Dankbarkeit über diese göttliche Gnade errichtete Josef Frühwald an jener Stelle zu Ehren der Gottesmutter Maria ein Marterl. Es sollte nicht nur die Dankbarkeit der Familie zum Ausdruck bringen, sondern die vorbeiziehenden Leute auch daran erinnern, dass Wunder immer möglich sind!

Durch die Witterungseinflüsse über die Jahrzehnte hatte das alte Marterl sehr gelitten, obwohl es immer gepflegt und stets mit frischen Blumen versorgt wurde. So entschloss sich die Familie Frühwald, zum Anlass des 70. Geburtstags von Johann, das Marterl neu zu errichten. Es ist ein wunderschönes Gesamtkunstwerk geworden mit Steinbrunnen und Sitzbank nebenan. Viele Helfer beteiligten sich am Bau. Der

Rechberger Peter machte den Erdaushub, der Leutner Erich die Maurerarbeiten, der Hauszimmermann vom Höhenberghof, Sepp Frühwald, das Holzmarterl, das er mit Schindeln eindeckte, und Johann selbst produzierte die schmiedeeisernen Teile. Das Marterl soll an die wundersame Heilung des kleinen „*Naz*" erinnern und zum Innehalten und Nachdenken sowie zu einem stillen Gebet anregen.

Gedicht an die Mutter

Das Lächeln der Mutter

Wenn man das Leben so betracht,
wer hat einen als Erstes lieb angelacht?
Ich glaub, das braucht man gar nicht reden,
das ist die eigene Mutter gewesen.

Wer hat einen genommen in den Arm,
und fest gedrückt, herzlich und warm?
Dann als Schulkind mit 6 bis 10 Jahr,
gestreichelt sanft über das Haar?

Da war man glücklich und so froh,
und wieder war ihr Lächeln da.
Das Schulaustrittszeugnis macht einen Sinn,
da sind lauter gute Noten drin.

Daheim machst du es gleich der Mutter kund,
ein stolzes Lächeln ziert ihren Mund.
Klopft dir auf die Schultern und sagt dazu,
"Brav hast du gelernt, mein lieber Bub."

Schnell vergeht die Zeit, die so schön war,
und du stehst mit deiner Braut vor dem Traualtar.
Fragend siehst du die Mutter an,
lächelnd nickt sie, dass passt schon so.

Und auf ja und nein,
sind schon Enkelkinder da,
sie schaut auf sie,
nimmt sie auf den Arm
und lächelt wieder fürsorglich und warm.

Dann kommen halt die Zeiten,
wo man Abschied nehmen muss und scheiden,
sie nimmt dich fest noch bei der Hand,
„Bleibt brav und friedlich miteinand."

Ein letztes Lächeln huscht über ihr Gesicht,
„Leb wohl", sagt sie, „vergiss mich nicht!"
Das Lächeln hat immer ihr Gesicht erhellt,
jetzt hat sie es in einer besseren Welt.

Drum tut es jedem Menschen sagen,
eine Mutter tut man nur ein Mal haben!

Niedergeschrieben in der Karwoche des Jahres 2010,
in dankbarer Erinnerung an die Mutter.
Johann Frühwald

Von Most und Mostbaronen

Der Most am Hof Höhenberg

Das Grestener Adelsgeschlecht der Zinzendorfer dokumentierte in seinen Abrechnungslisten in Sachen Zins und Zehentabgaben an den Grundherrn den Einbehalt von Most neben anderen Gütern wie Getreide, Erdäpfeln, Früchten, Eiern und Schnaps.

Der Most und der Hof Höhenberg hatten seit jeher eine intensive Verbindung, bereits bei der ersten urkundlichen Erwähnung des Hofes im Jahre 1613 wurde Most gemacht und getrunken. Die Gewinnung ohne maschinelle Hilfe war eine mühsame. Es kann heute auch schwer beurteilt werden, ob die geschmackliche Lieblichkeit des Getränkes damals gegeben war.

Johann Frühwald ist der Meinung, dass der Most in dieser Zeit bereits als durstlöschendes Getränk genutzt wurde, das die arbeitenden Männer in Kraft und Ausdauer unterstützte und eine Abwechslung zum Wasser darstellte, welches bei den damaligen Hygienebedingungen von anderer Qualität war, als wir es heute gewohnt sind.

Die Früchte wurden zerkleinert, zerstoßen, mit Wasser verdünnt in Holzgebinde gefüllt und mit einem mächtigen Stein so weit beschwert, dass der Fruchtsaft herausgedrückt wurde. Hefepilze kommen von Natur aus in der Luft vor und haben irgendwann ihren Weg zu dem Fruchtwasser gefunden, woraus sich eine Spontangärung entwickelte. Für attraktivere Geschmackserlebnisse sorgten die ersten besseren Presstechniken im 18. und 19. Jahrhundert, wo mit Pressen und Obstmühlen verschiedenster Bauart Most gemacht wurde. In dieser Zeit hatte der Most seine Hochblüte.

Als Johann Frühwald gegen Ende der 1970er-Jahre den Hof neu erbaut und hierzu die alten Mauerbestände fein säuberlich abträgt, findet er eine Urkunde seines Großvaters, worin er für seine ausgezeichnete Mostqualität den 1. Preis bei einer Mostverkostung im Jahre 1909 erhalten hatte. Zwar wurde am Hechabergerhof immer Most produziert, doch die innere Leidenschaft hat parallel zu den sinkenden Verkaufszahlen ab dem Zweiten Weltkrieg etwas nachgelassen. Alles kommt zur rechten Zeit – der Fund der Urkunde seines Großvaters beflügelte ihn dermaßen, dass er 1980 voller Begeisterung und Elan in den Obstbau und die Mostproduktion einsteigt.

„Als ich dieses Dokument in Händen hielt, wurde mir erst so richtig bewusst: Wenn das Mostmachen mein Vater, mein Großvater und dessen Vater konnte, sogar so gut, dass sie dafür Auszeichnungen erhielten, dann liegt mir das auch. Dann muss ich das ja auch zusammenbringen."

Mittlerweile gehen 80 Prozent der Produktion in die Direktvermarktung – Johann hat zur richtigen Zeit die richtigen Anreize erhalten! Auch sein Sohn August, der mittlerweile der Bauer auf dem Hofe Höhenberg ist, meint: *„Es ist ganz wichtig, dass sich der Fortbestand des Mostes und seine Herstellung gut weiterentwickeln. Weil er ja unserem Viertel den Namen gegeben hat, und auf das sind wir auch stolz."* In der Zwischenzeit hat Johanns Sohn den Hof und die Mosterzeugung übernommen und ist darin derart erfolgreich, dass er bereits einige Auszeichnungen und Urkunden erhielt. In der heutigen Zeit sind Aus- und Weiterbildungen wichtig. So erweiterte August das Familienwissen durch den Abschluss des Most- und Obstbaufachmanns und die Obstverarbeitungs-Meisterprüfung. Heute sind der Obstbau und seine Verarbeitung ein wichtiges Standbein des Hofes Frühwald.

Most als Handelsware

Im Mostviertel erzählt man, dass einst der Most die großen Vierkanthöfe gebaut hatte. Dass jenes Getränk den Bauern die nötigen finanziellen Grundlagen sicherte, um die Höfe bauen zu können.

Im 19. Jahrhundert wurde der mehr als 10-jährige Bau der Westbahn-Strecke beendet. Über 30.000 Fremdarbeiter hatten dieses gigantische Projekt bewerkstelligt. Für die Brückenbauten holte man vor allem Italiener in das Mostviertel, weil diese aus ihrer Tradition heraus die Rundbauten beherrschten. Nach der Fertigstellung der Bahnstrecke fühlten sich die Italiener im Mostviertel heimisch und wollten hierbleiben. Da sie keine Arbeit mehr hatten, überlegten die Männer, was sie denn am besten könnten, um auch Geld verdienen und sich das Leben leisten zu können. Und was wäre denn nicht naheliegender gewesen, als sich im Baugewerbe zu versuchen. Zu Gruppen von 20 bis 25 Leuten schlossen sich die willensstarken Männer zusammen und heuerten erst einmal bei den größeren Mosthöfen an. Sie würden ihnen einen wunderschönen großen Vierkanthof bauen mit einzigartigen Rundbauten drinnen, dafür hätten sie gerne Kost und Nächtigung sowie ein kleines Auskommen.

Die wirtschaftliche Lage war damals im Mostviertel sehr gut, aus dem Raum Amstetten gibt es Rechnungen von 1840 bis 1850, in denen vermerkt ist, dass der Most damals bereits bis Bukarest und Berlin exportiert wurde. Dabei muss man sich die langen Transportwege, egal ob mit dem Schiff donauabwärts oder mit der Pferdekutsche, vorstellen. Die Mostfässer bestanden „nur" aus Holz, waren den Witterungen, den Temperaturschwankungen, der Nässe und dem holprigen Transport ausgeliefert. Das heißt, die Fässer müssen erstens von 1A-Qualität gewesen und der Most selber, der ja nur einen Alkoholgehalt von 5–6 Volumprozent hat, musste auch ordentlich verarbeitet sein, damit er die lange Reisezeit unter all den Bedingungen unbeschadet überstand! Ein Viertel des Mostertrages brauchte der Bauernhof für die Hausleute selbst, alles Weitere wurde verkauft.

Die italienischen Bautrupps richteten sich in den Nebengebäuden häuslich ein, schließlich dauerte so ein Bau zwischen drei und vier Jahre. Im ersten Jahr suchten die Männer ein geeignetes Lehmvorkommen und brannten daraus die benötigten Ziegel. Erst im nächsten Jahr startete der Bau an sich mit bis zu zwei Bautrupps. Wunderschöne Fensterumrandungen, Gewölbe, Stuckatur- und Terrakotta-Arbeiten, die 150 Jahre später noch wie neu aussehen, entstanden. Es reicht, einmal mit dem Hochdruckreiniger drüberzuspritzen, und alles sieht wieder wie neu aus! Mit dem Ertrag des Mostgeschäftes finanzierte man die Bautrupps, schließlich mussten sie zu essen bekommen und eine Entlohnung wollten sie auch. Bei zwei Bautrupps machte dies an die 40 Männer.

Nach den ersten Prestigeprojekten entwickelte jener Vierkantbau eine Eigendynamik – wenn der Nachbarhof so schön geworden ist, dann müsste dies ja bei mir auch gehen, dachten sich viele und so füllte sich das nördliche Mostviertel bis in das Oberösterreichische hinauf mit den prächtigsten und mächtigsten Vierkanthöfen. Was zu jener Zeit noch niemand bedachte, war, dass solche Großbauten auch erhalten und vor allem die Dachflächen laufend in Ordnung gebracht werden müssen, was heute oft zum Problem wird.

Die Fassbinder

Johanns Vater kam zu etwas späterer Stunde aus Gresten, dem Nachbarort von Reinsberg, wo er die Sonntagsmesse besucht hatte, nach Hause. Er berichtete, er hätte mit den Fassbindern Hermann und Hermann Windgruber (Vater und Sohn) gesprochen, morgen würden sie kommen, um die Eichenstämme aufzuspalten und sie zum Trocknen aufzuschlichten. Der Vater ergänzte: *„Da brauchen wir viel Most!"*

Der Most wurde früher in Holzfässern gelagert, die aus Eichenholz gebunden wurden. Drei Jahre, bevor die Fässer gebunden werden konnten, fällte man eine möglichst gerade gewachsene Eiche, schnitt daraus Bretter und gab den Fassbindern Bescheid, dass man zum Spalten und Schlichten bereit war. Zum Trocknen schlichteten diese beiden wortkargen, hochgewachsenen, trinkfreudigen Männer die Rohbretter (ungeschliffene Bretter), die späteren Fassdauben selber auf, damit auch alles seine Ordnung hatte und sich das Holz nicht verzog. Erst als die drei Jahre um waren, kündigten sich jene beiden Fassbinder wieder an, um ihr Werk zu vollenden.

So wie Wasser neigt auch der Most dazu, selbst durch die kleinsten Ritzen zu rinnen. Die Fässer mussten zu 100 Prozent dicht sein. Das Holz durfte die Form, die ihnen die Fassbinder aufdrängten, nicht mehr lockern, es durften keine Risse entstehen, sonst wäre der Most ausgeronnen.

Um 4 Uhr in der Früh begannen die zwei Männer, der Vater mit seinem Sohn, die Arbeit. Zum Frühstück verlangten sie einen ordentlichen Krug Most. In einem 3-Liter-Krug, den er selbst kaum tragen konnte, brachte der kleine Johann jedem der Männer den Most und ehe er sich versah, war dieser auch schon wieder leer. So ging es den ganzen Tag.

Die vielen Mosteimer die Stufen vom kühlen Keller hinauf in die Werkstatt zu tragen grenzte fast an Schwerstarbeit. Als treuer Freund eilte Johann der Plank Paul zu Hilfe, nun konnten sie wenigstens gleich zwei Krüge auf einmal hinaufbringen, was die Trinkbereitschaft der Männer noch deutlich steigerte. Am Vormittag verlangten sie nach einer bissfesten Jause, jegliches andere Essen bestand aus reinem Most!

Die haben binnen eines Tages zu zweit 56 Liter Most getrunken! Und beide haben ein hohes Alter erreicht, der Vater wurde 91 und der Sohn 86 Jahre alt. Von dem einzigartigen Trinkvermögen der beiden Männer erzählt man sich heute noch im Dorfwirtshaus!

Der Mostbrunnen für die Wandersleut'

Lieber Wanderer, komm, tritt herein,
rasten im Leben, das muss mal sein!
Der Herrgott schenkt uns viele gute Gaben,
du kannst dich am Inhalt des Brunnens laben.
Die Errichter des Brunnens sollst du preisen,
auch deine Ehrlichkeit kannst du hier beweisen.
Ein stilles Gebet wird deiner Seele Ruhe geben,
denk daran, dass wir Menschen nicht ewig leben!
Blick hinaus über das schöne weite Land
und leg dein Schicksal in Gottes Hand.
Wir hoffen, dass du dankbar und zufrieden bist,
dass es Most gibt und das Mostviertel ein schönes Stück Heimat ist.

Johann Frühwald zu Eröffnung des Mostbrunnens 2011

August Frühwald, der Sohn von Johann und Leopoldine, suchte einst für den Abschluss seiner Facharbeiterprüfung ein nachhaltiges Abschlussprojekt. Die erste Idee war, direkt am Hof einen Automaten für Most und Fruchtgetränke anzubringen. Daraus entstand die Idee des Mostbrunnens.

Etwa eine halbe Stunde schnellen Fußmarsch vom Hof Höhenberg entfernt, befindet sich am Dienstbergsattel ein Kreuzungspunkt von fünf verschiedenen Wanderwegen. Gemeinsam mit der Dorfwerkstätte und den Gemeinden Gresten und Reinsberg wurde an diesem gut frequentierten Weg zur Stärkung der Wanderer in den heißen

Sommermonaten ein Mostbrunnen gebaut. In einem Brunnenschacht befindet sich ein Kübel mit Getränken, welcher mit einem Seil hochgezogen werden kann. Im Kübel findet der Wanderer auch eine kleine Handkasse mit den Getränkepreisen, in die er einfach Geld hineingibt, ehe er sich den erfrischenden, kühlen Most herausnimmt.

Das Grundstück für den Mostbrunnen gehörte einem pensionierten, leidenschaftlichen Biertrinker. Als „*Miete*" wollte dieser einen geheimen Bierbrunnen neben dem Mostbrunnen haben.

„*Den findet man nur, wenn man das Versteck kennt*", lacht Johann Frühwald. Neben dem Mostbrunnen steht ein Fass, wo die Getränke abgestellt werden können. Dreht man dieses um, befindet sich in 3 Meter Tiefe Bier eingelagert. Auf zwei Kisten Bier, die per 1. Mai eingelagert sein mussten, belief sich die Jahrespacht an den Grundstücksbesitzer.

Die Mostbarone

Die Mostkultur aus der Vergangenheit zu bewahren und über die Gegenwart in die Zukunft zu tragen, sie weiterzuentwickeln und am Leben zu erhalten, das ist die gemeinsame Aufgabe der ehrenamtlichen Mostbarone. Da sind natürlich auch ein paar liebe Spitzbuben dabei. Trinkt ein Mostbaron ein Bier, darf er seinen traditionellen Mostbaronhut nicht am Kopfe tragen.

Einmal wurde, so wie jedes Jahr, der nächstfolgende Primus gewählt. Die Wahl war schon vorbei, die anwesenden Mostbarone gratulierten ihm zu seiner Aufgabe, während ein paar jüngere Burschen schnell in das Restaurant im unteren Stock hinunterliefen und ein schön kühles Bier bestellten. Der frische Primus stieg nach den zahlreichen Gratulationen, in Gedanken versunken, wie er sich am besten einbringen könnte, in voller Tracht samt Hut am Kopfe die Stufen zu seinen Kameraden hinunter. Die Burschen riefen ihm zu: „*Komm her, Herr Primus, stoßen wir miteinander an!*" Dieser folgte der Aufforderung ohne nachzudenken, hob mit der rechten Hand den Bierkrug in die Höhe und schon war es vorbei, er hatte seinen Mostbaronhut noch am Kopf! Schelmisch lachten die Burschen schadenfroh auf, den neuen Primus ausgetrickst zu haben. Dieser musste nun gleich zum Einstand 100 Euro für einen gemeinnützigen Zweck bezahlen oder alle Anwesenden zu Speis und Trank einladen. Gleiche Regel gilt auch, wenn jemand seinen Hut im Gasthof vergisst.

„Wir sind nicht alle fesche Männer, aber die Tracht gibt beim Auftreten halt schon etwas her", lacht Johann Frühwald schelmisch.

Ein Jahr nachdem die rotbetonte Tracht mit dem prächtigen Hut eingeführt war, fragte im Mostviertel kaum jemand mehr bei Veranstaltungen, zu wem diese Tracht mit dem Hut gehörte. Jeder wusste, dass es sich um Mostbarone handelte, die Bekleidung etablierte sich schnell als Markenzeichen.

Neun Mostbarone gründeten einst die Bruderschaft für die Erhaltung des Kulturerbes Most und der einzigartigen Mostviertler Landschaft mit den im Frühling blühenden und im Herbst farbenprächtig glitzernden Obstbäumen. Ein Mostbaron soll ein lustiger, fröhlicher Mensch sein, mit dem man gerne zusammen ist und ein Glas Most trinkt und der beste Produkte aus dem Most bereitet. Der Grundgedanke fand schnell Zuspruch, doch ein Mostbaron zu werden muss man sich erst verdienen. Man muss zeigen, dass man zu 100 Prozent hinter der Heimat und dem Most steht.

Der Primus wird jährlich gewechselt, so entsteht ein gewisser Anreiz für jeden, seine Ideen umzusetzen, und auch ein zeitlicher Rahmen, damit sie wirklich umgesetzt werden. Die Wahl zum Primus ist ein sehr feierliches Ereignis. Alle Mostbarone erscheinen in ihrer Tracht mit dem einzigartigen Hut. Auf einem Tisch stehen zwei Krüge, die von einer großen hölzernen Mostbirne abgedeckt sind. Es tritt immer nur ein Mostbaron heraus und hat einen Mostbarontaler – die eingetragene Währung der Bruderschaft – in der Hand.

Er schreitet zu dem Wahltisch mit den beiden Krügen, wobei einer für die Antwort *„JA"* steht und der andere für ein *„NEIN"*. Die große Mostbirne verdeckt den Kollegen die Sicht auf die Antwort, trotzdem ist es Mucks-Mäuschen-still im Raum, denn die Wahl gilt erst als durchgeführt, wenn alle im Saal die Münze im Krug aufschlagen hören. Der Mostbaron schreitet zurück auf seinen Platz und der nächste folgt seinem Vorgänger. Zum Schluss werden die Münzen in den Krügen gezählt. Sind im *„Ja"*-Krug mehr Münzen, ist die generelle

Antwort ja, sind im „*Nein*"-Krug mehr Münzen, steht die Antwort der Mehrheit auf nein.

Bei Johann Frühwalds Wahl zum Primus blieb der „*NEIN-Krug*" leer. Im Jahre 2009/2010 übernahm er diese Tätigkeit. Gottseidank hat ihm seine Frau, die Leopoldine, bei den Computerarbeiten und der ganzen technischen Abwicklung geholfen, denn dies ist nicht Johanns Stärke.

Als sonstiger strikter Handy-Verweigerer stimmte er für dieses eine Jahr sogar zu, ein Handy anzunehmen, weil es anders nicht machbar gewesen wäre. Er trägt die ganze Verantwortung für die öffentlichen Auftritte. Für die ganze Arbeit innerhalb der Gruppe, für alle Interviews, für alle Fernsehauftritte, für alle Repräsentationen hat er dazusein. Wenn es ihm überhaupt nicht ausgeht, dann muss er einen seiner Stellvertreter schicken. Was man als Mitglied gar nicht so mitbekommt, doch als Obmann hautnah erlebt, ist die Verschiedenheit der Mitglieder. Die einen haben einen Mostbuschenschank, die anderen einen Heurigenbetrieb, dann gibt es wieder Gastwirte und Hoteliers, und jeder von ihnen hat, was die Weiterentwicklung angeht, andere Bedürfnisse. Da können schon einmal Interessenskonflikte entstehen, sodass es oft nicht leicht ist, die vielen Meinungen auf einen Nenner zu bringen. Und gerade für solche gibt es eine unabhängige Schiedsgerichtstelle, die im Falle der Lagerbildung eine neutrale Meinung abgibt, der unabhängig von der eigenen Meinung Folge zu leisten ist.

Johann erinnert sich, dass es ein Mal in der langjährigen Mostbaronzeit zu einem solchen Schiedsgerichtspruch gekommen ist. Die Diskussion ging darum, ob neue Mitglieder aufgenommen werden sollten oder nicht. Damals hielt der weise Schiedsrichter eine emotionale Rede: „*Ihr Mitglieder seid nicht zum Streiten da, auf euch warten wichtige Aufgaben, die erfüllt werden müssen! Öffnet euch, wenn Leute in die Gruppe kommen wollen!*"

Mittlerweile hat sich alles eingespielt, ist es ein Miteinander für ein gemeinsames Ziel geworden. Unter den Mitgliedern sind auch Spezialisten für bestimmte Produkte und Fachleute für die Lebensmittelproduktion, so gibt es gemeinsame Erzeugnisse wie den „*Baron Schnaps*" oder die „*Baron-Edelmost-Sorten*" und seit Neuestem den „*Baron-Cider*".

Es entwickelte sich auch eine aktive, engagierte Untergruppe, die Jungmostbarone, so bleibt die Tradition auch in Zukunft erhalten und lebendig! Wer einmal den Schwur zum Mostbaron leistet, bleibt ein solcher auf Lebenszeit!

Der Mostritterschlag zum Mostbaron

Viele Gespräche waren notwendig, ein weiter Weg war es, bis Johann Frühwald zum Mostbaron geschlagen wurde. Es gab nur ein Mal im Jahr die Möglichkeit, in die Bruderschaft aufgenommen zu werden, und auch nur durch eine Empfehlung. Ein amtierender Mostbaron musste den Vorschlag einbringen, Johann Frühwald in den Kreis mit aufzunehmen. Selbst dann wurden noch seine Ausdauer, sein tatsächlicher Wille durch mehrmaliges Wartenlassen ausgetestet. Wer einmal den Schwur zum Mostbaron geleistet hat, kann ihn nicht mehr rückgängig machen. So musste der Schritt schon wohlüberlegt sein! Schließlich siegte Johanns eiserne Wille, der Tradition seiner männlichen Ahnen zu folgen und sein Leben dem Most zu verschreiben, und er wurde eingeladen, der Bruderschaft der Mostbarone beizutreten.

Zu einer feierlichen Zeremonie, bei der sie bereits in Tracht mit Hut zu erscheinen hatten, versammelten sich alle Mostbarone. Johann und Leopoldine wurden nach vorne gebeten, knieten sich nieder und der amtierende Patron nahm ihnen beiden den Schwur ab, auf Lebenszeit für die Erhaltung des Mostes und der Obstkultur des Mostviertels einzutreten.

Mit einem Ritterschlag durch den Mostheber ernannte der Patron Johann dann zum *„Mostbaron zu Höhenberg"*. Im Anschluss erfolgte die Überreichung des Münzsystems – ein bei der Münze Österreich eingetragenes, offiziell gültiges Zahlsystem. Johann erhielt hierzu einen kleinen Tonkrug, der Patron nahm einen großen Tonkrug und leerte einen Teil der im großen Krug befindlichen Münzen in Johanns kleineren hinüber.

Mittlerweile ist auch sein Sohn August ein würdiger Mostbaron von Reinsberg!

Natur- und Wetterphänomene

Vom Beobachten der Natur

Als nicht so gutes Zeichen galt ein roter Morgenhimmel – „*Morgenrot ist Schönwettertod*". Je rötlicher sich der Morgenhimmel zeigte, umso vorsichtiger betrachteten die Menschen den folgenden Tag.
„*Statt auf eine Uhr haben wir auf die Sonne geschaut. Wenn es bewölkt, die Sonne selbst nicht sichtbar war, haben wir anhand des Lichtes die Zeit auf ungefähr 15 Minuten genau bestimmen können.*"
Menschen wie der Frühwald Johann, die ihr Leben in der Natur und mit der Natur verbracht haben, erkennen Veränderungen, sehen Zeichen der Umgebung und können sie auch noch richtig deuten. Gerade für einen Landwirt sind solche Beobachtungsgaben von großer Wichtigkeit.

Früher war es vor allem für die Futtergewinnung unabdingbar, anhand der Zeichen der Natur bedrohliche Wetterveränderungen zu erkennen. Tauchte überraschend eine Regenfront auf, wenn gerade das Gras frisch gemäht wurde, verminderte es dessen Qualität beträchtlich. Der erste Schritt in der Früh galt dem Öffnen des Fensters. Das Einatmen der kühlen, frischen Bergluft, das Erkennen, welche Stimmung sich draußen zeigt, ob ein Morgenrot am Firmament sichtbar, ein zarter oder lebhafter Windhauch spürbar ist, wenn ja, aus welcher Richtung er kommt, ob die verschiedenen Vögel zu hören sind, ob sie ruhig oder aufgeregt, laut oder zaghaft singen, sich ausgeglichen benehmen oder sie unruhig hin und her fliegen – all diese Signale wurden vom Bauern und der Bäuerin als Prognose für den angebrochenen Tag gewertet.
Fast lautlos hat seine Frau Leopoldine unterdessen neben ihrem Mann Platz genommen. Mit liebevollem Blick betrachtet sie ihn, legt bedacht ihre linke Hand auf seine Rechte und ergänzt: „Wenn die Vögel in der Früh schon schön singen, dann liegt eine gewisse Fröhlichkeit in der Natur, dann rechnen wir auch damit, dass das Wetter schön bleibt."

Die Windrichtungen geben Auskunft über Wettertendenzen. Bei der örtlichen Lage des Hechabergerhofes gilt die Regel, solange der Wind von Norden und Osten her weht, erzählt er von einer stabilen Schönwetterlage. Wehe jedoch, er frischt von Westen auf, dann verkündet er einen nahenden Wetterumschwung. War gerade frisch gemähtes Gras zum Trocknen auf den Holzgerüsten am Feld aufgehängt, wurden, wenn sich solch ein Westwind zeigte, schnell alle helfenden Hände am Hof zusammengeholt, um das Heu in den Stadl zu bringen, ehe der Wetterumschwung wirklich da war. Das entwickelte sich oft zum Wettlauf gegen die Zeit. Auch die Rinderherden erzählen dem geschulten Betrachter mit ihrem Verhalten einiges über das Wetter. Wenige Stunden, bevor eine Schlechtwetterfront oder ein Unwetter über das Land zieht, werden die Tiere auf der Weide in der freien Natur unruhig. Sie hören zu fressen auf und begeben sich in den Wald, um Schutz zu suchen. Die Fliegen werden aggressiver und vor allem die Bremsen mit ihren schmerzhaften Stichen sind bereits am Vormittag lästig und nicht erst am Abend.

„Abendrot – nächsten Tag früh in die Mod." (zum Mähen gehen)

„Ist's am Neujahrstag hell und rein, wird es wohl ein langer Winter sein."

„Wenn's zu Lichtmess stürmt und schneit, dann ist der Frühling nicht mehr weit."

„Mothis – Motheis bricht Schnee und Eis, und hat er keins, dann macht er eins."

„Die Faschingskrapfen in der Sonn' (Sonne), gibt Ostern dann in der Stubn (im Haus, dann liegt Schnee)."

„Früher Donna (Gewitter) – gibt's spät'n Hunger."

„Am Namenstag zum heiligen Sebastian (20. Jänner), da fängt der Baum zu saften an."

Das gefürchtete „Biesmandl"

Sekunden zuvor legten die beiden maskulinen Ochsen in den besten Mannesjahren ihre Ohren in jener eigenartigen, erregten Weise zurück, die drohende Gefahr erahnen lässt.
„Wenn man sowas nicht selbst erlebt hat, glaubt man diese gewaltigen Kräfte ja kaum." Kopfschüttelnd hält Johann Frühwald inne, während er tiefer in seine Erinnerung eintaucht.

Es versprach bereits in den frühen Morgenstunden ein heißer Sommertag zu werden. Also beschlossen er und sein Vater als Tageswerk, das Heu, das bereits getrocknet war, für den Wintervorrat in die Scheune oberhalb der Wiese zu bringen. Ist ein Hof seit vielen Generationen bewirtschaftet, optimieren sich aus der notwendigen Zeit- und Krafteinteilung heraus die verschiedensten Arbeitsschritte. Die Felder und Bewirtschaftungsflächen weisen dem Voralpengebiet entsprechende Steigungsgrade und mühsame Höhenunterschiede auf. So erwuchs die Hoftradition, dass das Heu vorerst in einer der jeweiligen Wiese nahe gelegenen Scheune zwischengelagert wurde. Von der Wiese lud man es auf einen Leiterwagen, der von zwei kräftigen Ochsen gezogen wurde, und brachte es in den Feldstadl. Erst im Winter, wenn so viel Schnee die Erde bedeckte, dass mühelos mit dem Schlitten gefahren werden konnte, wurde das Heu von den Scheunen zum Füttern der Tiere auf den Hof gebracht. Den eisigen Temperaturen trotzend, spannte man die Ochsen mehr oder weniger freiwillig vor den Schlitten. Dieser ist dann am Schnee gut gerutscht, wodurch die Steigungsgrade am Weg zum Hof für die Ochsen und die Bauersleute leichter zu bewerkstelligen waren.

Als die beiden Männer mit dem Ochsengespann schließlich auf der Wiese, wo an diesem Tag das Heu eingelagert werden sollte, ankamen, knallte die angehende Mittagssonne bereits erbarmungslos hernieder. Als der Wagen mit der ersten Fuhre Heu beladen war, mussten die Ochsen schon ordentlich angetrieben werden, um bei diesen Temperaturen freiwillig die Steigung zur Scheune zu bewältigen und sich nicht stattdessen einen ruhigen, schattigen Platz im angrenzenden Wald zur Rast zu suchen. Schließlich musste die Arbeit getan werden. Das Abladen des Wagens in der schattigen Scheune ging zügig voran.

Dann wurde erneut auf die Wiese hinuntergefahren, um die nächste Fuhre zu holen. Nach gut einer halben Stunde war auch diese aufgeladen. Johann Frühwald stand vor den Ochsen, um auch diese Fuhre zum Stadl zu bringen. Johann junior bemerkte die Unheil verheißende Reaktion der Tiere und wollte gerade noch zu seinem Vater sagen, dass etwas nicht stimmen würde. Doch noch ehe ein Laut aus seinem Hals kommen konnte, starteten die beiden Tiere wie auf Kommando los. Sie begannen von 0 auf 100 zu beschleunigen, bevor die Männer auch nur die geringste Chance hatten abzusehen, was gerade passierte. Die Steigung zur Hütte, die vorher nur unter schwerer Anstrengung und gutem Zureden bewältigt werden konnte, legten die Tiere nun in der Mittagshitze im Höllentempo zurück, als gäbe es gar keinen Höhenunterschied. So schnell er konnte, versuchte Johann irgendwie hinterherzukommen, seinem Vater, der sich mit letzten Kräften erschöpft am Wagen festhielt, zu Hilfe zu eilen. Kurz darauf durchdrang ein lautes summendes, brummendes Geräusch die stehend heiße Sommerhitze. Die Ochsen hatten bereits reagiert, noch ehe dieses Geräusch für die beiden Männer wahrnehmbar gewesen war.

Aus markdurchdringender Angst flüchteten die trainierten, kräftigen Tiere in ungebändigtem Elan den Steilhang hinauf, rannten ungebremst durch das halb geschlossene Scheunentor, sodass hiervon nur einzelne Holzstücke auf dem Erdboden verstreut übrig blieben, ehe sie im Inneren der Scheune schutzsuchend zum Stillstand kamen.

Der Vater wurde bei dem Aufprall an der Scheunentür zur Seite geschleudert, hatte jedoch großes Glück, an Verletzungen trug er „lediglich" ein paar Rippenbrüche und Prellungen davon, ansonsten blieb er heil. Die Ochsen hatten in ihrer vom Naturinstinkt gesteuerten Panikreaktion die Kühle des Stalles aufgesucht, wo sie sich in Sicherheit wähnten.

Es gab auch Fälle, wo weit Schlimmeres passiert ist, wo die Tiere einfach alles niedergelaufen haben.

„Ein Biesmandl hat die Tiere in solche Panik versetzt. Noch ehe wir Menschen dieses Insekt hören können, reagieren die Tiere bereits mit unbeschreiblicher Angst darauf."

Durch die breite Glasfront des Wintergartens blickt Johann Frühwald bei diesen Worten in die heimatliche, hügelig-waldige Landschaft hinaus. „*Den Ausdruck Biesmandl sagt man in unserer Gegend, richtigerweise nennt man das Tier die große Dasselfliege.*" Diese ist ein mehrere Zentimeter großes Fluginsekt mit sechs Füßen, das vorwiegend Huftiere befällt. Es erzeugt durch seine Größe und sein Gewicht ein lautes summendes, brummendes Geräusch, das ihren Anflug bereits aus einiger Entfernung ankündigt. Sie fliegt vor allem die Ochsen, seltener die Kühe an. Diese Fliege hat einen teleskopartigen, selbst Leder durchdringenden Stachel, mit dem sie die Rinder sticht, wobei sie ihre Eier zur Brutablage unter deren Haut befördert. Der Einstich ist für die Tiere so schmerzhaft, dass sie bereits bei der kleinsten Wahrnehmung des beachtlich lauten Fluggeräusches der Dasselfliege Reißaus nehmen.

Beobachten die Leute Rinderherden, die scheinbar ohne Grund mit erhobenem Schweif plötzlich auf und davon in das Dickicht laufen, dann gab es hierzu den umgangssprachlichen Spruch: „*Die Dasselfliege jagt die Herde.*" Wir Menschen haben Hände, um ungewollte Tiere, Gegenstände und Dinge von unserem Körper zu entfernen, die Rinder sind körperlich anders ausgestattet und tun sich hier nicht so leicht. Aus Selbstschutz rennen sie bei der leisesten Vorahnung in ein Dickicht, wo sich viele kleine Äste befinden, mit denen diese gefürchtete Fliege besser vom Körper gestreift werden kann.

Hat es so ein Dasselfliegenweibchen geschafft, ihren Nachwuchs unter die Rinderhaut zu befördern, lebt dieser im Bindegewebe des Rindes und wächst über den Winter hinweg zu einer beachtlich großen Larve, die im Frühling ausschlüpft. Äußerlich zeigt sich am Rind ein großer Hügel, der im späteren Verlauf ein Loch aufweist, über welches die Larve dann als nächste Generation jener Fliegen ihre Reise in die Freiheit antritt, um irgendwann wieder Rinder zu „*jagen*".

Sobald der Bauer bei seinen Tieren solche „*Dasselfliegenhügel*" beobachtete, manche Tiere hatten gleich mehrere solcher Larven unter der Haut, wartete er ab, bis sich die besagten Löcher zeigten. Dann war der optimale Zeitpunkt für den beauftragten Herrn von der Gemeinde, der mit einer „*Art Häkelnadel*" die Larven herauszog. Schließlich wurde zur Desinfektion ein „*Vorlauf*", ein hochprozentiger Schnaps, der beim Schnapsbrennen zu Beginn gewonnen wird, über die betroffenen Körperstellen gegossen.

Für den Bauern bedeutete so ein Tier, das von der Dasselfliege befallen wurde, vor allem finanzielle Einbußen. Durch die Löcher wurden die edelsten Stücke des Rindsleders kaputt, zurück blieb minderwertiges Leder, für das nur ein geringer Marktpreis erzielt werden konnte. Ende der 1970er-Jahre gab es schließlich ein Mittel im Handel, womit betroffene Stellen am Tier behandelt wurden, sodass die Larven starben.

Waren der Bauer oder die Helfer mit den Rinder in der freien Natur unterwegs, dann hatten sie immer einen Stock mit dabei, der unter anderem dazu diente, solche Insekten schnellstmöglich von den Tieren abzuwehren.

Der Kugelblitz

„Richtung Ötscher-Berg sind ein paar Wetterwolken gezogen und es hat ein oder zwei unmerkliche Donnerschläge gegeben, sonst war gar nichts. Auf einmal schossen bei dem Bauernhof schon die Flammen hoch."

Johann Frühwald erhebt sich im Feuer des Erzählens, doch körperlich schon etwas schwer von seinem Sessel, geht die wenigen Schritte zum Glas des Wintergartens, von dem aus er das ganze Tal überblickt, und zeigt auf einen waldigen Hügel auf der anderen Seite des Steinbachtales. *„Dort, dieser Bauernhof, der ist damals abgebrannt."*

Mit seinem Motorrad fährt er als junger Bursche gerade vom Dorf in Richtung seines elterlichen Hofes den steilen Berghang hinauf, als er die Flammen aus dem Bauernhof auf dem gegenüberliegenden Hang schlagen sieht. In einer Dorfgemeinschaft hilft man sich untereinander, ist jeder für den anderen da. Ohne auch nur zu überlegen, wendet Johann Frühwald sein Motorrad und eilt, so schnell es die kurvige Strecke erlaubt, den in Not geratenen Freunden zu Hilfe. Ein Ende des Stallgebäudes stand bereits in Vollbrand. Das Feuer drohte auf das andere Stallende und das angrenzende Wohngebäude überzugreifen. Die Feuerwehr und die Dorfbewohner halfen zusammen, um den Schaden möglichst zu begrenzen.

Am nächsten Tag war die Feuerwehr noch immer damit beschäftigt, die letzten Glutnester zu beseitigen, während Johann Frühwald und die anderen freiwilligen Helfer bereits die Brandstelle ausräumten. Stück für Stück brachten die Leute die verkohlten Holzteile ins Freie hinaus. Trotz des beißenden, unangenehmen Brandgeruchs, der nicht gerade zum längeren Verweilen einlud, blieben seine Augen verwundert an einer Drahtrolle hängen. Diese hatte zu seinem Erstaunen ein Loch, welches eindeutig durchgebrannt war. An den Drahtenden waren seltsamerweise lauter undefinierbare, erbsengroße Kügelchen.

„Ich hab' mir noch gedacht, wie das denn der Rothenberger geschafft haben könnte, dass er so etwas zusammenbringt!"

Johann hat damals als Hilfsschlosser in einer Werkstatt in Gresten gearbeitet, kannte sich mit Schlosserarbeiten gut aus, doch wie Derartiges entstehen konnte, war ihm ein Rätsel. Gedankenversunken, ganz der Hektik des Ausräumens ergeben, wirft er diese merkwürdige Drahtrolle im Freien zur Seite. So hilfsbereit solch eine funktionierende Dorfgemeinschaft auch ist, so interessiert und involviert zeigen sich die Leute halt auch, wenn es darum geht, Situationen zu beurteilen, Entscheidungen zu hinterfragen oder, wie in diesem Fall, Ereignisse zu erklären. Als dann auch noch die Brandsachverständigen kamen, um Klarheit zu bekommen, was an dem Brand schuld gewesen sein könnte, munkelten die hilfsbereiten, redseligen Leute im Dorfgasthof, dass es vielleicht doch Brandstiftung gewesen sein könnte. Die Brandsachverständigen suchten akribisch genau mit Feuerhaken nach möglichen versteckten Hinweisspuren. Schließlich entdeckten auch sie diese ominösen Drahtrollen, die Johann Frühwald bei den Löscharbeiten zur Seite geworfen hatte. Sofort war ihnen klar, so ein Durchbrand konnte nur durch einen Kugelblitz entstanden sein, die Brandursache war somit geklärt. Einer wies seine Kollegen umgehend an, die Suche nach der Ursache einzustellen, er hätte sie eindeutig gefunden. Eine Verkettung unglücklicher Gegebenheiten hatte zu dem Brand geführt.

Der Sachverständige erklärte den Ablauf folgendermaßen: Vor dem Stall befand sich ein Weidezaun aus Draht. Dieser war an der Stallmauer durchgesteckt und im Inneren befestigt worden, damit er ordentlich gespannt werden konnte. Direkt daneben lag im Stall diese Drahtrolle. Der Kugelblitz ist ein Phänomen, das kein starkes Gewitter benötigt, er kommt auch bei scheinbar harmlosen Unwettern vor. Hier hatte sich ein Kugelblitz vom Weidezaun massiv angezogen gefühlt und seine Reise in den Stall und weiter zur Drahtrolle fortgesetzt. So entstand das folgenschwere Feuer.

„Bei uns kommt so etwas manchmal vor. Ich hab' selbst schon welche gesehen", mit seiner Hand zeigt er geradeaus in Richtung des Hanges mit den jungen, gerade blühenden Obstbäumen. Dort drüben, da hat er einmal einen Kugelblitz gesehen, konnte ihn in Ruhe beobachten. Während eines Gewitters zeigte sich ein leuchtender unförmiger Ball, der in der Luft tänzelte, um dann für ein paar Sekunden scheinbar stehen zu bleiben. Seine weiteren Bewegungen verliefen seitlich, dann glitt er etwas tiefer, um sich schließlich, begleitet von einem mächtigen Knall, aufzulösen. Dieser Blitz ist nicht so sekundenschnell wie die uns allgemein bekannten. Diesem kann man mit freiem Auge mühelos zusehen, ihn beobachten, auf seiner Reise bis zum Auflösen folgen.

Hausmittel mit Rezepturen

Der Landarzt

„Die Naturmittel sind in den Hintergrund getreten, obwohl es schade ist darum, früher hat man sich damit geholfen, und das ja zumeist erfolgreich", erklingt die wehmütige Stimme Johanns. Man hat sich immer der Dinge und Pflanzen bedient, die vor Ort waren und leicht zur Verfügung standen. An Höfen, die Zugang zu lehmigen Böden hatten, findet man unter den überlieferten Hausmitteln zahlreiche Lehmanwendungen. Bei waldnahen Höfen eher Harzanwendungen und bei Viehzuchtbetrieben eher Topfenanwendungen, was halt gerade vorhanden war. Das über Generationen Bewährte hat die Zeit überdauert.

Diese Rezepte stehen uns heute noch zur Verfügung, wenn wir bereit sind, sie zu bewahren. Die Leute, die noch darum wissen, die die richtigen Anwendungen noch erklären und darüber erzählen können, haben heute ein fortgeschrittenes Alter und stehen uns nur mehr begrenzte Zeit zur Verfügung. Darum hören wir ihnen zu, was sie uns für die nächsten Generationen mit auf den Weg geben möchten. Bereichern wir das Altbewährte um das Wissen unserer Zeit, so können wir der nächsten Generation einen unbezahlbaren Erfahrungsschatz an wirksamen Rezepten weitergeben.

Wenn Johanns Familie den Arzt brauchte, dann hatte erst einmal ein Knecht zu Fuß nach Gresten geschickt werden müssen, denn Telefon oder Auto gab es nicht. Johann erinnert sich an den Jahresübergang 1952/1953. Damals hatten er und seine Schwester Karoline eine akute Angina.

Der Vater stapfte höchstpersönlich zum Landarzt Dr. Niemetz nach Gresten, klopfte in den Nachtstunden an seine Haustür und bat ihn, zum Hechabergerhof zu kommen. Dieser packte geschwind seine Doktortasche, zog den dicken, schweren Mantel über und eilte dem Vater nach, der dem Arzt durch den Tiefschnee einen Weg in Schrittbreite ausstapfte.

Der Berg zum Hof war durch einen plötzlichen Regeneinfall so glatt geworden, dass die beiden kräftigen Männer ihn samt den auf den Schuhen montierten Steigeisen kaum bewältigen konnten. Im Winter war der direkte Weg nach Gresten wegen der hohen Schneemengen sowieso kaum begehbar. Es musste fast immer ein großer Umweg gemacht werden.

Der Höhenberghof war bei Gott nicht der weitest entfernt gelegene Hof, der zum Einzugsgebiet des Landarztes gehörte. So kam es auch, dass jener Arzt bereits ein Auto mit Chauffeur besaß, als die anderen Leute noch kaum wussten, was ein Auto ist. Doch selbst seine Ausfahrten gestalteten sich schwierig, weil ja keine ausgebauten Straßen, sondern lediglich die von den Ochsenwägen benutzten Wege zur Verfügung standen. Die Berghöfe waren somit weiterhin nur ein kleines Stück mit dem Auto erreichbar, der Rest des Weges musste zu Fuß zurückgelegt werden.

Der Landarzt sprang aus dem Auto und eilte, so schnell er es vermochte, zu den kranken Personen. Der Chauffeur stellte das Auto ab und hastete mit der Arzttasche hinter ihm her. Bei kleinen Erkrankungen holte man keinen Arzt, blockierte ihn nicht für wichtige Einsätze, da verwendete man eigene Hausmittel. Und bei akuten Beschwerden war die Wegstrecke oftmals zu lange, auch hier versuchte man es mit Hausmitteln, auch wenn die Leute dadurch nur die Zeit überbrücken konnten, bis der Arzt eintraf. Die Landärzte verschrieben zuerst diverse Hausmittel und schickten die Leute nur im Notfall auf den weiten Weg in die Apotheke. Oft mangelte es den Leuten auch am Geld, um die Behandlungen bezahlen zu können.

Die Krankenversicherung wurde im bäuerlichen Bereich erst Mitte der 1960er-Jahre eingeführt, für Arbeitnehmer gab es diese bald nach dem Zweiten Weltkrieg. Pflanzen wie Kamille, Salbei, Ringelblume, Tausendgüldenkraut, Spitzwegerich, Arnika, Lein, Kren, Käsepappel, das Harz von den Bäumen, der Lehm und das Schweineschmalz waren für Mensch und Tier lebenswichtig! Ebenso wie das Wissen um die richtige Verwendung, die richtigen Rezepte und die optimalen Erntezeiten.

Rindenabsud für Onkel Lois

ZUTATEN:
- Weidenrinde *(Salicis cortex)*, Rinde des Weißdorns *(Crataegus cortex)*, Birkenrinde *(Betula cortex)*, Eichenrinde *(Quercus cortex)*, Rinde vom Birnenbaum *(Pyrus cortex)*, Rinde vom Apfelbaum *(Malum cortex)*. Mengenmäßig vom Birnenbaum und von der Eichenrinde mehr nehmen, Arnikatinktur *(Arnica montana)*

ZUBEREITUNG:
Die Rindenteile in kleine Stücke zerteilen, in einem Kochtopf am Herd auf kleiner Flamme 3 bis 4 Stunden warm ausziehen. Nach dem Kochen einen ordentlichen Schuss Arnikatinktur zugeben. Die Rindenbrühe abseihen und bei Muskel- und Gelenksproblemen möglichst heiß darin baden. Mehrmals täglich wiederholen und anschließend den Körper warm einwickeln.

ERINNERUNGEN:
Dies trug sich an einem heißen Sommertag im Juli zu. Onkel Lois, Johanns Lieblingsonkel und Firmgöd, zählte damals gerade einmal 17 Jahre. Die Leute vom Hechabergerhof waren voll und ganz mit der Roggenernte beschäftigt. Solange das Wetter so schön hielt, musste das Getreide eingebracht werden. Johanns Vater brachte mit dem Ochsenkarren eine Fuhre nach der anderen in die Tenne. Später holte er das Roggenstroh mit den Ähren nach Hause, welches für das Dach bestimmt war.

Gerade als die letzte Fuhr eingebracht und abgeladen war, sprang Onkel Lois wie bereits so oft, vom leeren Leiterwagen auf den Boden der Tenne. Ein fürchterlicher Schmerz, der ihm bei der Landung am Boden durch Knochen und Mark fuhr, zwang den jungen Burschen in die Knie. Hilflos, sich vor Schmerzen krümmend, lag der abgehärtete Naturbursche am Boden und musste von den anderen Männern in die Stube getragen werden. Vor dem Kachelofen stand in der Küchenstube ein Bett, auf das man ihn vorerst legte, ehe ein Knecht eilends nach Gresten zum erfahrenen Landarzt Dr. Niemetz in dessen Villa „Anna" lief.

In einer Zeit, wo an Autos noch nicht einmal gedacht wurde, musste der Landarzt die weite Wegstrecke über den Kroisbachberg zum Hechaberg samt seinen Notfall-Utensilien hinaufeilen. Onkel Lois war zwar ein eher kleiner Junge, doch von einzigartiger Ausdauer und konnte beim Arbeiten auch kräftig anpacken. Wehleidig war er gewiss nicht. Doch als der Landarzt eintraf, erblickte er vor sich einen jungen Mann, der sich vor Schmerzen krümmte und dessen Stimme seiner Qual kaum mehr Ausdruck verleihen konnte. Die Begutachtung dauerte nicht lange, das Gesicht des Arztes wurde kreidebleich, er sprach seine Diagnose mit ernster Stimme aus. Der junge Mann leide an einer akuten Gelenksentzündung, die mittlerweile den gesamten Körper erfasst hätte und eigentlich, so leid es ihm auch tue, müsse man mit dem Schlimmsten rechnen.

Immer wieder verlor Onkel Lois ob seiner unerträglichen Schmerzen das Bewusstsein. Seine Schwester verließ bei dem schrecklichen Anblick die Nervenkraft, sie brach unter einem bitterlichen Weinkrampf zusammen. Als letzte Lösung versuchte Dr. Niemetz die Krankheit mit Tabletten und verschiedenen Salben irgendwie zu dämpfen.

Weiters empfahl er, den Körper des jungen Mannes mindestens drei Mal am Tag mit Vorlauf, dem ersten Schnaps, der beim Schnapsbrennen herunterkommt und einen sehr starken Alkoholgehalt aufweist, einzumassieren. Dies sollte die Blutzirkulation verbessern. Zwischendurch solle er in warme Leinentücher gewickelt werden.

Die Mutter war zu diesem Zeitpunkt bereits verstorben und am Hof lebte eine engagierte Wirtschafterin namens Resl. Sie stammte vom Hof „Kalch" in der Nähe von Neustift bei Scheibbs, war in früheren Jahren bereits als Magd auf dem Hof gewesen und kannte den Lois von klein auf.

Aufopfernd kümmerte sich die junge Wirtschafterin Tag und Nacht um den Onkel Lois, tat alles, was in ihrer Macht stand, um ihm zu helfen, doch sein Zustand verschlechterte sich von Tag zu Tag. Seine Schwester verbrachte in ihrem Schmerz um den Bruder, wo beide doch immer noch nicht den plötzlichen Tod der Mutter verkraftet hatten, viele Stunden betend und weinend vor dem Herrgottswinkel. Selbst der Landarzt machte sich trotz des weiten Weges jeden zweiten

Tag auf, um nach Onkel Lois zu sehen. Im Augenblick der größten Hilflosigkeit erinnerte sich Resl an ein Kräuterweiblein in der Nähe von Pöchlarn.

Sogleich machte sich der Vater von Onkel Lois in letzter Hoffnung zu Fuß auf den weiten Weg, um jenes Kräuterweiblein ausfindig zu machen. Nach langem Suchen fand er die zarte Frau in der Einöde. Er schilderte ihr das Leid, ihre Blicke wanderten über ihren Holzschrank mit den verschiedensten Kräuterbüscheln darauf, ehe sie dem Vater ein Rezept für einen Absud aufschrieb.

Alle drei Stunden müsse der junge Mann in diesem Absud gebadet werden. Sie wäre sich nicht sicher, meinte sie, doch dies wäre möglicherweise die einzige Hilfe. Wenn das nicht greife, dann wüsste auch sie keinen Rat mehr. Nach dem Bad solle er bis zum nächsten Bad in warme Leintücher gewickelt werden. Um seinen Körper herum solle man möglichst heiße Schamottziegel legen.

Der Vater besorgte beim Heimweg sogleich alle Zutaten wie Weidenrinde, Rinde des Weißdorns, Birkenrinde, Eichenrinde, Rinde vom Birnen- und vom Apfelbaum. Die Resl bereitete daraus den Absud, wie die Kräuterfrau geheißen hatte, in einem großen Kessel, der im Vorhaus eingemauert war. Zum Schluss fügte sie noch einen kräftigen Schuss Arnikatinktur hinzu. Den Absud goss sie in einen Waschtrog, legte den ohnehin nicht großen und mittlerweile sehr abgemagerten Onkel Lois hinein und wickelte ihn nach dem Bad in warme Decken ein, während sie das nächste Bad vorbereitete.

Als wäre es ihr eigenes Kind, pflegte die Resl den Onkel Lois voller Liebe. Nach den ersten Anwendungen stellten sich kleine Erfolge ein. Sein Augenausdruck wurde wieder lebendiger, seine Schmerzen erträglicher, mit jedem Bad schien sich der Junge mehr zu erholen.

So wuchs beim Vater und der Schwester die Hoffnung, dass er es vielleicht doch überleben könnte. Selbst Dr. Niemetz nahm immer noch den weiten Fußmarsch auf sich, um nach dem tapferen Jungen zu sehen. Nach einer Woche konnten die Intervalle zwischen den Bädern verlängert werden und es ging gesundheitlich merklich aufwärts.

Nach sechs Wochen war Onkel Lois fast schmerzfrei und konnte seine Glieder wieder bewegen, nur das linke Hüftgelenk, das sollte für sein Leben lang steif bleiben. Trotz seiner bleibenden Gehbehinderung blieb Onkel Lois ein fröhlicher, naturbezogener, arbeitsamer Mann, der aus Dankbarkeit für seine Heilung anderen Menschen stets half. So hat die Natur mit ihren Kräften einem jungen Menschen das Leben ein zweites Mal geschenkt!

Vom Selchen und Kranewitt'n

ZUTATEN:
- *2 Koriandersamen, 2 Wacholderbeeren (Juniperi fructus), 1 TL Salz, 1 Messerspitze Zucker, Buchenholz (Fagus sylvatica), Zweige vom Wacholder, ¼ kg Schweinefleisch*

ZUBEREITUNG:
Das Fleisch würzt man mit gemörserten Gewürzen, Salz und Zucker (Zucker macht das Fleisch mürber), räuchert es über Buchenholz und gibt gegen Ende der Räucherzeit Wacholderzweige hinzu.

TIPP: Wollte man, dass das Fleisch einen leichten „Pech- bzw. Harzgeschmack" erhielt, holte man einen frischen Fichtenast, hackte ihn auseinander und gab ihn zum stärkeren Feuer. Im Fichtenast ist der Harzanteil hoch. Die Harze lösen sich durch die Wärme und geben dem Fleisch eine harzige, *„pechige"* Geschmacksnote.

ERINNERUNGEN:
Das Rauchfangselchen war früher die schlechteste Version des Räucherns. Im Rauchfang, dem Abzug von Herd und Ofen, war ein Einstieg mit einem Vorsprung gemauert, darin befanden sich Querstangen, worauf das Fleisch zum Selchen gehängt wurde. Unmittelbar nach dem Hineinhängen musste sofort eingeheizt werden, damit keine Fliegen auf das Fleisch kamen. Heizte man zu viel ein, war das Fleisch nicht geselcht, sondern verbrannt, da gehörte viel Fingerspitzengefühl dazu.

In späteren Jahren mauerte man eine Selchkammer an den Kamin, wohin der Rauch des Herdes umgeleitet wurde. Er konnte hier, mit einer kleinen Tür abgeriegelt und kontrolliert sowie abgekühlt, zum Fleisch geleitet werden. Gegen Ende des Selchvorgangs wurden zu dem Buchenholz noch Zweige des Wacholderbaums hinzugegeben.

Die grüne Nieswurz

ZUTATEN:
- Grüne Nieswurz (Helleborus viridis)

ERINNERUNGEN:
Hatte eine Sau den Rotlauf oder Fieber, dann grub man ein stopfnadelkleines Stück Wurzel der grünen Nieswurz, umgangssprachlich „Güwurz", aus. Man machte dem erkrankten Schwein ein kleines Loch in das Ohr und steckte jene Wurzel hindurch. Die Anwendung zeigte bei den Tieren gute Erfolge. Leopoldines Großvater hat das wie selbstverständlich praktiziert.

Äpfel als Süßstoff

ZUTATEN:
- Äpfel, wenn gewünscht auch etwas Zimt

ZUBEREITUNG:
Äpfel, die attraktiv süß schmecken, in kleine Würfel schneiden und trocknen. Wer Zimt gerne mag, der streut bereits beim Trocknen etwas davon über die Apfelstücke. Sobald sie schön getrocknet sind, mit der Kaffeemühle zu feinem Pulver vermahlen. Dieses Apfelpulver wurde anstatt Zucker zum Süßen von Speisen verwendet.

Lein für Magen und Darm

ZUTATEN:
- Leinsamen (Linum usitatissimum) mit Wasser vermischen

ZUBEREITUNG:
Bei Magen- oder Darmbeschwerden wird in einem Kochtopf Wasser zum Kochen gebracht, etwas Leinsamen hineingegeben und so lange weitergeköchelt, bis eine gallige Masse daraus entsteht. Diese wird bei Magen-Darmerkrankungen noch lauwarm gegessen.

TIPP: Leinsamen ins Müsli oder Leinsamenöl in Salate gegeben bzw. einfach mit Topfen vermischt, schmeckt köstlich und unterstützt die Verdauung sehr gut.

ERINNERUNGEN:
Der Ausdruck „*ins Blaue fahren*" kommt aus der Zeit der Sommerfrischler. Die Großstädter, die am Wochenende mit der Pferdekutsche in das Mostviertel unterwegs waren, zu einer Zeit, als der Flachs – der Lein – für 3 bis 4 Wochen in seinem wunderschönen Blau blühte, fuhren im wahrsten Sinne des Wortes in das Blaue, in die blauen Felder der Leinblüte. Der Flachs wurde nicht nur wegen seiner Fasern zum Leinenstoffmachen verwendet, seine Früchte dienten dem Menschen und den Tieren als Nahrung und auch als Medizin bei Magen- und Darmbeschwerden.

Das Rotwasser war bei den Rindern gefürchtet. Nur wenn man es gleich erkannte, gab es Hilfe für das Tier, ansonsten war es verloren. Beim Rotwasser hört der Magen des Tieres einfach zu arbeiten auf und sein Blut rinnt in den Harn, bis es langsam verblutet ist. Äußerlich sieht man nur, dass im Harn Blut ist. Beobachtete jemand vom Hof zufällig, wenn die Kuh auf die kleine Seite ging, und sah, dass dies rötlich war, dann lief man sofort in den Vorratsspeicher um Leinsamen.

In einen Kochtopf füllte man Wasser mit Leinsamen, ließ dies mindestens ein halbe Stunde kochen, füllte die nun gallertartige Masse in eine Flasche und verabreichte dem kranken Tier dieses Gebräu in großen Mengen in das Maul, damit der Magen wieder funktionierte. Mit dem Leinsamen wurde versucht, die Verdauung nicht ganz zum Stehen kommen zu lassen. So konnten viele Tiere gerettet werden. Generell wurde den Tieren dieses Leinsamengebräu auch bei Verdauungsstörungen, wenn der Wiederkäuermagen nicht optimal funktionierte, verabreicht.

„Hechaberger-Vater, bittschön, komm wenden!"

ERINNERUNGEN:
Hastig eilte der Knecht des Nachbarhofs zu dem Feld hinauf, wo Johanns Vater und die anderen Männer des Höhenberghofes mit der Erntearbeit beschäftigt waren. Solange die Schönwetterphase hielt, musste die Heuernte eingebracht werden. Jede helfende Hand wurde dringend gebraucht, selbst Frauen und Kinder taten mit. Völlig außer Atem rief der Knecht zu Johanns Vater hinüber: *„Hechaberger-Vater, bitteschön, komm schnell, komm ausbiagwenden!"*

Der Ausdruck besagt, dass, wenn jemand krumm geht, ein anderer ihn wieder ausbiegt, geraderichtet, sodass er wieder gesund ist. Johanns Vater war ein sogenannter Wender, ein Ausbieger, der seine besondere Gabe der Tierwelt schenkte. Verletzte sich in der Reinsberger Gegend ein Tier, wurde schnell der Hechaberger-Vater zu Hilfe geholt, damit er das wieder einrichtet.

Dieser ließ sofort alle Arbeiten und Werkzeuge stehen und liegen, selbst wenn der Ernteeinsatz noch so dringend war. Jedes Lebewesen war für ihn wichtig und er eilte zu dem verletzten Tier. Zuerst begutachtete er es und sagte dem Bauern, ob er noch helfen könne. Wenn die Verletzung zu schwer war oder ein komplizierter Bruch vorlag, dann meinte der Vater zum Bauern auch ganz ehrlich: *„Da ist nichts mehr zu machen!"* Er hat den Leuten keine falschen Hoffnungen gemacht.

Sah der Vater beim Tier Lebenswillen und eine Chance der Heilung, dann schickte er alle Leute zur Seite, sie durften, wenn überhaupt, nur von der Ferne zusehen. Er selbst drehte seinen Körper so, dass ihm keiner auf die Lippen sehen konnte und murmelte in tiefem Gottvertrauen seine Gebete.

Währenddessen strich er dem Tier mit der rechten geöffneten Hand ganz langsam, Handbreite für Handbreite über den Rücken. Wenn er beim Körperende angekommen war, strich er mit der Hand, immer noch seine Gebete sprechend, Richtung Erdboden und schüttelte sie kurz. Dies wiederholte er drei Mal hintereinander. In 90 Prozent der Fälle konnte Johanns Vater den Tieren helfen.

Das Wenden, das Ausbiegen oder Umdrehen der Situation vermochte bereits Johanns Großvater und weihte, als er merkte, dass für ihn die Zeit des Abschieds näherrückte, Johanns Vater darin ein. Die vorgegebenen Gebete, die davon abhingen, welches Leiden vorlag, wurden innerhalb der Familie weitergegeben, nur der Wender selbst kannte sie.

Johann versuchte seinen Vater immer wieder dabei zu beobachten, wenn dieser im eigenen Stall bei seinen geliebten Ochsen, bei Verstauchungen, Rückenleiden, Prellungen etc. seine göttliche Gabe einsetzte. Er versteckte sich sogar, doch dem Vater konnte er nichts vormachen, er drehte seinen Körper um, sodass Johann nur seinen Rücken sehen konnte, und sprach mit ruhiger Stimme, kaum hörbar seine Gebete, nur ein Murmeln war zu vernehmen, während er dem Tier wie in Zeitlupe über den Rücken strich.

Unzählige Male fragte Johann ihn danach, er wollte dies von ihm lernen, doch der Vater antwortete: *„Wenn es so weit ist, wenn die Zeit gekommen ist, dann zeig ich dir das eh, hab Geduld!"*

Sein Tod kam derart überraschend, dass er die Familiengebete und das Können um das Wenden mit ins Grab nahm. Die Gebete wurden nur mündlich an den aktuellen Wender weitergegeben und tunlichst nirgendwo niedergeschrieben, so gingen sie schlussendlich verloren.

Früher gab es im Mostviertel einige solche Wender. Leopoldine erinnert sich an einen Wasserwender. Die Tiere haben sein Wasser getrunken, in welches er die Gebete gesprochen hatte, und wurden daraufhin gesund. Auch dieser starb so plötzlich, dass sein Wissen nicht mehr weitergegeben wurde.

Eine andere Frau konnte mit Gebeten einen Blutfluss sowohl bei Mensch als auch bei Tier stoppen. Sie lehrte Leopoldine die Sprüche und Handgriffe. Doch Leopoldine war noch jung, dachte sich, ich kann die Frau ja jederzeit noch fragen, wenn es je gebraucht wird.

Im stressigen Alltag mit Hausbauen und kleinen Kindern sah sie sich außerstande, sich damit zu beschäftigen. Dann starb die Wenderin plötzlich, Leopoldine fand die Mitschrift der Gebete nicht mehr und so war auch hier das Wissen um das Blutstillen verschwunden.

Was sich durch die Zeit um Reinsberg gehalten hat, das sind die Warzenwender. Die Kinder hatten einmal Warzen, die jeglicher Schulmedizin trotzten. Der letzte Versuch galt jenem Warzenwender. Der blickte darauf und meinte: *„Besser kann es werden, lindern können wir es!"* Er sprach seine Gebete und strich über die Warzen. Dann schickte er Leopoldine mit den Kindern nach Hause.

Für neun Tage mussten sie täglich zu einer vereinbarten Uhrzeit das Vaterunser beten, durften dabei kein Wasser sehen, kein Wasser trinken und kein Wasser hören. Das bedeutete auch, kein Toilettenbesuch, keine Wasserspülung und bei Regenwetter einen Raum aufsuchen, wo der Regen nicht zu hören war. Während dieser vereinbarten Zeit sprach der Wender bei sich zu Hause, in Gedanken an die Person mit den Warzen, seine Gebete. Die Warzen der Kinder waren nach den neun Tagen verschwunden. Natürlich muss man selbst ein tiefgläubiger Mensch sein, damit solche Gebetsanwendungen auch wirklich helfen, doch geholfen haben sie oftmals.

Ein richtiger Wender verlangt für den Einsatz seiner göttlichen Gabe für Menschen oder Tiere nichts, man kann ihm, wenn man es möchte, freiwillig etwas geben, aber verlangen tut er nichts, das würde er nie tun!

Die Verwendung des *„Vorlaufs"*

ERINNERUNGEN:
Beim Schnapsbrennen rinnt zuerst der sogenannte Vorlauf aus der Brennerei, ehe der wohlschmeckende, richtige Schnaps folgt. Der Schnaps selbst war die *„heilige Medizin für den Notfall"* und für den Alltag viel zu kostbar, die Mengen viel zu gering, als dass sie für Kräuteransätze, wie den Arnikaansatz (Rezept siehe *Arnikatinktur*), verwendet worden wären. Der Vorlauf zeigte sich hochprozentig, zum Trinken ungeeignet, somit perfekt für die Ansätze der Bäuerin.

Eine weitere Verwendung des Vorlaufs erfolgte in den Stallungen. Bekam eine Kuh ein Kalb, erhielt sie eine *„Maulgabe"* als Belohnung. Noch vor der Geburt erwärmte die Bäuerin bei den ersten Anzeichen, dass die Kuh kurz davor stand, ihr Kalb zu bekommen, am Küchenherd gut einen halben Liter vom Vorlauf. Sie musste dies vorsichtig tun, schließlich wurde der Herd mit offenem Feuer beheizt und so ein hochprozentiger Alkohol ist sehr leicht entzündlich. Dann schnitt sie eine Scheibe Brot herunter und gab eine Handvoll Zucker darauf. Sie ging mit dem gezuckerten Brot und dem warmen Vorlauf zur Kuh in den Stall, goss etwas vom Vorlauf über das Brot und gab es der Kuh zum Fressen, den Rest leerte sie ihr zur Steigerung der Durchblutung über den Rücken- und Beckenbereich.

TIPP: Heute nimmt man statt dem Vorlauf einen gereinigten Alkohol (Ansatzkorn).

Arnikasalbe – das Allheilmittel

ZUTATEN:
- ¼ kg *Schweineschmalz, 1 Handvoll frische Arnikablüten (Arnica montana)*

ZUBEREITUNG:
In einer Pfanne erwärmt man das Schweineschmalz, gibt die Arnikablüten hinzu und lässt dies bei möglichst niedriger Temperatur für zwei Stunden am Herd ziehen. Nicht kochen. Dann wird die Salbe abgeseiht und in kleine Gläser gefüllt. Zur Wundheilung, speziell bei Brandwunden, bei entzündeten Gelenken oder bei Hautausschlägen, bei vielen Verletzungen, Wunden oder Hautproblemen verwendet man diese Arnikasalbe.

ERINNERUNGEN:
Anfang August sprach die Mutter zu Johann und seiner Schwester Karoline: *„Ich hab' am Sonntag nach der Messe mit der Hochschlagerin gredt, mia können wieder an Arnika haben. Ihr miaßt's ma ins Hochschlag gehen und an Arnika pflücken."*

Eine größere Freude hätte die Mutter den Kindern gar nicht machen können. Die Bäuerin des höchst gelegenen Hofes der Gemeinde Reinsberg war eine lustige, gastfreundliche Frau und hatte für die Kinder stets etwas nicht Alltägliches zu essen und zu trinken. Nun wurde ein schön warmer und sonniger Tag abgewartet, weil die Arnikapflanzen beim Pflücken ihre Blüten ganz offen haben sollen, dann haben sie die beste Wirkung. Natürlich durfte der Plank Paul, Johanns bester Freund, bei dem Ausflug nicht fehlen, befanden sich doch seine älteren Geschwister, der Franz und die Rosa, am Hochschlag im Dienst und beste Freunde nimmt man einfach überallhin mit! Die Mutter legte den Kindern in der Früh vor dem Abmarsch noch zwei Butterbrote in den geflochtenen Handkorb und als besondere Bezahlung für die Hochschlager Bäuerin ein kleines, weißes Papiersackerl mit ein paar Stück Würfelzucker drinnen. Vom Würfelzucker erhielt man damals nur ganz wenig über die Lebensmittelkarten und kaum etwas am Schwarzmarkt.

Über das Langfelder Hochtor, den Sennerer Kogl Richtung Dienstbergsattel führte die Kinder der weite Weg, als der immer hungrige Paul die Jause von Johanns Mutter im Korb erblickte. Bei jedem Schritt wanderten seine Blicke sehnsüchtig zu dem in Stoff eingewickelten Etwas, bis sein Magen schließlich seine Gedanken zu beherrschen versuchte. Doch einfach in den Korb zu greifen, das getraute er sich nicht. Irgendwann übermittelte ihm sein Magen die rettende Taktik, er versuchte den beiden zu erklären, dass es doch klüger wäre, die Jause gleich zu essen, dann bräuchten sie diese doch nicht so schwer im Korb bergauf tragen. Mittlerweile zeigte der Hochsommer gerade auf dem wenig bewaldeten Wegstück seine volle Hitze, die Kinder hatten den ersten Kräfteeinbruch, so willigten Johann und Karoline ein, die Jausenzeit im Schatten einer großen Fichte zu verbringen. Nach einer Stunde Fußmarsch erreichten sie den am Runzelberg gelegenen Hof Hochschlag.

Die Männer des Hofes waren auf den Steilhängen fleißig mit der Heuernte beschäftigt, während die Kinder die Bäuerin im Haus vermuteten. Nach dem langen Marsch in der sengenden Hitze wirkte das Vorhaus des Bauernhofes herrlich angenehm, fast wie eine Kühlkammer. Durch die leicht geöffnete Tür erblickten die Kinder die Bäuerin, die *„Hochschlager Mutter"*, wie sie gerade emsig mit ihrem Kochlöffel und Töpfen am offenen Herd hantierte, um für die vielen Erntehelfer ein gutes Mahl zu kochen. Höflich klopfte Johann drei Mal an die Türe, ehe die Bäuerin meinte: *„Grüß euch Gott, Hechaberg Kinder, ich hab' euch schon erwartet!"* Der Plank Paul zählte bereits zu den Hechaberger-Kindern. *„Die Mutter tät uns schicken und würde bitten, ob wir wieder ein wenig vom Arnika pflücken dürften"*, sprach Johann zögerlich, während er der Bäuerin mit großen Augen das weiße Sackerl mit dem Würfelzucker überreichte. Die gute Frau bereitete den durstigen Kinder einen Krug mit verdünntem und gezuckertem Most, ehe sie entgegnete: *„Der Zucker wäre doch nicht notwendig gewesen. Den Arnika lässt der Herrgott für uns alle wachsen!"*

Sie wies die Kinder noch an, dass sie ja nicht mehr pflücken dürften, als leicht in das kleine Handkörbchen passte, das Johann bei sich trug. Jene sogenannte *„große Wiese"* am Runzelberg mit dem Arnikavorkommen stand unter dem persönlichen Schutz der weisen Frau. Nur einmal im Jahr, im September, wenn der Arnika bereits ausgesamt hatte, mähte der Bauer die Wiese. Wollte jemand etwas davon pflücken, wachte sie mit Argusaugen darüber, dass ja keiner zu viele Blüten von der Wiese nahm, damit jedes Jahr genug Arnika für alle wachsen konnte. Die Kinder liefen mittlerweile in der Mittagshitze auf jene Wiese, wetteiferten, wer die schönste und größte Arnikablüte finden würde, und eilten hungrig zur *„Hochschlag Mutter"* zurück, um ihre endgültige Erlaubnis für die gepflückte Pflanzenmenge einzuholen.

Die Heuarbeiter waren bereits mit dem Mittagsmahl fertig und zur Arbeit zurückgekehrt, der Tisch war für die Kinder frei. Zur Stärkung bereitete die Hochschlager Bäuerin für sie erneut einen mit Wasser verdünnten und gezuckerten Most und Butterbrote mit gekochtem Selchfleisch zu – ein Festmahl für die Kinder. Der Paul nutzte die Gelegenheit, um seine Geschwister zu besuchen, ehe es mit den Worten „Vergelt's Gott!" wieder schwungvoll, jedoch mit Adleraugen auf das Körbchen mit dem wertvollen Inhalt, talabwärts zum elterlichen Hof ging.

Die *„Hochschlager Mutter"* lebt schon lange nicht mehr und mit ihr ist auch das Arnikavorkommen am Hochschlag auf der großen Runzelwiese verschwunden.

Arnikatinktur

ZUTATEN:
- Eine Flasche mit weitem Hals, frische Arnikablüten (Arnika montana), Vorlauf oder hochprozentiger Schnaps

ZUBEREITUNG:
Die Hälfte der Flasche füllt man mit frisch gepflückten Arnikablüten und gießt den Vorlauf darüber, bis alle Pflanzenteile großzügig bedeckt sind. Man lässt dies 4–5 Wochen an einem sonnigen Platz stehen. Dann abseihen, in eine Flasche einfüllen und bis zum Gebrauch in einem dunklen, kühlen Raum aufbewahren. Wird zur Desinfektion nach kleineren Verletzungen, zum Einreiben, um die Durchblutung zu fördern, und für Umschläge zur Wundbehandlung verwendet.

ERINNERUNGEN:
Bei Halsschmerzen träufelte Johanns Mutter etwas von der Arnikatinktur auf einen Zuckerwürfel und gab ihm diesen zum Schlucken.

Arnikaöl

ZUTATEN:
- Arnikablüten (Arnica montana), Rapsöl, ½-Liter-Flasche

ZUBEREITUNG:
Zwei Drittel der Flasche mit Arnikablüten füllen, mit dem Rapsöl übergießen und in der Sonne 5 Wochen rasten lassen. Abseihen und in eine frische Flasche füllen. Dieses Öl wird zur Hautpflege verwendet.

ERINNERUNGEN:
Das Arnikaöl wurde erst in jüngerer Zeit, etwa ab den 1955er- bis 1960er-Jahren produziert, da vorher das Pflanzenöl nicht einmal zum Kochen oder Essen, geschweige denn für Heilanwendungen zur Verfügung stand.

EHE ES PFLANZENÖL GAB:
Das Pflanzenöl, das wir heute jederzeit erhalten und von den bekanntesten und seltensten Pflanzenarten kaufen können, war vor den 1950er-Jahren sehr schwer zu bekommen. Am ehesten erhielt man noch in geringer Menge auf dem Schwarzmarkt das Rapsöl. Weil Öle den Leuten kaum zur Verfügung standen, enthalten die alten Rezepte als Zutaten eher Schweineschmalz, das für jeden Haushalt leicht zugänglich war, oder Butter, die auch zur Verfügung stand. Es konnten eben nur die Rohstoffe verwendet werden, die auch leicht erhältlich waren.

Die Sarnikelsalbe

ZUTATEN:
- *2 Stück der Wurzel der Neunblättrigen Zahnwurz (Cardamine enneaphyllos), ¼ kg Schmalz*

ZUBEREITUNG:
Die Wurzel in 1 cm dicke Stücke schneiden, das Fett am Herd erwärmen und die Wurzelstücke hinzugeben, etwas braten lassen und die Herdplatte ausschalten. Danach wird das Wurzelschmalz abgeseiht und in ein Gefäß gefüllt.

TIPP: Die Neunblättrige Zahnwurz wurde immer dann gegraben, wenn die Kirschen reif waren.

ERINNERUNGEN:
„Einmal im Jahr ist die ‚Nazbucher'-Nachbarin gekommen und wir sind mit ihr zum Wurzelgraben gegangen. Sie machte dann daraus die Sauniglschmier, die wir bei Brüchen wie Leisten- oder Netzbrüchen verwendet haben", erzählt Christa, die Tochter der Familie Frühwald. Als *„Saunigl"* bzw. Sarnikel wurden früher verschiedene Heilpflanzen bezeichnet, die Nazbucher-Nachbarin meinte damit jedenfalls die Neunblättrige Zahnwurz, deren Wurzel wie aneinandergereihte Stockzähne aussehen. Beim Sammeln der Pflanze muss man genau darauf achten, nicht eine Schneerose zu erwischen, ihre Blätter sehen den Sarnikelblättern sehr ähnlich.

Dachssalbe

ZUTATEN:
- *Dachsfett*

ZUBEREITUNG:
Heute haben wir bei Gelenksproblemen viele Hilfsmittel zur Verfügung, früher war das Dachsfett einer der begehrtesten Rohstoffe zur Linderung von Problemen des Bewegungsapparates. Hierzu wurde das Fett mit einem scharfen Messer in daumengroße Würfel geschnitten und am Herd in der Pfanne erhitzt, sodass sich das Schmalz verflüssigte. Dieses Dachsschmalz gab man in ein Gefäß, wo es durch das Abkühlen wieder eine festere Konsistenz annahm, und schmierte damit täglich seine Gelenke ein.

ERINNERUNGEN:
Johanns Vater hatte einen jungen, prächtigen Stier, der sein ganzer Stolz war. Eines Nachts lief dieser mit der geballten Energie seiner Jugend in Richtung der Schweinekammer. Im Rausche seines Temperaments schätzte er die Breite des relativ eng geratenen Durchlasses falsch ein und blieb mit seinem muskulösen Körper zwischen den beiden Mauern regelrecht stecken. Dickköpfig und kampflustig versuchte er sich zu befreien und schaffte es auch irgendwie, sich trotzdem umzudrehen. Vor lauter Durchsetzungswillen entglitt ihm jegliches Gefühl für körperlichen Schmerz, so zog er sich durch seinen heftigen unrhythmischen Befreiungsakt Verletzungen im Rücken zu.

Johanns Vater wäre ewig leid gewesen um diesen kräftigen, jungen Stier, hätte er ihn notschlachten müssen. In den Morgenstunden, als der Vater den Stier am Boden liegen sah und des Unglücks gewahr wurde, eilte er sogleich zu einem alten Jäger in das Dorf und bat diesen um eine größere Menge Dachsschmalz. Das Schmalz erwärmte er am Herd leicht, damit es das Haarkleid, das Fell des Tieres, durchdringen konnte, und goss es über den ganzen Rücken des am Boden liegenden Stiers. Es dauerte keine Stunde und der Stier erhob sich wieder und nach mehrmaliger Anwendung wurde das Tier wieder ganz gesund.

Johann erinnert sich, dass sein Onkel Lois, der ja starke Gelenksprobleme hatte, mit den Jägern der Umgebung eine Vereinbarung traf, wenn sie einen Dachs erlegen würden, könne er sich das Fett auskochen. Es war sehr selten der Fall. Wenn jedoch ein Jäger einen Dachs erlegte, dann brachte er Onkel Lois das Fett zum Ausbraten. *„Das hat immer fürchterlich gestunken!"* Er nahm immer nur ein klein wenig davon zum Einschmieren, weil er ja nicht wusste, wie lange dieser Vorrat reichen musste und ob und wann er wieder zu einem Dachsfett kommen würde.

Schwedenkräuterumschlag

ZUTATEN:
- *Schwedenkräuter, Alkohol, Leinentuch, Kunststofffolie und Ringelblumensalbe (Calendula officinalis)*

ZUBEREITUNG:
Aus der Apotheke einen Original-Ansatz für Schwedenkräuter holen, diesen mit Alkohol verdünnen und am Fensterbrett für 4 Wochen stehen lassen. Abseihen und in Flaschen abfüllen. Innerlich kann täglich ein Esslöffel davon für die unterschiedlichsten Befindlichkeiten eingenommen werden.

Für die äußerliche Anwendung trägt man zuerst auf die betroffene Stelle großzügig Ringelblumensalbe auf, dann tränkt man ein Leinentuch mit Schwedenkräuteransatz und legt dieses Tuch darüber. Nun folgen noch ein Stück Kunststofffolie (damit die Flüssigkeit nicht ausrinnt) und darüber eine Bandage. Diesen Umschlag für einige Stunden einwirken lassen. Bringt besonders bei Verstauchung, Prellung, Halsschmerzen, Insektenstichen, Ohrenschmerzen und Schwellungen Erleichterung.

TIPP: Bei verstopfter Nase gibt man etwas davon auf einen Wattebausch und steckt diesen in das Nasenloch, die Nase ist rasch wieder frei.

ERINNERUNGEN:
Christa, die Tochter des Hauses, erinnert sich, dass Leopoldine, ihre Mutter, ihr bei allen möglichen Beschwerden einen Umschlag mit Schwedenbitter machte, und auch sie wendet ihn bei ihren drei Kindern mit Erfolg an.

Lehm auflegen

ZUTATEN:
- *Gelblicher Lehm, Leinentuch*

ZUBEREITUNG:
Bei allen Schmerzen, Schwellungen, Insektenstichen, Verstauchungen, Gelenksproblemen, schmerzenden Füßen wurde etwas vom Lehm mit Wasser zu einer breiigen Masse gerührt, auf ein Leinentuch gegeben und dieses um die gewünschte Körperstelle mit der Lehmseite direkt auf dem Körper gewickelt. Nur bei offenen Wunden wurde kein Lehmumschlag gemacht.

ERINNERUNGEN:
Im Vorraum hatten Leopoldines Eltern immer einen Kübel mit Lehm stehen. *„Den richtigen, den gelbstichigen, den man im Wasser leicht auflösen kann, der ein richtiger Matsch wird, den haben wir genommen"*, erzählt sie. Hatte in der Familie jemand irgendetwas „Wehes", dann wurde ein Lehmumschlag gemacht. Am Kerschenberg, wo Leopoldine aufgewachsen ist, gibt es gute Lehmvorkommen.

Das Kochlöffelschmalz gegen Ausschläge

ZUTATEN:
- *Kochlöffel aus dem Schmalztopf*

ZUBEREITUNG:
Hatten die Kinder früher starke Hautausschläge, die sich entzündeten, holte die Mutter von Leopoldine den Kochlöffel aus dem Schmalztopf. Im Holz war immer eine Restmenge vom Schmalz. Den Kochlöffel legte sie mit der gewölbten Seite nach unten auf den Ofenrand, sodass das Schweineschmalz sich aus dem Holz löste und schmolz. Sie hat sozusagen das Schmalz im Kochlöffel am Herd ausgebraten. Der Kochlöffel ist zuerst „*feucht geworden*", das Fett, das aus dem Holz durch die Wärme langsam sickerte, gab man dann noch warm auf die Hautausschläge.

ERINNERUNGEN:
Die Mutter hörte einmal von einer Frau, die Sauerkraut auf die Hautausschläge legen würde. Davon war genug im Haus, so probierte sie es auch selbst aus, doch der Saft mit dem Salz war auf der empfindlichen Haut so schmerzhaft, dass die Kinder schrien. Deshalb blieb die Mutter beim Kochlöffelschmalzauflegen, das sich bereits bewährt hatte.

Die Ringelblumensalbe

ZUTATEN:
- *¼ kg Schweineschmalz, 1 Handvoll frische Ringelblumenblüten (Calendula officinalis)*

ZUBEREITUNG:
In einer Pfanne erwärmt man das Schweineschmalz, gibt die Ringelblumenblüten hinzu und lässt dies bei möglichst niedriger Temperatur für zwei Stunden am Herd ziehen. Nicht kochen, nur bei leichter Temperatur ziehen lassen! Dann wird die Salbe abgeseiht und in kleine Gläser gefüllt. Bei Verstauchungen, Verletzungen oder zur Hautpflege.

Das Harzpflaster des Knochenrichters

ZUTATEN:
- *Hitzebeständiges, festes Papier, Harz (Nadelbaumharz)*

ZUBEREITUNG:
Das Harz, das von der Konsistenz her noch formbar ist, wird auf das hitzebeständige, feste Papier gegeben. Bei Muskel-, Knochen- oder Gelenksproblemen, bei eitrigen geschlossenen Verletzungen oder Schiefern legt man dieses Harzpflaster mit der Papierseite nach unten auf die warme Ofenplatte, sodass das Harz schmilzt. Dann wartet man, bis die Temperatur des Harzes für die Haut erträglich ist und gibt das Pflaster mit der Harzseite nach unten auf die Haut.

TIPP: Man kann in das Harz getrocknete Kräuter wie Käsepappel, Ringelblumenblüten, Spitzwegerich oder Arnikablüten mischen.

ERINNERUNG:
Beim Schlittenfahren in Reinsberg stürzte Leopoldine so unglücklich, dass sie sich die Hand ausrenkte. Unter größten Schmerzen, ihre verletzte Hand mit der anderen haltend und gleichzeitig den Schlitten nachziehend, trat sie den ca. 5 km langen Heimweg an.

Der Vater, durch die vielen entdeckungsfreudigen Söhne mit dem „Boalrichter", dem Knochenrichter, bestens bekannt, packte diesmal als Ausnahme seine verletzte Tochter und trat den Fußmarsch zum Herrn Distelberger nach Steinakirchen an. Der konnte Glieder am Körper wieder einrichten und verabreichte den Verletzten zur Nachbehandlung sein bekanntes Harzpflaster. Er nahm die Hand der jungen Leopoldine geschickt in seine und während er sich mit ihr unterhielt, machte es einen Ruck und das Gelenk war wieder eingerichtet. Ehe Leopoldine des Schmerzes gewahr wurde, war dieser auch schon wieder vorbei. Er verabreichte ihr sein Distelberger-Harzpflaster, das er noch vor Ort am Herd erwärmte und fast unerträglich heiß auf das verletzte Gelenk auflegte. Eines davon bekam die Mutter mit nach Hause, sobald sich das erste herunterlöse, solle sie der Tochter das zweite darübergeben.

Nach einer Woche konnte Leopoldine ihre Hand immer noch nicht richtig hochheben, trotzdem sie am Stiegengeländer im Vorhaus jeden Tag brav mit der Hand das Hochziehen übte. So ging diesmal die Mutter mit ihr zum Knochenrichter. Unter gerunzelter Stirn und hochgezogenen Augenbrauen begutachtete der Mann die Hand und meinte, dass ihr Gelenk noch nicht ganz drinnen sei, während sie auch schon einen Ruck verspürte und der stechende Schmerz unmittelbar folgte, ohne jegliche Betäubung. Sie bekam im Anschluss wieder eines seiner Harzpflaster verabreicht und eines für zu Hause.

Diesmal wusste Leopoldine nicht, ob die Hitze des Pflasters auf der Haut oder der Schmerz vom Einrichten stärker war. *„Der hat genau gewusst, wo welcher Knochen hingehört!"* Als sie dann bereits erwachsen war, selbst eine Tochter, die Heidi, im Alter von 1,5 Jahren hatte, kegelte diese sich beim Stufenhinuntersteigen ihr kleines, zartes Handgelenk aus. Obwohl die ärztliche Versorgung mittlerweile bedeutend besser war, hatte Leopoldine zu dem Knochenrichter ein derartiges Vertrauen aufgebaut, dass sie diesen mit ihrer kleinen Tochter aufsuchte. Mit einem Handgriff hat er die Kinderhand eingerichtet.

Nach dem Tod des Herrn Distelberger hat sein Sohn des Vaters Werk eine gewisse Zeit weitergeführt. Schließlich wurde der gesamte große Vorrat der berühmten Pflaster abverkauft und leider kam auch kein so begnadeter Knochenrichter mehr nach.

Krenbeten

ZUTATEN:

- *Eine kleinere Krenwurzel (Armoracia rusticana), eine Schnur oder ein Lederband*

ZUBEREITUNG:

Man gräbt eine kleinere Krenwurzel aus der Erde und schneidet sie in möglichst viele Scheiben. Dann fädelt man einen Zwirn in das Öhr einer Stopfnadel und sticht mit der Stopfnadel durch die Krenscheiben hindurch. So entsteht daraus eine Kette. Diese wird mit frischen Krenwurzeln, im Mostviertel Krenbeten genannt, um den Hals gehängt. Die keimtötenden Inhaltsstoffe der Wurzel wirkten bei Husten, Halsschmerzen, Erkältungen und Lungenbeschwerden sowie zum Fiebersenken.

ERINNERUNGEN:
Wenn der Moritz wieder Anzeichen zeigte, dass seine Angina kommt, dann ging Leopoldine her, wie sie es in ihrer Familie gelernt hatte, und machte ihm eine Krenbeten. Dies tat ihm so gut, dass er bei den kleinsten Anzeichen von Halsschmerzen schon zur Oma lief und fragte: *„Oma, machst mir wieder eine Krenbeten?"*

Krenpotschn – Krensocken

ZUTATEN:
- *1 Stück Krenwurzel (Armoracia rusticana), Mehl, Wasser, Leinentuch, Socken*

ZUBEREITUNG:
Gegen Fieber ein Stück Krenwurzel ausgraben und mit der Küchenhobel in kleine Stücke reißen. Am Herd Wasser im Kochtopf erwärmen, mit dem Mehl zu einem festen Brei eindicken und die gerissenen Krenstücke hineingeben. Den dicken Krenbrei auf ein Leinentuch auftragen, dieses um die Füße wickeln und jeweils einen warmen Socken darüberziehen. Bei Gelenksproblemen wird dieser Brei um das schmerzende Gelenk gegeben und mit einem Tuch umwickelt.

.

Langzarglbirne

ERINNERUNGEN:
Am Heimweg von der Schule gingen der Johann, sein bester Freund, der Paul, und seine Schwester an ein paar Obstbäumen vorbei. Dabei handelte es sich nicht um irgendwelche Obstbäume, sondern um eine speziell gute, süße Sorte der Schnapsbirnen, die Langzarglbirne.

Der Paul, der jederzeit ein Essen vertragen hat, verspeiste hastig ein paar dieser köstlich süßen Birnen. So schnell konnte er sie kaum schlucken, wie er kreidebleich wurde, sich sein Magen verkrampfte und er auch schon flach am Boden lag, kein Wort mehr sprechen konnte und es ihn nur mehr reckte und reckte. Johann versuchte seinem Kumpel verzweifelt irgendwie zu helfen, während seine erschrockene Schwester um Hilfe schreiend auf den elterlichen Hof lief. Bis der Vater bei den Burschen eintraf, war der schreckliche Zauber auch schon wieder vorbei und Paul saß schweißgebadet in der Wiese.

Die umgangssprachliche Bezeichnung „*Würgebirne*" deutet bereits auf ihre einengende Wirkung im Halsbereich hin. Isst man von dieser Langzarglbirne schnell ein paar Stück hintereinander, bekommt man erst schreckliche Magenkrämpfe, ehe der Körper mit einem vehementen Würgereflex versucht, diese unangenehme Substanz über den Hals-Mundraum hinauszubefördern. Doch als Schnapsbirne schmeckt sie vorzüglich ohne irgendwelche Nebenwirkungen!

Heißes Fußbad bei Grippe

ZUTATEN:
- *Salz, Wasser*

ZUBEREITUNG:
In einem Topf erwärmt man Wasser unter etwas Zugabe von Salz. Sobald dieses aufgekocht ist, leert man das Wasser in ein breites Behältnis und wartet, bis die Temperatur für die Füße erträglich ist. Dann stellt man die Füße hinein, und gießt, sobald das Wasser kühl wird, erneut mit heißem Wasser auf. So ein Fußbad soll mindestens 15 Minuten dauern. Danach geht man gleich ins Bett und deckt sich fest zu.

Hühnersuppe zur Körperstärkung

ZUTATEN:
- *Ein altes Huhn, Wasser, Salz, Sellerie, Karotten, Petersilie, Pfefferkörner*

ZUBEREITUNG:
Das Huhn wird als Ganzes in einen Kochtopf gelegt, etwas Salz, Pfefferkörner, Petersilie, Sellerie, Karotten zugegeben und stundenlang bei ganz kleiner Flamme ausgezogen. Wenn das Fleisch beim Umrühren von den Knochen fällt, wird das Huhn aus der Suppe geholt, die Knochen entfernt. Ein bisschen Fleisch kommt in kleine Stücke geschnitten in die Suppe zurück, der Rest wird als Mittagsmahl gegessen. Kranke, kränkelnde oder schwache Personen im Haus bekamen zur Körperstärkung diese Hühnersuppe.

Milch mit Honig und Butter bei Husten

ZUTATEN:
- *Milch, Honig, Butter*

ZUBEREITUNG:
Die Milch am Herd erwärmen, den Honig und ein klein wenig Butter darin auflösen und möglichst warm trinken.

ERINNERUNGEN:
Sobald in der Familie eines der Kinder zu husten begonnen hat, erhielt es als „Einstiegsmittel" diese Milch vor dem Schlafengehen zu trinken.

Zwiebelschmalz bei Halsweh

ZUTATEN:
- *Schweineschmalz, Zwiebel, ein Leinentuch*

ZUBEREITUNG:
Die Zwiebel in grobe Stücke schneiden, das Schmalz am Herd in einer Pfanne erwärmen, die Zwiebel darin glasig rösten. Das Zwiebelfett durch ein Sieb gießen. Das Fett möglichst warm auf das Leinentuch geben und dieses um den Hals binden oder bei Husten und Erkältungen auf die Brust auflegen und ein Handtuch darübergeben, damit es länger warm bleibt.

ERINNERUNGEN:
„Als Kind waren wir darüber nicht so begeistert, wenn die Mutter mit dem Schmalzumschlag gekommen ist, doch geholfen hat es immer gut", erzählt Leopoldine Frühwald.

Staubzucker für's Aug

ERINNERUNGEN:
Bei Augenentzündungen wurde ein Papier zu einem dünnen Rohr zusammengerollt und mit ein wenig Abstand vor das Auge gehalten. In das Rohr wurde ganz wenig Staubzucker hineingegeben, mit einer Hand das Augenlid hinaufgehalten, damit das Auge offen blieb, und dann kräftig hineingeblasen, sodass das bisschen Staubzucker in das Auge des Gegenübers geschleudert wurde.

Für uns Menschen gibt es heute den Augenarzt, doch bei den Tieren im Stall wird diese Methode nach wie vor angewandt.

Der Lein bei Ohrenproblemen

ZUTATEN:
- *1 Handvoll Leinsamen (Linum usitatissimum), ein Leinentuch*

ZUBEREITUNG:
Bei Ohrenproblemen gibt man eine Handvoll Leinsamenkörner in ein Leinentuch, schlägt dieses zusammen und legt es in das vorgeheizte Backrohr. Sobald die Körner heiß sind, nimmt man das Tuch mit den Leinsamen heraus, wickelt es in ein weiteres Tuch und legt dieses auf das schmerzende Ohr. Der Umschlag bleibt so lange oben, bis der Leinsamen kalt ist.

TIPP: Statt der Leinsamen können auch Haferkörner verwendet werden.

Das „Heunisldünsten"

ZUTATEN:
- *Heublumen (Flores graminis), Wasser*

ZUBEREITUNG:
Wenn jemand verkühlt ist oder die Nebenhöhlen verlegt sind, nimmt man eine volle Hand Heublumen, gibt sie in einen Liter Wasser und bringt sie am Herd langsam zum Köcheln. Sind das Wasser und die Heublumen ordentlich heiß, nimmt man den Topf vom Herd, stellt ihn auf den Mittagstisch, hält den Kopf darüber und deckt ihn mit einem Handtuch ab. Solange man diese „aromatische Schwitzkur" aushält, bleibt man mit dem Kopf unter dem Handtuch, danach legt man den Deckel auf den Topf und rastet ein paar Minuten.

Dieses Inhalieren wiederholt man für mindestens drei Mal, dann legt man sich in das Bett und deckt sich ordentlich zu, damit der Körper die Bakterien herausschwitzen kann.

ERINNERUNGEN:
„Das was im Heuschstadl (dem Heulager) zwischen den Brettern durchgefallen ist, das hat mein Onkel immer eingesammelt, das war ganz fein.

Der Topf mit den ‚Heuniesln' – den Heublumen – kochte den ganzen Abend über, irgendwann nahm er ihn dann vom Herd, stellte ihn auf einem Holzbrett auf den Küchentisch und wir Kinder mussten den Kopf in den Topf halten.

„Er hat uns dann ein Tuch darübergelegt, damit wir ordentlich schwitzen würden", erinnert sich Johann Frühwald an seinen geliebten Onkel. Weil die Heublumen bei jedem Mal Aufkochen an Kraft verlieren, wurden von seinem Onkel jeden Abend frische verwendet.

Mostschatoo – Stärkung nach der Geburt

ZUTATEN:
- ¼ Liter Most, 3 Eier, etwas Zucker

ZUBEREITUNG:
Zur Körperstärkung nach schweren Krankheiten oder nach der Geburt bereitete man ein „*Mostschatoo*". Hierzu gibt man drei Eier in eine Schüssel und versprudelt sie ordentlich, dann unter Umrühren den Most und den Zucker hinzugeben. In der Folge bringt man am Herd einen Topf mit Wasser zum Kochen, hält die Schüssel mit der Eiermasse über den Dampf und rührt kräftig, bis daraus eine cremige Masse entsteht.

ERINNERUNGEN:
Als die Geburt von Leopoldines jüngstem Bruder anstand, war sie bereits 17 Jahre. Zu jener Zeit waren Hausgeburten ganz normal. „*Da war ich auf meine Mutter so böse, weil wir eh schon 10 Kinder waren und die Leute im Dorf wegen der vielen Kinder schon über uns geredet haben. Als Kind hab ich das halt gehört, der Mutter hat es eh keiner gesagt.*"

Für Leopoldine, die Erstgeborene, hatte nie jemand Zeit gehabt, sie musste von klein auf immer helfen, immer auf die vielen jüngeren Geschwister aufpassen. „*Ich hätte so viele Fragen gehabt, so viel wissen wollen, doch niemand hat sich für mich Zeit genommen.*" Nun wollte sie keinen Nachwuchs, keine Geschwister mehr, um die sie sich kümmern sollte!

Im Ort gab es eine Bäuerin, die nur eine kleine Landwirtschaft besaß. Sie verdiente sich ein wenig Geld hinzu, indem sie „*auswoaten*" – aushelfen – ging. Auf Höfen, wo die Bäuerin im Kindsbett lag, half sie einstweilen bei den Arbeiten.

Als die Mutter Leopoldine um die „*Auswoaterin*" ins Dorf schickte, weil die Geburt nahte, entgegnete diese verärgert, sie bräuchten niemanden für die Arbeit, das erledige sie schon selbst. Nur um das Kind, darum müsse sich die Mutter diesmal alleine kümmern. Sie wollte es vor lauter Ärger über den weiteren Nachwuchs nicht einmal angreifen. „*Da hab ich mir gesagt, wenn sie schon wieder ein Kind kriegen muss, dann soll sie sich diesmal auch selber darum kümmern!*"

Nach der Geburt bereitete sie der Mutter zur Körperstärkung eine Hühnersuppe und danach ein Mostschatoo zu. Im Laufe der Zeit eroberte der kleine Erdenbürger das Herz der großen Schwester und wurde schließlich ihr besonderer Liebling.

Die Piastmilch

ZUTATEN:

- *Piastmilch – Kolostralmilch, Leinentuch*

ZUBEREITUNG:

Die Piastmilch, wird bei Schwellungen oder Lungenleiden auf die betroffenen Hautstellen gegeben und mit einem Leinentuch umwickelt. Bei schweren Lungenleiden den Wickel über Wochen möglichst oft wiederholen.

ERINNERUNGEN:

Die Piastmilch auch Kolostralmilch genannt, ist jene fettreiche, klebrige, dicke Milch, die die Kuh gibt, sobald das Kalb geboren ist. Die Milchproduktion muss erst in Gang kommen, im Euter wird das Blut in Milch umgewandelt. Das funktioniert die ersten Stunden oft noch nicht so perfekt, da kommt ein für das Kalb sehr nahrhaftes Milch-Blutgemisch heraus. Binnen 5 bis 6 Stunden muss so ein Kalb von dieser Erstmilch trinken, damit es genug Kraft bekommt. Bei Kühen, die das erste Mal ein Kalb bekommen, gab es dabei öfters Probleme. So entstand die erste Milchbank. Als die Kühlschränke in die normalen Haushalte Einzug hielten, sammelte eine Familie im Dorf die überschüssige Kolostralmilch von den Bauern, kühlte sie ein und andere Bauern, deren Kuh nicht diese nahrhafte Milch gab oder die bei der Geburt verstarb, konnten sich gratis etwas von der eingekühlten Milch holen. Dies bedeutete für die Viehzucht einen großen Fortschritt!

Das Lärchenpech

ZUTATEN:
- Lärchenpech *(Larix decidua) (man soll es möglichst noch mit den Fingern zerdrücken können), ein kleines Stück Leinentuch*

ZUBEREITUNG:
Das Lärchenpech wirkt wie eine Zugsalbe und desinfiziert die Wunde. Das Pech war die wirkungsvolle Zutat der Entzugssalben. Bei Wunden oder Fremdkörpern unter der Haut, bei Geschwüren und Abszessen legte man das Lärchenpech auf.

OFFENE WUNDE: Etwas Lärchenpech mit den Fingern breit drücken und auf das Stück Leinentuch legen. Das Leinentuch auf die Haut auflegen und mit einem weiteren Tuch umwickeln, damit es hält. Über Nacht auf der Wunde lassen.

GESCHLOSSENE WUNDE: Etwas Lärchenpech mit den Fingern breit drücken und auf die Haut auflegen und mit einem Tuch umwickeln, damit es hält. Über Nacht auf der Wunde lassen.

ERINNERUNGEN:
„Mias ma a Pech auflegen, dass es alles aussazieagt (Müssen wir ein Harz auflegen, das alles aus dem Körper zieht)", hat der Onkel Lois immer gesagt. Das Eitrige ist nach ein bis zwei Anwendungen aufgegangen, das Harz hat es herausgezogen und so wurde die Wundheilung massiv beschleunigt.

Essigpatscherl

ZUTATEN:
- *Essig, Tücher*

ZUBEREITUNG:
Der Essig wird am Herd lauwarm erhitzt, ein Tuch darin getränkt, dieses um den Fuß der fiebernden Person gewickelt und ein dicker, warmer Socken darübergezogen. Wieder wird ein Tuch in den Essig getaucht, um den zweiten Fuß gewickelt und auch hier ein warmer Socken darübergezogen.

Das Gleiche geschieht mit beiden Händen: Das Essigtuch über die Hände wickeln und Handschuhe darüberziehen. Dann unter die Bettdecke schlüpfen und dem Körper Ruhe gönnen.

ERINNERUNGEN:
„Heute bleibt ja kein Kind mehr im Bett liegen, wenn es krank ist", merkt Johann in Erinnerung an seine Kindheit an. Bei Fieber hat er die Krenbeten um den Hals und die Essigpatscherl auf die Hände und die Füße bekommen, ehe er unter der Bettdecke im Zimmer verweilen musste. *„Da war die ganze Stube wie ein Lazarett, wenn wir Kinder alle krank waren",* merkt Leopoldine mit ihren zehn Geschwistern an. Die Mutter hat ihnen schlichtweg eine Portion Bettruhe verabreicht.

Durstlöschender Tee

ZUTATEN:
- *1 EL Lindenblüten (Tilia platyphyllos), 1 EL Johanniskraut (Hypericum perforatum)*

ZUBEREITUNG:
Am Herd einen Liter Wasser zum Kochen bringen. Die Lindenblüten und das Johanniskraut hinzugeben, den Deckel auf den Topf geben und die Herdplatte abschalten. Nach 5 Minuten die Kräuter abseihen, den Tee auskühlen lassen und über den Tag verteilt trinken.

TIPP: Personen mit empfindlicher Haut sollen sich bei innerlicher Einnahme von Johanniskraut vor der Sommersonne schützen.

ERINNERUNGEN:
„Wir haben in der Früh immer einen großen Topf Johanniskraut-Lindenblütentee gekocht und über den Tag verteilt getrunken, das war für uns ein Durstlöscher über den ganzen heißen Sommer hinweg, vor allem bei der Feldarbeit.

Heute höre ich immer, das Johanniskraut darf man im Sommer wegen der Lichtempfindlichkeit nicht trinken, wir haben das früher alle am Hof getrunken, die Knechte, die Mägde und wir Hausleute, uns hat es gutgetan!" Leopoldine war das als Kind fremd, dass Johanniskraut im Sommer nicht verwendet werden soll. In ihrer Familie war es neben dem Most das beliebteste Sommergetränk schlechthin, ohne dass es Empfindlichkeitsreaktionen gegeben hätte.

KOCHREZEPTE
Von der Einfachheit der Küche

„Keamts za da Suppn!" (Kommt zur Suppe!), rief Johann Frühwalds Mutter, wenn es Frühstückszeit war. Für das Mittagessen rief sie *„Zum Essen ist es."*

Suppen waren einfach und schnell zuzubereiten. Von armen Leuten (Hamsterern) wurde oft eine von den Männern bereits abgeschabte Speckschwarte noch einmal über längere Zeit im Topf mit Wasser am Ofen geköchelt, damit noch ein wenig Geschmack für die Suppe herausgelöst würde. Sie wurde mit einer Einlage gegessen. Auch aus getrockneten Birnen wurde eine köstliche Suppe zubereitet, ebenso aus den alten Brotstücken oder die bekannte Milchsuppe.

Zum Kochen verwendete man alles, was der Hof, die Felder und der Garten hergaben, und verarbeitete dies zu einfachen, köstlichen Speisen, und das saisonal. Alles zur Verfügung Stehende fand seine Verwendung. Ohne jegliche Kühlmöglichkeit konnten größere Tiere wie Schweine oder Rinder nur in den kalten Monaten geschlachtet werden. Sonst wäre das Fleisch schneller verdorben, als es gegessen hätte werden können. Über den Sommer gab es lediglich Geselchtes oder Speck, der von der Bäuerin rationiert an die Esser verteilt wurde, schließlich sollten sie für den ganzen Sommer reichen. Gegen August waren die Portionen, die jedes Familienmitglied davon erhielt, schon sehr bescheiden klein. Am Dachboden hängte die Bäuerin das Geselchte ganz oben im Dachgiebel an einer Stelle auf, wo der Wind sehr gut durchblies, weil die Fliegen keine luftigen, zugigen Orte wollen. So hielt sie das „Sommerfleisch" fliegenfrei.

Wasser, Mehl, Butter und Milch waren Grundlagen vieler Speisen. Fragt man nach den genauen Rezepturen, dann erhält man zumeist die Antwort: *„Mit dem Gewicht kann man das gar nicht so sagen, da nimmst halt einfach ein wenig von der Butter und ein wenig Mehl."*

Ist es nicht auch ein Training, um wieder ein Gefühl für unsere Lebensmittel, unsere Zutaten und das Essverhalten unserer Familienmitglieder zu entwickeln, wenn wir versuchen, diese einfachen alten Rezepte ohne Mengenvorgaben nachzukochen?

Die Zubereitungsvarianten entwickelten sich nicht nur regional, sondern auch von Hof zu Hof verschieden. So kann z. B. mit dem einfachen Wort „Krapfen" jener runde Krapfen mit Marmelade drinnen gemeint sein, den wir im Fasching lieben, es kann aber auch an einen Bauernkrapfen gedacht werden, der eher flach ist und die Marmelade außen hat. Manche bezeichneten damit Suppenkrapfen mit etwas mehr Salz im Teig und ohne Marmelade, andere Schneekrapfen mit vielen Eiern und etwas Rahm oder es gibt Gegenden, die zu den „Strauben" (zähflüssiger Palatschinkenteig, in Fett herausgebacken) auch Krapfen sagen.

In der Früh stand eine sehr dünn zubereitete Milchsuppe am Speiseplan, die mit einer „Brockaschüssel" – einer Brockenschüssel – gereicht wurde. Älteres Brot, vor allem die Rindenteile, wurde in kleine Stücke geschnitten und in jene spezielle Schüssel gegeben, die beim Essen immer am Tisch stand. Mit dem Brot dickte man die Milchsuppe etwas ein, ehe sie gegessen wurde.

Zur Vormittagsjause erhielten die körperlich schwer arbeitenden Männer ein Brot und ein klein wenig Speck oder Geselchtes, wobei dieses gegen Herbstbeginn von der langen Lagerung über die Sommermonate bereits sehr gelblich glänzte.

Das Mittagessen bestand aus den diversesten Suppen, im Winter oder zu den Festtagen gab es ein Stück Fleisch, ansonsten warme Mehlspeisen, diverse Sterze und viele Variationen sogenannter „Koche", wie den Rahmkoch, den Grießkoch oder das Läuterkoch.

Als Nachmittagsjause erhielten die arbeitenden Leute Butter und sauren Käse, eine Art Topfenaufstrich, manchmal etwas saisonales Obst, wie Kirschen, Zwetschken, Äpfel oder Birnen. Die Kinder des Hauses hatten darauf zu achten, dass in der Obstschüssel immer frisches Obst lag, sie hatten bis in den Spätherbst welches von den Bäumen zu holen, später aus den Lagerräumen im untersten Keller.

Das Nachtmahlessen wurde erst so gegen 20 oder 21 Uhr abgehalten und bestand aus Sauerkraut mit gekochten Erdäpfeln oder manchmal einer Milchsuppe mit den Brotwürfeln aus der Brotschüssel bzw. andere Suppen, wie Schmarrensuppe oder Einbrennsuppe.

„Mutter hat das Kochen sehr gut verstanden. Aus ganz einfachen Zutaten hat sie für uns ein Essen zubereitet, das allen köstlich schmeckte", erzählt Johann immer noch bewundernd.

Anbei finden sie einige dieser alten, einfachen Rezepte, zubereitet aus Rohstoffen, welche sich heutzutage meist sowieso in der Speisekammer und im Kühlschrank befinden.

Erdäpfelsterz

ZUTATEN:
- *Erdäpfel (Kartoffeln), Schmalz, Zwiebel, Sauerkraut, Salz*

ZUBEREITUNG:
Erdäpfel in Wasser weich kochen, schälen und zerstampfen. In eine Pfanne gibt man etwas Schmalz und röstet darin die klein geschnittene Zwiebel glasig, dann kommen die zerstoßenen Erdäpfel hinein. Mit Salz würzen. Hierzu isst man Sauerkraut.

ERINNERUNGEN:
Waren noch Grammeln vorhanden, dann wurden mit der Zwiebel ein paar Grammeln angeröstet. Oder wenn es ein Stück Braunschweiger bzw. Pilze gab, wurde auch diese mit den Erdäpfeln vermengt.

Eingehachelte Brandrüben

ZUTATEN:
- *Brandrüben, Germ (Hefe)*

ZUBEREITUNG:
Diese kleinen Rüben hachelt man in feine Streifen (wie Pommes), schüttet sie in einen Bottich oder einen Kübel, erwärmt ein wenig Wasser, löst die Germ darin auf und gibt dieses Germ-Wasser in den Bottich mit dem Kraut. Darauf kommt ein Holzbrett mit einem möglichst schweren Stein, der das Brett fest auf die gehachelten Rüben drückt – ähnlich wie beim Sauerkrautmachen. Man schickt die Rüben praktisch mit Germ in die Gärung. Sobald die Rüben weich sind, nach etwa 14 Tagen, kann man sie als Beilage zu Fleischgerichten kalt oder warm servieren.

ERINNERUNGEN:
Alle möglichen Rübensorten sind früher für den menschlichen Genuss herangezogen worden. Die Stoppelrübe, die Feldrübe oder auch *„Halmrübe"* und die Brandrübe. Wenn im Wald geholzt wurde, transportierte man das Holz nach Hause, auch die kleineren Äste nahm man zum Einheizen mit. Was an Resten zu klein war, wurde mit dem Rechen auf einen Haufen zusammengeschoben und zu späterer Stunde verbrannt. Da diese Rübe an jenen nährstoffreichen Flächen angebaut wurde, wo die Holzreste verbrannt worden waren, erhielt sie die umgangssprachliche Bezeichnung *„Brandrübe"*. Sie wurde wirklich nur direkt nach dem Brand angebaut, in den Folgejahren holte sich die Natur durch ihre Pionierpflanzen jenes Stück Erde wieder zurück, da wäre die Brandrübe nicht mehr so gut gewachsen.
„Wir haben jedes Jahr geschaut, irgendwo eine kleine Brandfläche zu haben, dort wurde die Rübe dann angebaut."

Mehlschmalzkoch

ZUTATEN:
- *250 g Butter, Mehl, Milch, Rosinen, Salz*

ZUBEREITUNG:
Man nimmt die Butter und erwärmt sie in der Pfanne, bis sie bräunlich ist, gibt etwas Mehl hinein und verrührt beides mit dem Schneebesen zu einer cremigen Masse. Dann wird diese mit kochender Milch aufgegossen, bis eine zähflüssige Masse entsteht. Es werden Rosinen zugegeben und mit ein klein wenig Salz gewürzt. Man stellt das Ganze bei 180 Grad in das Backrohr, bis die obere Schicht goldbraun ist. Dann ist das Mehlschmalzkoch fertig.

ERINNERUNGEN:
Das war ein typisches Essen zur Hochzeit und bei Arbeiten, wo viele Leute zusammentrafen, wie beim Dreschen.

Das süße Kraut

ZUTATEN:
- *Kraut, Kümmel, Salz, Natron (nach Belieben), Butter, Mehl, Milch, Pfeffer, Erdäpfel (Kartoffeln), Braunschweiger*

ZUBEREITUNG:
Erdäpfel in einen Kochtopf geben, mit Wasser bedecken und kochen, bis sie weich sind. Dann schneidet man den Krautkopf in fein-nudelige Streifen, gibt diese in einen Kochtopf, übergießt mit Wasser, bis alle Krautteile bedeckt sind, und lässt alles am Herd aufkochen. Währenddessen würzt man das Kraut mit Kümmel, Salz und ein bisschen Natron (damit es schneller weich wird).

Nach dem Aufkochen schaltet man den Herd zurück und lässt bei kleiner Flamme weiterköcheln, bis das Kraut weich ist. In einem zweiten Topf lässt man etwas Butter zergehen, gibt Mehl hinein und verrührt beides mit dem Schneebesen zu einer cremigen Einmache. Unter flottem Rühren wird diese Einmache dem Kraut und dem Wasser untergerührt. Hier ist es ratsam, ordentlich umzurühren, damit die Einmache beim Eindicken nicht klumpt. Nun wird mit Pfeffer und Salz abgeschmeckt. Die Braunschweiger wird in einem Topf mit Wasser erwärmt. Die Erdäpfel werden geschält und über das eingemachte Kraut gelegt, ebenso die in 1 cm dicke Scheiben geschnittene warme Braunschweiger Wurst. So wurde es am Mittagstisch serviert. Das nannte man süßes Kraut, weil die Geschmacksnote im Gesamten eine süßliche war, obwohl beim Kochen keinerlei Zucker hineinkommt.

ERINNERUNGEN:
„Die eingeschnittenen Rüben, auch saure Rüben genannt, sind auch zu Fleisch gegessen worden. Dieses Gericht war bei uns ein praktisch ein Grundnahrungsmittel. Kraut hatten wir genug und das sättigt sehr gut. So hat es dieses fast jeden Tag gegeben", erzählt Leopoldine Frühwald.

Eingebrannte Erdäpfel

ZUTATEN:
- *Erdäpfel (Kartoffeln), Mehl, Butter oder Schmalz, Majoran, Braunschweiger*

ZUBEREITUNG:
Zuerst werden die ganzen Erdäpfel mit Schale in Salzwasser weich gekocht. Dann wird etwas Butter in einem Topf am Herd erwärmt, etwas Mehl hinzugegeben und mit dem Schneebesen cremig verrührt. Mit Wasser aufgießen und mit Majoran würzen. Dann die gekochten, ausgekühlten und blättrig geschnittenen Erdäpfel und die in dünne Streifen geschnittene Braunschweiger hineingeben, kurz einköcheln lassen und fertig sind die eingebrannten Erdäpfel. Dazu isst man frisches Brot.

TIPP: Dafür kann man auch Erdäpfel verwenden, die noch vom Tag davor übrig geblieben sind.

Schmarrensuppe

ZUTATEN:
- 3 Eier, Milch, Mehl und eine Prise Salz, ein wenig Schmalz

ZUBEREITUNG:
Eier, Milch und Mehl mit dem Schneebesen zu einem palatschinkenartigen Teig verrühren. In eine große Pfanne etwas Schmalz hineingeben und am Herd heiß werden lassen, den Teig hinzugeben und die Pfanne samt dem Teig sofort in das auf 180 °C vorgeheizte Backrohr stellen. Sobald der Teig bräunlich ist, die Pfanne aus dem Backrohr nehmen, den fertigen Teig in größere Würfel schneiden und als Einlage für Rinds- und Geflügelsuppe verwenden.

Lumpistrudel

ZUTATEN:
- Beuschel (Lunge), Herz, Zwiebel, Salz, Petersilie, Majoran, ausgezogener Strudelteig

ZUBEREITUNG:
Beuschel (Lunge) und das Herz gut säubern und im Wasser kochen. Auskühlen lassen und im Fleischwolf zerkleinern. Zwiebel ganz fein schneiden und in etwas Fett anrösten, das faschierte Beuschel und das faschierte Herz hinzugeben, mit Salz, Pfeffer, Petersilie und Majoran würzen, gut durchmischen und auskühlen lassen. Die Fülle in einen ausgezogenen Strudelteig füllen, diesen einrollen und 7–8 cm dicke Stücke herunterschneiden. In der Suppe köchelt man diese Stücke dann vorsichtig als schmackhafte Suppeneinlage.

TIPP: Man kann die Strudelstücke auch in Wasser kochen. Sobald sie durch sind, herausnehmen und mit Sauerkraut oder Kartoffelsalat essen.

Brotsuppe

ZUTATEN:
- *altes Brot, Salz, Wasser, Butter, eventuell Grammeln*

ZUBEREITUNG:
Altes oder hartes Brot in kleine, feine Scheiben schneiden und in eine Schüssel geben. Salz daraufstreuen und mit kochendem Wasser übergießen. Sofort wieder abseihen. Etwas Butter am Herd erwärmen, bis sie leicht bräunlich ist, noch warm über die Brotstücke geben.

TIPP: Man kann statt Butter auch Grammeln verwenden.

Rahmsuppe

ZUTATEN:
- *Schlagobers, Rahm, Mehl, Salz, Kümmel, Wasser*

ZUBEREITUNG:
Man gibt Salz und Kümmel in einen Topf mit Wasser und lässt dieses köcheln. Währenddessen rührt man den Sauerrahm und das Schlagobers gemeinsam in einem Becher ab, gibt 2–3 EL Mehl hinzu und vermischt alles zu einer breiigen Masse. Diese leert man nun unter ständigem Rühren in das kochende Kümmelwasser und fertig ist die Rahmsuppe. Je nach Geschmack mit einem Schuss Essig abschmecken.

Bauernkrapfen

ZUTATEN:
- 2 kg Mehl, pro kg Mehl 2 TL Salz, 3 Packungen Trockengerm (Hefe), 7 Eidotter und weitere 3 ganze Eier, 2 l Milch, 1 Handvoll Zucker, 1 Schuss Rum, 60 g Butter

ZUBEREITUNG:
Das Mehl mit dem Salz und der Trockengerm vermengen. Die Eidotter, die ganzen Eier, die Milch, der Zucker und die zerlassene Butter werden in einer Schüssel mit dem Schneebesen versprudelt, danach zu dem Mehlgemisch hinzugegeben. Mit dem Kochlöffel oder der Küchenmaschine wird dies nun zu einem mittelfesten Teig abgeschlagen. Den Teig dann mit einem feuchten Tuch abdecken und rasten lassen, bis er aufgegangen ist. Danach formt man aus dem Teig handgroße Kugeln und legt sie auf ein mit Speiseöl beträufeltes Brett – ein geöltes Brett ist besser als eines mit Mehl. Ein Tuch darüberlegen und noch einmal aufgehen lassen. Die kugeligen Stücke per Hand auseinanderziehen, sodass der Rand der Teigmasse etwas dicker bleibt als die Mitte, und in heißem Fett herausbacken. Während des Backens im Fett wenden und fertig sind die Bauernkrapfen.

TIPP: Wer möchte, kann in die Vertiefung in der Mitte Marmelade geben. Ohne Marmelade und ohne Zucker wurden die Krapfen auch zu Schweinsbraten gegessen.

Pikante Krautsuppe

ZUTATEN:
- 1 Krautkopf, Salz, Kümmel, Wasser, Butter, Mehl, Erdäpfel (Kartoffeln), Würstel, Natron

ZUBEREITUNG:
Erdäpfel schälen und im Salzwasser weich kochen. Das Kraut grobnudelig schneiden. In einem Topf Wasser mit Salz und Kümmel zum Kochen bringen. Das geschnittene Kraut und eine Messerspitze Na-

tron hinzugeben (Natron muss nicht sein, es macht nur das Kraut schneller weich). Das Kraut so lange kochen, bis es weich ist. In einer Pfanne etwas Butter und Mehl zu einer breiigen Masse eindicken. Dieses Gemisch unter das Krautwasser geben und fest umrühren. Gekochte Erdäpfel und Würstel klein schneiden und hinzugeben. Kurz mitköcheln lassen und fertig ist die pikante Krautsuppe.

Rahmkoch

ZUTATEN:
- *0,33 l (ein Seidel) Rahm, 6 Eidotter, etwas Mehl und Zucker*

ZUBEREITUNG:
Die Eidotter und das Eiweiß werden getrennt. In einem Topf werden der Rahm und die Eidotter mit dem Mehl und Zucker vermischt. Aus dem Eiweiß mit dem Handmixer einen Schnee schlagen und diesen vorsichtig unter die Masse geben. Den Teig in eine feuerfeste Backform gießen und im vorgeheizten Backrohr bei 180–200 °C goldgelb backen. Köstlich schmeckt hierzu ein Apfelmus.

LEOPOLDINES ERINNERUNG:
„So ein Rahmkoch hat es nur ein bis zwei Mal im Jahr gegeben. Das war eine ganz spezielle, festliche Speise, weil so viele Eier hierzu gebraucht wurden. Legten die Hühner zu den Festtagen gerade einmal weniger Eier, dann gab es auch kein Rahmkoch."

Kletzensuppe

ZUTATEN:
- *Kletzen – getrocknete Bichlbirnen, Wasser*

ZUBEREITUNG:
Die Suppe soll ein paar Stunden rasten können! Die Kletzen werden in einen Topf gegeben, mindestens ⅓ Kletzenfrüchte und ⅔ Wasser. Es kann auch mehr Dörrobst hineingegeben werden. Am Herd auf-

kochen lassen und bei mittlerer Hitze 45 Minuten bis eine Stunde weiterköcheln. Dann auskühlen lassen, vor der Mahlzeit abseihen. Die Suppe kann kalt oder warm gegessen werden.

ERINNERUNGEN:
Die Kletzensuppe schmeckte süß und gut. *„Und dann haben wir uns halt vor lauter Vorfreude nicht dahalten können. So sind wir – meine Schwester und ich – in den Keller gegangen und haben von diesem Kletzen-Suppen-Topf heruntergetrunken. Ist dann auch der Paul dazugekommen, dann hat der vor lauter Hunger den halben Suppentopf ausgetrunken. Schnell füllten wir diesen wieder mit Wasser auf, ein wenig umgerührt, damit auch das frische Wasser die bräunliche Kletzen-Birnen-Farbe angenommen hat.*

Da haben wir ein paar Mal sauber abgeräumt (Züchtigung erhalten) von da Mutter und vor allem von den anderen Dienstleuten, wenn diese sich nach der schweren Arbeit über den Suppentopf stürzten, in Erwartung einer süßen Suppe mit Birnengeschmack und der Inhalt lediglich nach Wasser mit einer Ahnung von Birne schmeckte", lacht Johann Frühwald.

Krenblätter für den Schafkäse

ZUTATEN:
- *große Krenblätter (findet man übers Jahr, von Frühling bis Herbst), Käse und auch Butter*

ERINNERUNGEN:
Den Schafkäse wickelte man in große Krenblätter ein, damit er länger haltbar blieb. Die Kühlmöglichkeiten waren sehr beschränkt, so versuchten die Leute andere Möglichkeiten der Haltbarkeitsverlängerung zu finden. Selbst die herumziehenden Fragnerleute wickelten ihren Käse und die Butter in Krenblätter ein und bei ihnen waren sie auf den langen Wegstrecken beträchtliche Zeit der Rucksackwärme ausgesetzt (siehe Kapitel *Die Fragnerleut*). Die Butter und den Käse mit Kren-Blättern umwickeln dann in „*die Zoa*" – den typischen, geflochtenen Tragekorb, geben und anschließend in den Erdkeller stellen.

Eier zur Kühlung im Getreidespeicher

ZUTATEN:
- *Eier, Weizenkörner*

ERINNERUNGEN:
Die Eier wurden im Korn versenkt. Im Getreidespeicher, wo der Weizen aufgeschüttet war, drückte man die Eier ca. 10 cm tief hinein. Als Kinder steckten Johann und seine Schwester ihre Füße gerne ins Getreide, weil es so schön kühl hielt. Selbst im Hochsommer wurde es dort nicht heiß drinnen. Die Mutter schickte während des Kochens die Kinder hinauf in den Getreidespeicher, damit sie schnell ein paar Eier herunterholten.

Eichelkaffee

ZUTATEN:
- *Ebenso viele Roggenkörner wie Eicheln, Wasser*

ZUBEREITUNG:
Die Eicheln werden im Herbst geerntet und zum Trocknen aufgelegt. Zwischendurch öfters gewendet, damit sie gleichmäßig trocken werden. Dann werden sie geschält und die innere Frucht mit dem Messer halbiert. Es ist gut, wenn der Topf groß genug ist, weil die Eicheln im Wasser manchmal etwas anschwellen und dann läuft das Ganze Gefahr, über den Topfrand zu quellen, wenn dieser zu klein ist. So kommen sie in einen großen Topf und werden zur Gänze in Wasser eingeweicht, damit die Bitterstoffe und das Salzige ausgelaugt werden. Mindestens ein Mal über Nacht steht dieses *„Eichelwasser"*, dann werden die Eicheln abgeseiht.

Die Roggenkörner und die *„gewasserten"* Eicheln legt man nun in eine Pfanne mit einem Deckel darauf und gibt sie bei mittlerer Hitze so lange in das Backrohr, bis sie schön goldbraun sind (angeröstet). Werden die Eicheln bereits für das Backrohr zerkleinert, dann neigen sie dazu, im Backrohr zu schnell zu verbrennen. Nun wird beides mit der Kaffeemühle zu einem feinen Pulver vermahlen und fertig ist der

Notkaffee der armen Leute. Der Kaffee selber wird in einen Kaffeefilter gegeben, mit „heißem" Wasser übergossen und getrunken.

TIPP: Wichtig ist dabei, nicht zu viel Kaffeepulver zu verwenden, damit der Eichelkaffee nicht bitter wird.

ERINNERUNGEN:
Am bäuerlichen Speiseplan war richtiger Kaffee ganz etwas Seltenes. Vor dem Zweiten Weltkrieg war er eher in den gutbürgerlichen und herrschaftlichen Küchen zu finden oder in den Gasthöfen und in den Großstädten in den Kaffeehäusern. Nach dem Krieg war für die Leute weder Feigenkaffee noch Malzkaffee zu bekommen, nicht einmal am Schwarzmarkt und auf Lebensmittelkarten schon gar nicht.

Daher erinnerte man sich gerne an die alten Kaffeezubereitungsarten. Wenn es im Kremser Raum eher die Wegwartenwurzel, in anderen Gegenden die Löwenzahnwurzel war, nahm man im Mostviertel die Eicheln und den Roggen als Alternative. Das Frühstück für die Kinder, vor dem weiten Fußmarsch in das Tal hinunter in die Schule, bestand aus diesem Eichelkaffee mit viel frisch gemolkener, nährstoffreicher Milch, ein klein wenig Zucker und einem Butterbrot.

Läuterkoch

ZUTATEN:
- *Butter, Grieß, Dörrobst, Wasser*

ZUBEREITUNG:
Beim Butterauslassen geschieht eine Läuterung. Das bedeutet „Reinigung" und jenes Prinzip verwendete man für den Läuterkoch. Wenn man mehr Butter zur Verfügung hat, gibt man diese in einen Kochtopf und erwärmt sie am Herd. Man kocht so lange, bis sich das Fett oben absetzt. Nun gibt man Grieß hinein, der bindet die Flüssigkeit der Butter und das Fett bleibt in schöner goldgelber Farbe obenauf. Das Fett wird abgegossen, kühl gestellt und zum Backen von Krapfen und Kochen weiterverwendet. Die Masse, die sich mit dem Grieß verbunden hat, bezeichnet man als Läuterkoch, der am Mittagstisch serviert wird.

Dazu wird aufgekochtes Dörrobst gegessen. Kletzen, Zwetschken, Apfelspalten werden in Wasser aufgekocht und wie Kompott gegessen.

TIPP: Aufgrund der kurzen Haltbarkeit der Butter machte man daraus Butterschmalz, da das Fett so länger haltbar war.

Milchsuppe

ZUTATEN:
- *Wasser, Salz, Kümmel, Sauerrahm, Schlagobers, Mehl*

ZUBEREITUNG:
In einem Topf stellt man Wasser mit Salz und Kümmel zu und lässt dies aufkochen. In einem Becher verrührt man Sauerrahm, Schlagobers und Mehl zu einer cremigen Masse und rührt dies in das kochende Kümmelwasser. Fertig ist die Milchsuppe.

Großmutters Eieromelett

ZUTATEN:
- *3 Eier, 3 EL Mehl, Salz, Zucker, Butter, Marmelade*

ZUBEREITUNG:
Die Eier werden in Dotter und Eiweiß getrennt. Aus dem Eiweiß wird ein Schnee geschlagen und das Mehl vorsichtig daruntergerührt. Mit Salz und Zucker würzen. In einer Pfanne erwärmt man etwas Butter, gießt die Masse hinein und stellt alles bei 180 °C in das Backrohr, bis der Teig goldbraun ist. Dann nimmt man die Pfanne heraus, gibt Marmelade in den Teig und schlägt ihn ein Mal zusammen. Mit Staubzucker dekoriert servieren.

ERINNERUNGEN:
Wenn an einem Sonntag Besuch gekommen ist und es war keine Mehlspeise da, dann hat Leopoldines Mutter immer dieses Omelett gemacht. Das war schnell fertig und hat allen gut geschmeckt.

Baunbratl – der Bauernbraten

ZUTATEN:
- 8 Stk. Schweinekarree mit Fettrand und Schwarte, Salz, Pfeffer, viel Knoblauch, ½ l Most

ZUBEREITUNG:
Für diesen Braten muss man Karreestücke mit mindestens 2 cm Fettrand und Schwarte nehmen. Die Stücke würzt man mit Salz, Pfeffer und vor allem mit viel Knoblauch, der muss unbedingt gepresst werden. Dann kommen die Stücke in eine Pfanne mit heißem Schmalz, werden beidseitig kurz angebraten, mit Most aufgegossen und zugedeckt bei 200 °C in den Backofen geschoben. Nach ca. einer halben Stunde wird der Deckel entfernt, damit der Braten eine schöne, knusprig braune Farbe bekommt. Der Most macht das Bratenfett leicht säuerlich. Der Braten wird mit warmem Krautsalat und Erdäpfeln (Kartoffeln) gegessen.

TIPP: *„Ein kalter Bauernbraten mit einer Portion Schafkäse, das passt geschmacklich sehr gut zusammen"*, erzählt Leopoldine Frühwald.

ERINNERUNGEN:
Der Ausdruck „Baunbratl" kommt daher, dass bei dieser Art des Schweinebratens der Knochen noch drinnen ist. Dieses Mostviertler Festtagsessen wird mit dem Knochen gebraten und kommt mit dem Knochen auf den Tisch.

„Fleisch beim Boa und das Grasl beim Stoa, das ist das Beste, was man kann doa!"

„Auf der Alm, da schießt direkt bei den Steinen ein saftiges Graserl heraus. Das ist halt besonders gut und das fressen auch die Tiere am liebsten. Das Fleisch, das sich direkt beim Knochen befindet, und das Gras, das direkt beim Stein wächst, sind geschmacklich das Beste."

Grießkoch – Samstagskoch

ZUTATEN:
- 2–3 l Milch, ¼ kg Butter, etwas Salz und Grieß

ZUBEREITUNG:
Die Milch mit der Butter und einer Prise Salz aufkochen, danach so viel an Grieß dazugeben, bis ein fester Brei entstanden ist. Dann die Masse in das auf 180 °C vorgeheizte Backrohr geben und goldgelb backen, bis oben eine schöne, braune Rinde entsteht. Dies war im Mostviertel ein traditionelles Samstagsessen. Blieb hiervon etwas übrig, wurde es am Sonntag zum Frühstück nochmals im Backrohr erwärmt gegessen.

Tante Fannys Germtorte

ZUTATEN:
- 20 g Germ (Hefe), 180 g Butter, 300 g Mehl, 2 Dotter, 150 g + 2 EL Zucker, Salz, Milch, 150 g geriebene Nüsse, Ribiselmarmelade

ZUBEREITUNG:
Für die Fülle: Die geriebenen Nüsse und 150 g Zucker in etwas Milch aufkochen und auskühlen lassen. Als Nächstes die Germ mit 2 Löffel Zucker in lauwarme Milch geben, bis sie sich aufgelöst hat. Währenddessen zerbröselt man die Butter und das Mehl auf dem großen Küchenbrett, gibt die Dotter, den Zucker und das Salz hinzu, die Milch mit der aufgelösten Germ ebenso und knetet ordentlich durch. Es soll ein geschmeidiger Teig entstehen. Dann deckt man den Teig mit einem Geschirrtuch ab und wartet, bis er „aufgegangen" ist. In der Folge mit dem Nudelwalker wieder zusammenschlagen und wieder aufgehen lassen – dies wiederholt man drei Mal. Nach dem dritten Mal schneidet man den Teig in drei gleich große Stücke.

Den ersten Teil des Teiges mit dem Nudelwalker ausrollen und in eine runde oder eckige (je nach Belieben) Tortenform legen. Darauf streicht man die ausgekühlte Nussfülle. Den zweiten Teil des Teiges mit dem Nudelwalker ausrollen und über die Nussfülle legen. Diesen mit Ribiselmarmelade bestreichen und den dritten Teig in Streifen darüberlegen, dass es wie ein Gitter aussieht. Ca. 1 Stunde bei 180 °C im Backrohr backen. Die Germtorte hält sehr lange und ist geschmacklich am besten, wenn sie ein bis zwei Tage alt ist.

Erinnerungen:
Das Rezept stammt von Leopoldines Tante Fanny aus Hörmannsöd und eigentlich weiß keiner mehr, wie alt es wirklich ist, die Torte wurde einfach seit ewigen Zeiten gemacht. Leopoldine machte sie das erste Mal zu ihrer eigenen Hochzeit.

Als das große Hochzeitsbacken begann, hat die Mutter zu ihr gesagt: *„Geh runter zum Nachbarn, zu der Fanny Tante, weil die hat ein Rezept von der Germtorte, das holst du, die machen wir."*

Das Nachbarhaus war eigentlich das Haus von Leopoldines Vater, dort ist sie geboren. Hier lebten ihre Eltern einige Zeit. Später zog die Familie in das Haus ihrer Mutter, weil dieses damals leerstand. Die Tante Fanny wohnte weiterhin im Haus Hörmansöd. Diese Germtorte ist mittlerweile überall berühmt, das ist eigentlich ein kalter Germbutterteig mit Nuss- und dann noch Marmeladefülle. Bis in die 1930er-Jahre wurde das sicher gemacht.

Grießknödel – Fastenspeise

Zutaten:
- *400 g Grieß, 100 g Dinkelmehl grob, Salz, ½ Packung Butter, ½ Liter Wasser*

Zubereitung:
Den Grieß, das Dinkelmehl und das Salz in eine Schüssel geben. Die Butter und das Wasser in einem Topf am Herd aufkochen und über die Grieß-Mehl-Masse gießen. Mindestens 10 Minuten ziehen lassen, dann daraus kleine Knödel formen. Inzwischen einen Topf mit Wasser füllen, etwas Salz hinzugeben. Sobald das Wasser kocht, die Knödel hineingeben und die Herdplatte auf eine kleinere Stufe zurückschalten. Dazu passt Sauerkraut oder warmer Krautsalat sehr gut.

Kletzenbrot

ZUTATEN:
- 2 kg getrocknete Zwetschken, 3–4 kg Kletzen, 1 kg Rosinen,
1 kg Feigen, gemahlener Sternanis, etwas gemahlene Nelken,
1–2 Packungen Lebkuchengewürz, ½ kg Aranzini, ½ kg Zitronat,
nach Belieben Nüsse, 3–4 kg Roggenmehl, 1 kg Dinkelmehl,
3 Packungen Trockengerm (Hefe), 1–2 Würfel Germ (Hefe),
Brotgewürz, Anis, Fenchel, pro kg Mehl 2 TL Salz, Rum oder Schnaps

ZUBEREITUNG:
Die getrockneten Zwetschken gemeinsam mit den Kletzen aufkochen. Die Kletzen im Fleischwolf zerkleinern, die Zwetschken entkernen und eventuell in grobe Stücke schneiden, die Feigen in Scheiben schneiden, die Rosinen, ein klein wenig Sternanis, die Nelken, das Lebkuchengewürz, Aranzini und Zitronat und nach Belieben Nüsse in einer großen Schüssel gut durchmischen und Rum oder Schnaps hinzugeben.

Die Germ in Wasser auflösen, das Roggenmehl, das Dinkelmehl, die Trocken-Germ in ein Gefäß geben. Mit Brotgewürz, Anis, Fenchel nach Geschmack würzen und das Salz sowie das Germwasser hinzugeben. Entweder fest mit der Hand kneten oder in die Teigmaschine geben. Sobald der Teig eine schöne Konsistenz hat, mit dem Früchtegemisch vermengen, mit einem in lauwarmes Wasser getränkten Tuch abdecken und rasten lassen, bis der Teig aufgegangen ist. Nun daraus Laibchen oder Wecken formen, diese mit Wasser bestreichen und erneut aufgehen lassen, danach sofort im Backrohr bei 250 °C wie Brot 1–1,5 Stunden backen.

Omas ausgezogener Strudel

ZUTATEN:
- ½ kg Mehl Typ 700, 125 ml Öl, Salz, lauwarmes Wasser, Essig
1 Ei, Brösel, Butter, Zucker, Äpfel, 1–2 Packungen (¼ kg) Topfen,
1 Handvoll Dörrzwetschken (getrocknete Zwetschken),
nach Belieben Rosinen, Milch

Zubereitung:

Aus Mehl, Öl, Salz, lauwarmem Wasser und einem Schuss Essig knetet man einen mittelfesten Teig. Wenn man möchte, kann ein Ei dazugegeben werden. Waren früher genug Eier da, gab man auch eines hinzu, wenn nicht, dann bereitete man den Teig ohne Ei zu. Im Anschluss lässt man den Teig mindestens 1 Stunde rasten.

Für die Fülle röstet man Brösel in Butter goldgelb an, lässt sie abkühlen und zuckert sie. Dann schält man die Äpfel und schneidet sie in kleine Scheiben. Die Dörrzwetschken ebenfalls klein schneiden und mit dem Topfen mischen. Den Teig mit den Händen über dem Küchentisch möglichst dünn ausziehen, mit Bröseln bestreuen, den Dörrzwetschken-Topfen darauf verteilen, die Äpfel darüberstreuen, eventuell auch Rosinen darüber verteilen. Den Teig einrollen, auf das Backblech legen und mit zerlassener Butter bestreichen. Im vorgeheizten Backrohr 1 Stunde bei 180 °C goldgelb backen.

Erinnerungen:

Dieser Topfen-Apfelstrudel ist ein seit Generationen weitergegebenes, altes Familienrezept des Mosthofes Frühwald, des Hechabergerhofs. Christa, die Tochter des Hauses, erinnert sich, dass dieser Apfelstrudel nicht wie sonst üblich in Vanillesoße gegessen wurde, sondern es schlicht und einfach ein Glas heiße Milch dazu gab.

„Die Geschmackskombination vom dem noch warmen Strudel und der heißen Mich ist einfach himmlisch", schwärmt sie heute noch.

Mostpudding

Zutaten:
- 6 Eier, 250 g Feinkristallzucker, eine Biozitrone, 250 g Semmelbrösel, Butter, Brösel, Glühmost

Zubereitung:

Eier und Zucker schaumig rühren, von einer Biozitrone etwas Schale abreiben, die Semmelbrösel unterheben, in eine mit Butter gefettete und mit Brösel bestreute Form geben und bei 180 °C 45 Minuten im

Backrohr backen. Dann in Portionen schneiden und mit Glühmost übergießen.

Beuschelsuppe – Rezept von Johanns Mutter

ZUTATEN:
- *Beuschel, Herz, 250 g magere Fleischstücke (vom Schwein), 1 Messerspitze Liebstöckl, 1 TL Petersilie, 1 TL Thymian, 3 STK Karotten, 3 STK Lorbeerblätter, 1 STK Knollensellerie, 2 TL Zucker, 1 große Zwiebel, 3 Zehen Knoblauch, Mehl zum Binden, 1 TL Majoran, 1 Messerspitze Paprikapulver, ein Schuss Essig*

ZUBEREITUNG:
Beuschel, Herz, magere Fleischstücke gemeinsam in einen Topf mit Wasser geben, mit Salz, Pfefferkörnern, Liebstöckl, Petersilie, Thymian, Karotten, Lorbeerblättern und Sellerie weich kochen. Danach Öl in einen Kochtopf gießen, zwei Teelöffel Kristallzucker hineingeben und auf den Herd stellen, bis der Zucker karamellisiert. Fein geschnittenen Zwiebel und gepressten Knoblauch hinzugeben, fest umrühren, mit Mehl stauben, etwas Majoran dazu und Paprikapulver. Alles gemeinsam anrösten. Sobald das Fleisch weich gekocht ist, abseihen. Mit der abgeseihten Suppe wird die Einmache aufgegossen und verrührt. Erneut aufkochen und mit dem Stabmixer pürieren. Das Fleisch, das Herz, die Karotten klein schneiden, der Suppe zugeben und mit Essig abschmecken.

Glühmost

ZUTATEN:
- 1 l Birnen- oder Apfelmost, 1 Zimtstange, 3–4 Gewürznelken, Zucker

ZUBEREITUNG:
Den Most mit dem Zucker vermischen – dies ist wichtig vor dem Erwärmen. Wird vorher der Most erwärmt und dann der Zucker zugegeben, dann schäumt alles ordentlich. Dann den gezuckerten Most am Herd erwärmen und je nach Geschmack 1 Zimtstange und 3 bis 4 Gewürznelken dazugeben, einmal kräftig aufkochen lassen und fertig ist der Glühmost.

Hollerblüten gebacken

ZUTATEN:
- Eier, Mehl, Milch, Salz, Fett zum Herausbacken, Hollerblüten

ZUBEREITUNG:
Die Eier mit dem Mehl und der Milch zu einem zähflüssigen Palatschinkenteig vermischen und etwas salzen. In der Pfanne Fett heiß werden lassen. Die Holunderblüten in den Teig tauchen, dann im Fett goldgelb backen. Mit der Schere die Stängel abschneiden und die Hollerblüten mit Staubzucker bestreut servieren.

TIPP: Hollerstrauben können auch mit grünem Häuptlsalat gegessen werden.

ERINNERUNG:
Die gebackenen Hollerblüten waren das traditionelle Johannistag-Sonnwendtagsessen (24. Juni).

Schlussworte

Im Jahr 2006 übergaben Johann und Leopoldine den Höhenberghof an ihren Sohn Augustin und dessen Frau Daniela, in der Hoffnung, dass die Geschichte weitergeht, das Wissen und die Wertschätzung gegenüber der Natur weitergetragen wird von den Kindern und Enkelkindern.

„29 Jahre haben meine Frau und ich den Hof geführt mit allen Höhen und Tiefen, mit Erfolg und auch mit Entscheidungen, die wir heute anders treffen würden. Wir haben das Brauchtum bewahrt und die alten Rezepte erhalten. Rückblickend gesehen, war es ein arbeitsreiches, schönes und gutes Leben!"

Autorenbeschreibung

Aus innerer Überzeugung setzt sich die ambitionierte Kräuterpädagogin Eunike Grahofer mit dem einstigen und jetzigen Leben auseinander. Sie dokumentiert Lebensgeschichten durch alle Generationen hindurch und hält damit viel altes Wissen aufrecht. Diese facettenreichen Erfahrungsberichte und Familienüberlieferungen sind der „Stoff", aus dem ihre Bücher gemacht sind.

Begeistert berichtet die sozial engagierte Waldviertlerin in Vorträgen, Seminaren, Kolumnen sowie in Radio und TV aus dem Volkswissen. Sie arbeitet in zahlreichen botanischen Projekten wie „www.einfachessbar.org" mit und ist Obfrau Stv. des Vereines Naturvermittlung (www.naturvermittlung.at). Zudem betreibt sie in Waidhofen den „Eunike Grahofer Naturladen" mit qualitativ hochwertigen, handgemachten Spezialitäten und Hausmitteln.

Ihrem frohen Lebensgeist und Tatendrang entsprechend, erfreut sich ihr Facebook-Blog zum Volkswissen großer Beliebtheit: www.facebook.com/kraeuterwissen.
www.kraeuterwissen.at; www.eunikegrahofer.at

Literaturempfehlungen

„Die Leissinger Oma – Das Pflanzenwissen der einfachen Leut". Waldviertler Pflanzenwissen, Eunike Grahofer, Freya Verlag, ISBN 9783990251034 | „Der Pepi Onkel – Das Pflanzenwissen der einfachen Leut". Pflanzenwissen aus Burgenland, Wien, Niederösterreich, Eunike Grahofer, Freya Verlag, ISBN 9873990251607 | „Rezepte durchs Bauernjahr", Eunike Grahofer, Freya Verlag ISBN 9783990252499 | „Hausmittel im Jahreskreis", Eunike Grahofer, Freya Verlag ISBN 9783990252505 | DVD: „Gundelrebe Mädesüß und Co", Eunike Grahofer, www.eunikegrahofer.at | „Die heiligen Gehölze", Eine Monographie des Naturparks Ötscher-Tormäuer GmbH, ISBN 3-901542-44-2, Georg Schramayr, Irne Blasge, Christa Frühwald, www.noe.gv.at